対話（コミュニケーション）のための論理学

情報社会を生きるための
クリティカル・シンキング

青木克仁 著

大学教育出版

対話(コミュニケーション)のための論理学
情報社会を生きるためのクリティカル・シンキング

目　次

序　論　なぜ今、議論することを強調するのか？ ……………………… *1*

第1章　甘えのコミュニケーション、日本ではなぜ議論ができないのか？ …… *7*
　　1．哲学という名のディシプリン……………………………………………… *7*
　　2．コミュニケーションの4機能説と日本文化の特色……………………… *9*
　　3．感想文社会としての日本 ………………………………………………… *11*
　　4．甘えによる表現…………………………………………………………… *12*
　　5．定義の仕方について ……………………………………………………… *21*

第2章　非理性的議論のイメージからの脱却 ………………………………… *33*
　　1．議論を理解するためのメタファー……………………………………… *33*
　　2．言語の4大機能 …………………………………………………………… *46*
　　3．詭弁術：悪い議論の典型としての……………………………………… *48*

第3章　議論を指摘し分析する ………………………………………………… *102*
　　1．主張（claim）の評価……………………………………………………… *102*
　　2．議論の構造分析のための準備：プレミスの目印、結論の目印 ……… *107*
　　3．議論と説明 ………………………………………………………………… *109*
　　4．探偵の仕事を通して仮説による説明ということを考える …………… *113*
　　5．議論の構造分析のための3つのステップ ……………………………… *128*
　　6．Unstated premiss（暗黙のプレミス）を指摘する練習 ……………… *130*
　　7．Independent premiss（独立しているプレミス）と
　　　　dependent premiss（依存しているプレミス）……………………… *134*
　　8．議論の構造分析：ダイヤグラムの作り方……………………………… *136*
　　9．複雑な文章構成の中に議論を見いだす ………………………………… *145*
　　10．いくつかの分析例 ………………………………………………………… *151*

第4章　演繹法による議論 ……………………………………………………… *161*
　　1．Inference（インファレンス）の種類について………………………… *161*
　　2．Deductive Arguments（演繹法）について …………………………… *163*
　　3．Invalidな議論を指摘する方法…………………………………………… *169*
　　4．より複雑な議論のダイヤグラム化について…………………………… *197*
　　5．述語論理とTruth Aquaduct（真理の水路）…………………………… *209*
　　6．述語論理のダイヤグラム化……………………………………………… *213*
　　7．Formal Fallacy（形式的詭弁）について ……………………………… *232*

第5章　帰納法による議論 …………………………………………………… *239*
　　1．Inductive Arguments（帰納法）について ……………………………… *239*
　　2．帰納法による議論を評価する………………………………………… *255*
　　3．Argument about causes 原因についての議論
　　　　（原因を指摘し仮説を立てる方法）………………………………*282*

第6章　小論文を書いてみよう …………………………………………… *305*
あとがき ……………………………………………………………………… *319*

序論
なぜ今、議論することを強調するのか？

　ダイオキシンによる汚染を筆頭に悪化する環境問題や阪神大震災のようなカタストロフィ、大臣クラスが繰り返してきた差別発言問題、フェミニズムが提起してきた諸々の問題、オウム真理教にまつわる一連の事件、神戸の小学生殺傷事件、そして年々凶悪化していく少年犯罪、戦後50年の沈黙を破って問題化され始めた従軍慰安婦問題などの戦争犯罪、それに伴う歴史修正主義の問題、そして「国民国家」に向けられる反省、それから脳死、臓器移植、安楽死、妊娠中絶、クローン技術などのバイオエシックス関連の諸々の問題など、かつての価値体系に依存するだけでは、決して解決し切れない出来事を前にして、私達は声を失いかけているのが現状なのです。
　かつての価値体系では捉え切れない問題が出てきたというだけではありません。現在は、情報化時代の名前にふさわしく、たった今列挙したような問題が大量の情報として与えられてきます。そしてこうした大量の情報はファッションか何かのように受容されるだけで、私達はそれらを批判的に吟味することすらしなくなってしまっています。日本の教育体制では、与えられた情報の受容という受動的態度が重んじられてきていますので、情報の単なる受容という傾向はますます助長されていくわけです。本来、情報は情報である以上、真か偽かを判断され得るわけです。情報の単なる受容は、情報の真偽に関する吟味を忘却してしまう結果になっています。ポパーが言っているように、人間のみが、

批判的議論を通じて、「それが客観的に真理であるかどうかを吟味するという一歩を成し遂げた」[1]のです。事態を記述し報告するといった情報の本質である記述言明を超え出て、それを批判的に吟味検討するという働きを彼は「議論機能」と呼んでいます。議論というと短絡的に論争と結び付けてしまい自分の立場の擁護と相手の立場に対する論駁のことだ、とイメージされてしまいがちですが、それはあまりにも一面的な見方であり、むしろ言明の真偽を批判的に吟味検討するという、考えること一般に関わる重大な機能が根本にあるからこそ、論争ということも可能になるのです。エーコは「記号論」を定義して、「嘘を言うために利用し得るあらゆるものを研究する学問」[2]としていますが、これは言語という記号を考察する上で重要な洞察です。嘘を言い得るということは、現実とは違ったことを意味することができるということであり、そのことはつまり、意味は現実に対して過剰であり得るということだからです。言い換えれば、記述言明の本質である「意味」というものは嘘を言い得ることを許す類のものであるゆえ、虚構を構築するという、現実を単に記述する以上の機能を言語は備えているのだ、ということなのです。つまり、何かを意味する、という記述言明のレベルでは私達は嘘の可能性を排除できないわけです。けれども、私達は言語の議論機能によって記述言明を批判的に吟味検討していくことができるというのです。

　しかし残念なことに、現在はオウム真理教事件の際に端的に見られたように、メディアによる過剰報道の中で、情報はモード化してしまい、モード化した情報がファッション感覚で受容されては消えていくようになってしまいました。こうして考えることすらやめてしまった私達は、言語に議論機能があるということすら分かっていない状態に置かれているのです。しかも90年代に入り、そのファッションもファッションとして機能しなくなってきているのではないでしょうか？　リオタールが『ポストモダンの条件』で分析していたように、社会に規範を与えていた大きな物語が終焉してしまい[3]、人々は今ではオタクと呼ばれるような、断片化した相対的でしかも閉塞的な多数性の中に己を閉ざして生きているのです。ただただ横並びに乱立するオタク社会では、ポストモダン以前の社会で機能してきたようなファッションすら追い求められず、ファ

ッションにかろうじて残されていた話題の共通性という、連携を約束してくれるものさえ失われてしまったのではないのでしょうか？　つまり、ファッションすら、極度に細分化してしまったオタクという閉域間の橋渡しにはなり得ない、そんな時代が到来したのではないでしょうか？　もしこうした分析が正しければ、ますますコミュニケーションという行為が行われにくくなっていくのではないでしょうか？

　私達は、伝統的価値体系が崩壊し、既成の共同体にすべての決定を託すことができなくなったポストモダンと呼ばれる社会に生きています。かつては共同体を縛ってきたそのような価値体系に依存できなくなった今だからこそ「自己決定」ということが叫ばれ続けているわけです。自己決定という名で選択の幅が広がれば、当然責任の範囲も拡張していきます。つまり、このような社会では、冒頭で列挙したような大きな社会問題に対峙する際は言うまでもなく、自己決定しそれに対して責任を負うといったことが、日常のあらゆる局面において出てくるようになる、ということなのです。自己決定を迫られるような状況に置かれた時こそ、どのように問題を打開し解決への道を開くのか考えなければならず、言語の議論機能を発揮しなければならないというのに、そのような状況から発して想像力と論理的思考力を駆使して、臨機応変な生き方と解決策を見いだすための「議論機能」の訓練が、単なる情報の受容に慣れ切ってしまっている私達にはできていないのです。自己決定をする機会が増えていっているにもかかわらず、私達は情報の波の中で、せっかく人類が成し遂げたはずの「議論機能」へ向かうその一歩を踏み出せずにいるのです。

　また、「自己決定」の名の下に、先ほど述べたオタク化がかえって促進されてしまっていることも事実でしょう。個々がそれぞれ自己決定し、好き放題でき、こうしてオタク化が促進していけば、オタク社会で使用されるジャーゴン（仲間ことば）が邪魔して横の連帯が取りにくくなっていきます。けれども、たとえジャーゴンが多用されて理解し難い言説でさえ、「議論機能」を駆使して批判的に吟味することが可能なのです。1つのことに打ち込むことができるという意味では、オタク化された社会は、むしろ創造性の土壌となっていくかもしれません。けれどもオタク的に社会が細分化してしまうと、オタク相互間

のコミュニケーションがとりにくくなっていくでしょう。オタク化した状態が、創造性の土壌になるかもしれないと言っても、丸山真男が言っているような「タコツボ」の中に己を閉ざして秘教的状態に甘んじるのであれば、せっかく生み出された独創的な仕事も何の発展の可能性も見いだされないまま闇に埋もれてしまうことでしょう[4]。「タコツボ」のイメージは、蛸がタコツボに閉じこもってしまうがごとく、秘教性に己を閉ざしてしまい、他とコミュニケーションを持とうとしないオタク社会のイメージにぴったりなのです。このようにある意味では、タコツボ的に専門化し、細分化されていくオタク社会を横断し相互理解をするために、議論によって批判的吟味することができる能力を養うしかないと思うのです。タコツボ的状態を横断し、そこで何が行われているのかを総合的に吟味批判していく手段としても議論ということは意味を持つのです。また逆にタコツボの住人が一般に分かるように自己表現する手段としても議論による自己の見解の批判的吟味が必要なのです。議論ということが相互理解の助けになる理由は、議論をする能力を培うことによって、こちらが理解できない用語の定義を相手に求めたり、相手が提出している見解を相手がどのような証拠や理由によって導出しているのか、その導出の手続きが論理的であるかどうかを吟味できるようになるからなのです。議論をする術を知っていれば、このようにして相互にコミュニケーションができるための地盤を切り開いていけるわけなのです。私達はこのようにコミュニケーションがしにくくなってきている世界にいるからこそ、むしろ「議論機能」を批判的に使うやり方を学ばねばならないのです。良い意味でも悪い意味でもオタク的に細分化していく社会を横断する手段は、議論による批判的吟味なのです。

　解決策がなかなか見いだされない問題が起きる危機的状況から発信し、議論とその反論という形の対話的過程をたどることによって自己の見解を批判的に検討をしていくのが、クリティカル・シンキングの最終的な目標なのです。この本は、この最終目標のまだだいぶ手前にある課題から入ります。つまり、この本は、論理的思考力を鍛えるために議論を展開する技法を学ぶために書かれたのです。繰り返しますと、この本の目的は、受信された諸々の問題を吟味批判するために、言語の議論機能を駆使できるようになること、つまり、思考の

論理的な流れを把握する訓練を積み、論理的眼識を自分のものとして育て、自分で議論を展開したり、論理的に批判していく能力を養うこと、にあるのです。また、これから見ていきますように、議論を展開することによって初めて、私達は自分の言論に責任を持つことができるようになるわけで、自分の言論に対する責任ということが、めまぐるしく情報が受信され発信されていく情報社会では必要となっているのです。受信した情報も発信するための情報も等しく批判的に吟味していくためには、議論できる能力を培うことが大切なのです。情報が私達の環境となり、諸々の社会問題が情報という形で私達に押し寄せてくるこの現代社会にあっても、時流に流されることなく、批判的な思考に基づいてコミュニケーションを行うことができるようにするために、議論を展開する能力を培ってみて下さい。

　以上の目的を一応掲げた上で、第1章では、なぜ日本では議論がしにくいとされているのか理由を考えてみようと思います。第2章では、私達が「議論」ということを理解する際に、何になぞらえて理解しているのかを「議論」に関する隠喩を分析することによって考えていきます。「議論」に関する隠喩を分析することを通して、「議論」という言葉の持つイメージを分析し、非理性的な議論から理性的な議論を区別する要素を探ります。この際、非理性的議論の典型である詭弁を分析しようと考えています。詭弁術に分類される代表的な例を概観していくことによって非理性的議論に見受けられる要素を特定します。第3章では、議論ということを定義してみます。そして議論と説明の違いを検討した後、議論の構造を分析するためのダイヤグラム化の方法について述べようと考えています。第4章では、議論を展開していく上で欠かせない演繹法について学びます。この時、形式論理学の証明方法を使わずに演繹法に慣れ親しんでいただく方法を紹介します。この「真理の水路」と名付けた方法は、視覚に訴えるゆえイメージ喚起的な方法で、数学的な証明の苦手な方にも理解していただけると思います。第5章では、演繹法と並ぶ帰納法による議論の代表的なものを紹介します。こうして議論を展開する技法を学んでいただいた上で、第6章で、小論文を書くための簡単な手引きを紹介します。自分で考えるための手引きとして利用してみて下さい。

[注]
1）K. ポパー、『よりよき世界を求めて』小河原誠他訳、未来社、1995、p.45.
2）U. エーコ、『記号論Ⅰ』池上嘉彦訳、岩波現代選書、1980、p.8.
3）リオタール、『ポストモダンの条件』小林康夫訳、水声社、1986、pp.8-9.
4）丸山真男、『日本の思想』岩波新書、1961、p.129.

第1章
甘えのコミュニケーション、日本ではなぜ議論ができないのか？

　日本では、議論をするための教育が全くなされていないのが現状である上、議論をしにくくしている文化的背景がある、と言われていますが、第1章では、こうした文化的背景を分析し、議論ができる状況作りの下準備をしておこうと考えています。特に「甘え」によるコミュニケーションからくる弊害を分析し、言葉を使用していく際に何が問題になってしまって、議論ができないのかを考えていきます。

1．哲学という名のディシプリン

　哲学は議論と反論という過程を通して展開されていく「対話的な学問分野」であると言うことができます。もちろん、他の学問分野でも議論という手段は重大な役割を果たしていますが、とりわけ哲学において、思考の可能性の条件として議論の根底にある論理的思考形態が、特に「論理学」という名において、探究されてきました。哲学においては、「第1原理の存在証明」のように、その問題を解決するのに経験的な事実に訴えるだけでは、到底解答を与えることのできないような、それでいて最も基礎的な問題とされる重大な問題が取り扱われてきました。それゆえ、例えば、2人の哲学者がそうした基本的な哲学の問題で対立している時、哲学の発展のために唯一開かれていた道は、対立して

いる双方の議論を吟味し、批判的に評価をしていくことだったのです。ですから、哲学的探究においては、それが不毛なものに終わらぬためにも、論理的批判的な態度が要請されたのです。このような理由から、本来は哲学史は、「議論と反論」双方の批判的検討という形で紹介されねばならなかったのです。ガリレオは、有名な『天文対話』の中で、「哲学は哲学者達の間の論争と異論とによって促進させられる」[1)]といったことを述べていますが、まさに哲学の特徴と言うべき点を捉えていると言えましょう。哲学は提出されている諸説の批判的吟味を通して促進されていくものなのです。そしてこの批判的吟味こそ、議論機能として言語を使うことなのでした。

　ところが、とりわけ日本では、天下り式に「師宣わく」という形で結果だけが教え込まれているのではないでしょうか？　特に、学生にとって、最初に哲学に接する機会と言える高等学校の「倫理社会」の時間では、受験の詰め込み用に極端に簡略化されるせいか、「デカルトはこれこれしかじかと言った」「カントはこれこれしかじかと言った」云々という風に結果のみが教えられているのです。どのような議論を経てそのような結論に至ったかというその過程の部分は置き去りにされているのです。そうした風潮の中では哲学は一種の文献学のようにイメージされてしまうのでしょう。即ち、「カントはこれこれしかじかと言った」「否、言っていない、この文献のこのページが証拠だ」云々。こうした風潮の中では、唯一「権威による議論」だけが生き残っているかのようです。確かに文献学的な精査が必要であるようなタイプの議論も存在するでしょう。けれども豊富な文献学的知識を持つ権威者になって初めて何かを発言することが許される、そういった権威主義的雰囲気の中で、一体みのりある議論の展開が期待できるでしょうか？　こうして、哲学は、「知識を権威者からありがたく受容する」ディシプリンに成り下がってしまい硬直してしまっているのが現状なのです。このような状況下では、論理的な眼識は、決して陶冶されないでしょうし、論理的眼識の陶冶なくして、危機的状況にあって、自分の頭で考え抜く力など期待できるはずがありません。これでは、確かに一般的に信じられているように哲学は役に立たない、ということになるでしょう。

　哲学は経験論的には解決され得ない難題を扱ってきたという歴史があり、そ

れらが、他領域の問題とは違って経験に訴えるという手段で簡単に解決され得ない難問だったゆえに、論争に関わっている者達の提出している議論を論理的に吟味する方法が尊ばれるようになっていったのでした。「今、この時代をどのように生きるか」という真摯な問いかけを哲学に向ける人達が、もし哲学に期待できるものがあるとすれば、そのような哲学の歴史の中で培われてきた議論を吟味していく「論理的批判的な態度」でしょう。そんなわけで、危機的状況下でも自分の頭で考え抜く力強さを発揮できる人間の育成のためにも、哲学は議論と反論という過程を通して展開されていく「対話的な学問分野」としての側面を取り戻す必要があるでしょう。

2．コミュニケーションの4機能説と日本文化の特色

　日本に見受けられるコミュニケーションの問題点のうち、議論の発展を妨げる障害を考えてみるために、先ほど少し触れたポパーのコミュニケーションの4機能説を参考にしましょう。ポパーはコミュニケーションに①表出機能、②信号機能、③記述機能、④議論機能を認めています[2]。最初の表出機能は記号としての信号を表出するということです。次の信号機能は相手にある反応を引き起こす機能です。3番目の記述機能はある事態を記述し情報化して伝える機能です。そして④の議論機能は記述をある問題との関連から論理的にまとめあげたり、記述間の論理的関係を批判的に吟味したりする機能なのです。1番と2番は動物のコミュニケーションにも見られる、としてポパーは3番目と4番目を人間に特徴的なコミュニケーションとして重視しています。

　日本文化を振り返って、この国でなぜ議論が難しいのか考えてみますと、①の表出機能のレベルでは、例えば、「字が奇麗であるかどうか」ということが問われます。元ピアニスト志望であった私などは、ピアノの練習のしすぎからけんしょう炎を起こしそれが今でも響いていてどうしても上手な字が書けません。日本では、言霊思想の一環でしょうか、文字が人格の表現として考えられてしまい「字が汚いことは恥ずかしいこと」のような文化的な圧力があります。それゆえ私は度々こうした圧力に屈してしまい、思っていることを表現できな

いことがあります。一部の人達が文字を芸術作品として捉えるのは自由でしょうが、そうした見方をあらゆる方面にまで貫徹すると非効率的な事態を招くことだって出てくるでしょう。確かに、奇麗な字であればそれにこしたことはないのでしょうが、字の上手下手を人格や心の問題に発していると考えるのは行き過ぎがあります。その人が器用かそうでないかということ以上の意味合いを、字の上手下手に読み取る必要はないでしょう。

　次に②の信号機能としてはどのような問題があるでしょうか？　信号機能は相手の反応を引き起こす機能です。このレベルでは、表出の仕方が適切であるように形式を課す「表出の儀礼」とでも呼ぶべきものが絶えず付きまとってきます。つまり、相手の身分や場所柄をわきまえて、敬語や婉曲語法などによる適切な表出の仕方が要求されるのです。このようにこのレベルにおいては、適切性という基準が幅を利かせることになるのです。このレベルで生じる問題としては、いたずらに相手の感情を喚起してしまったり、言語表現の持つ感情を喚起する側面に過敏になりすぎたりしてしまう場合が出てきます。例えば、「相手の気持ちを害する言葉使いであるから、言い方が悪い」と言われたり、ほとんど内容のない巧言令色の類が頻繁に使われたりするのです。「言葉使いが悪い」「言い方がよくない」「素晴しいお説ですね」などといったレベルで言語の応酬が始まりますと、議論は全く進展しなくなってしまいます。

　さて③の記述機能のレベルでの問題点ですが、これは冒頭の箇所で触れたように、情報化時代を迎えて、情報が「真か偽か」を問われることなく、フィードバックもなされぬまま一方的に一種のファッション感覚で受容されてしまっているということが問題として挙げられるでしょう。こうして情報は、相手の感情のみを喚起する目的で使用される信号機能とあいまって、美辞麗句による宣伝効果の高いキャッチフレーズとして消費されていくことになるのです。キャッチフレーズと化した情報のファッション感覚の受容が日常茶飯事になりますと、私達は、ただただ新しい「流行」を求めてテレビのスイッチを入れ、雑誌を買い求めるようになってしまうでしょう。キャッチフレーズとして消費されては消え行く情報の宣伝効果に踊らされてしまい、私達は、「次は何だ、次は何だ」といった流行感覚の中で、しばらく腰を落ち着けて情報そのものの批

判的吟味をしてみることすら忘れてしまうのです。それとともに、情報の真偽を直接吟味しないで、ただただ「皆が受け入れているのなら真である」という錯覚の下に判断が下されることになります。こうなるとキャッチフレーズ化した情報に混じってステレオタイプが力を得ることになるでしょう。例えば、「女性は数学的でないから論理的なものは苦手である」とか「女性は感情的反応が邪魔して理性的に議論することができない」あるいは「理屈っぽい女性は嫌われる」といったようなステレオタイプが無批判的に当の女性にさえ受容されてしまっているのです。こうしたステレオタイプは議論をすることから女性を予め排除してしまうように働くのです。

　最後に④の議論機能ですが、日本では、議論があまりなされていません。もちろん、今述べてきたような表出機能、信号機能、記述機能の諸レベルにおける問題点が、議論を生じさせにくくしている、ということも原因でしょう。ここでしばらくどうして議論がなされにくいのか、という問題を少し考えてみることにしましょう。

3．感想文社会としての日本

　私達は、小学校、中学校、高等学校に至るまでずっと「感想文」を書くことを奨励されて育ってきたわけです。「感想文」は常に夏休みなどの休暇中の課題でしたし、上は国家規模のコンクールまで整っています。そんなわけで、私達は、なにやら「感想文社会」と呼んでもいいような国家に暮らしているわけです。人が自由に感想を述べるということは大いに結構なことです。なぜならば、言論を抑圧されていることよりずっとまともなことであると考えられるからです。けれども、「感想文社会」のもたらしている弊害というものも他方にはあるのです。つまり、感想を述べるということは、ただ感じていることを表現するわけですから、言論に対して責任を取る必要がないのです。「これでは田中首相が可愛そうだと思います。」「何かムカつく」「ダサイなＺさんは！」「さかきばらのような少年は皆死刑にしてしまえ！」「小渕は馬鹿だ」などといった具合に思っていることを表現するわけですから簡単です。そんなわけでそ

のような感想の類の発言を批判しようものなら、「俺はそう感じたのだから仕方ないだろう、そう感じるのは俺の勝手だ」というような、「そんな風に感じるのは人間性に問題があるからだ」といったタイプの反論しか許されないような正当化が返ってくるわけです。「感想は主観的なのだから、何を言ったっていいじゃないか、そう感じるのは俺の勝手だから批判しようったってできないよ」というわけです。何でも感想を言うのは自由だ、という理由で、自分の主張をただただ言いっぱなしにしてしまうわけです。こうした風潮は「感想文」一辺倒の教育のもたらした弊害であると思うのですが、こうした弊害が目に見える形で現象しているにもかかわらず、他方では、「言論に責任を持つ」ように一応教師から聞かされて育ってきているわけです。何でも感想を言うのは自由だ、という理由で、自分の主張をただただ言いっぱなしにしてしまうことと「言論に対して責任を持つ」ことが両立しないのは一目瞭然です。

　私は「感想文社会」に欠けているものは、「議論のできる人間を育成する教育」だと考えています。これから見ていくように、議論とは結論に当たる何らかの主張に、根拠や理由を提供していく作業のことなのです。人は自分の主張に根拠や理由を与える作業を通して主張の擁護可能性を検証し、その時に初めて「言論に責任を持つ」ことができるのです。今、確かに日本ではディベートが流行っているらしいのですが、この本では、ディベートの持っている「議論に勝つとか負ける」といったような「勝敗のイメージ」から自由になって、「自分の主張を含めて提出されている主張を批判的に吟味する目を養うための議論」という風に議論というものを考えたいのです。議論を通して「主張を批判する目」を養うということは、「自分の言論に責任の持てる」そういった人間的な成熟を意味するのです。

4．甘えによる表現

　自分の言論に責任を持とうとする際に、まず皆さんは、日頃皆さんがすっかり慣れ親しんでしまっている「甘えによる表現」を使う態度から脱却しなければなりません。そこで「甘えによる表現」ということで何を言いたいのか、少

し詳しく説明しましょう。そのために、皆さんに「身内」「仲間内」の間のコミュニケーションの特徴について知っていただきたいと思います。

　この頃、学生の皆さんの間でよく見受けられる不思議なコミュニケーションのパターンがあります。これを「一単語コミュニケーション」と仮に呼ぶことにしますが、それがどういうものかと言いますと、例えば、「先生、宿題」と私のオフィスにやってきた学生さんが言うわけです。そこで「宿題をどうしたんだい？」と尋ねると、「昨日まで？」とくる。そこでしかたなく「期限は昨日までだけど、どうしたの？」と丁寧に質問する、すると彼女がまた「まだなんです」とぼそっと一言言うのですね。そこで私の方が、「ああ、君は宿題をまだ提出していないことを言いたいんだね？　まあ、１日待ってやるから、明日のお昼休みまでに私のオフィスに持ってきなさい」、と彼女の言いたいだろうことを好意的に解釈してあげるわけです。このような感じの、実に奇妙な言葉のやり取りが、最近では、日常茶飯事になっているのです。今挙げた例のように、学生は「１つないし２つの単語を相手である先生に投げ掛けるだけ」なのに、学生の意図しているだろう文章を、対話の相手の先生が、大変好意的に解釈し補足しながら、組み立てていくという奇妙な構造が見られるのです。学生の意図している文章の成立は、完全に対話者の好意的解釈に依存している、というわけです。これが「１単語コミュニケーション」なのです。

　今の例では、学生が先生に甘えているのだ、ということが言えるでしょうが、この不思議なコミュニケーションの原光景は、実はお母さんと赤ちゃんの間のコミュニケーションに顕著に見受けられるのです。このいわゆる母子密着構造にこそ甘えの原形があるのだ、ということを例を挙げることによってみていきましょう。その後で「甘え」というものに少し理論的裏付けを与えてみたいと思います。

　　赤ちゃん：ハーアウ。
　　お母さん：あら、大きなあくび。眠いのね、きっと。昨日、パパが起こしたものね。
　　　　　　　ほーら、寝んね、寝んね。
　　赤ちゃん：（泣き出す）
　　お母さん：眠いのねえ、寝んねの前にお腹空いたのかしら？（哺乳瓶を見せながら）

　　　　　　ほら、これが欲しいのね？　おっぱいでしょ？
　　赤ちゃん：（哺乳瓶を触ろうとする）
　　お母さん：おお、おお、これね、これが欲しいのね。XXちゃん、どうぞ。
　（哺乳瓶を渡す）
　　赤ちゃん：（哺乳瓶を投げて、笑う）
　　お母さん：まあ、ダーメよ。（哺乳瓶を取り上げて）
　　赤ちゃん：（再びぐずる）
　　お母さん：よし、よし、泣かないのよお。いいわよ、これね、これ欲しいんでしょ
　　　　　　お？（哺乳瓶を渡して）ほーら、もう良い子ねえ、笑ってねえ。

　一読すればお分かりのように、この例の赤ちゃんと先ほどの学生の例との間には、構造的な違いはほとんど見受けられないのです。赤ちゃんの一挙一動が、お母さんによって善意の解釈を受けて有意味な記号へと転換されていく様が、よく分かると思います。ここには、先にお話しした学生の例に見られる「1単語コミュニケーション」の原形があるのです。先の学生もこの例の赤ちゃんの泣き声やあくびのように、受け取り方によっては意味をなさないような1単語を、母親的解釈者たる先生に向けて発しているのです。赤ちゃんがこのようなコミュニケーションから学ぶことは、恐らく言葉というものの持っている力の側面でしょう。どういうことかと言いますと、どんなに無意味な言葉でも発するだけで「相手に解釈させる力」がある、ということです。言葉は、相手に解釈という行為を強制させてしまうような力を持っているのだ、ということをお分かりいただけたと思います。言葉は意味を伝達するだけではないのです。言葉には力の側面が確かに存在しているのです。ここで皆さんに理解して欲しいことは、言葉は意味を伝達するだけではなく、発するだけで人を動かすことのできるような力があるのだ、ということなのです。言葉を発することによって相手を動かすことができるわけです。例えば、工事現場で親方が部下に向かって、ただ一言、「のこぎり！」と言えば部下がのこぎりを手渡してくれるわけです。つまり言葉を発するだけで相手がそれに反応して何らかの行為をしてくれるわけですね。

　このように話手が、言葉の持つ力の側面を行使して、相手の好意的解釈に一方的に依存する態度を「甘えのコミュニケーション」と呼ぶことにしましょう。

第1章　甘えのコミュニケーション、日本ではなぜ議論ができないのか？

　甘えというものの支配する社会では「お母さん」とのアナロジーによって他人一般が想像されることになるでしょう。他の人達もお母さんのように、僕の言っていることを分かってくれるんだ、というわけですね。先ほどの例ですと、子どもが何やら声を上げると、お母さんは、子どもが何か意図していることを仮定して、子どもの意図に近づこうと無限に解釈のゲームを進めていくわけです。つまり「ミルクなのね、違うの？　じゃあ、おむつが濡れたの？　それとも眠いの？　パパがいないのが寂しいのかな？　それともおもちゃが欲しいのかな？」といった具合に、赤ちゃんの発した言語以前の、野生の叫びにも似た一言に対して、お母さんが、子どもの意図に限りなく近づこうと無限に好意的な解釈を進めていくのです。赤ちゃんが意図しているだろうことに無限に近づこうと、お母さんが解釈を重ねていくのですね。甘えということは、このような無限の解釈のゲームを他の人達も、お母さん同様に引き受けてくれるだろう、という形の依存なのだ、と定義しておくことにしましょう。「甘え」の根底には、「相手はお母さん同様に自分の言葉を好意的に解釈してくれるはずだ」という期待があるのです。

　ちょうどお母さんが赤ちゃんにするように、こちらの意図を無限に解釈してくれるような好意を寄せてくれる人達を私達は「身内」とか「仲間内」とか呼んでいますが、身内、仲間内ではこのような「甘え」が許されているのです。こちらが一言発するだけで、相手はこちらの意図を察しようと解釈という行為を惜しみなくしてくれるわけです。「仲間内」、「身内」では甘えが許されているわけです。例えば、あなたがまだ知り合って間もない人から招かれて食事にいく、としましょう。あなたはその食事の席で、「おい、お茶！」とか「ねえ、ちょっと、ケーキないのォ！」などとは言わないでしょう。そのような言葉を間違ってでも発しようものなら、相手はあなたを横柄でずうずうしい礼儀知らずの愚か者と思うことでしょう。それは初対面の人達はあなたの言葉の持つ力の側面をまだ受け入れていないからなのです。この力は言ってみれば「私の言いたいことをあんたもちゃんと解釈しなさいよ」というような力ですので、ある意味では実に暴力的な力なのです。相手があなたを礼儀知らずの野人だと思っても仕方がありません。恐らく敬語というものが発達した理由は、言葉の持

つ力の暴力的側面を和らげる意味もあったのでしょう。確かに、敬語で接していれば初対面の人が言葉の力によって傷つく心配はいりません。

　以上見てきたように、特に「身内」「仲間内」のコミュニケーションでは、先ほどの「1単語コミュニケーション」のような「相手の好意的な解釈に依存した」甘えということを観察できます。

　このことはエスノメソドロジーの創始者であるガーフィンケルの行った有名な「ガーフィンケル・ゲーム（Garfinkel game）」の記録を読めばすぐに理解できることです。彼は日常のコミュニケーションの場に科学的合理性を要求した場合、何が起きるのかを自分の学生達に観察させました。この「ガーフィンケル・ゲーム」といわれているコミュニケーション・ゲームでは、日常会話で使われている言葉の意味を厳密に定義するように相手に迫る、ということが行われます。

　いくつか「ガーフィンケル・ゲーム」の例を見ていきましょう。ちょっとした実験として皆さんにも「ガーフィンケル・ゲーム」を実践していただきたいと思います。

　【例1】
　　金曜日の夜、夫と私はテレビを観ていた。夫はくたびれたと言った。
　　私：あなた、どんな具合にくたびれたの？　肉体的、精神的、それとも退屈しただけなの？
　　夫：分からないけど、たぶん主に身体の方だろう。
　　私：じゃ筋肉か骨が痛いの？
　　夫：まあそんなところだろうね。そんなにテクニカルに言うなよ！
　　（またしばらくテレビを観てから）
　　夫：こういう古い映画はどれも同じだね。相変らずの筋書きだ。
　　私：どういうこと？　すべての映画？　いくつかの映画？　それともあなたの今観ているのだけ？
　　夫：君、一体どうしたの？　僕の言っていること分かっているくせに！
　　私：私はただあなたにもっと正確であって欲しいだけのよ。
　　夫：分かってるだろう、死んじまえ！

【例2】
　被験者S氏は嬉しそうに手を振った。
　S：ハウ・アー・ユー？
　私：私の何に関するハウを聞いているの？　健康？　経済状態？　成績？　心境？それとも……？
　S：（顔を赤くして突然怒り出し）おい、俺はちょっと愛想よくしようとしたまでさ。お前さんがどんな「ハウ・ユー・アー」かなんて俺の知ったことか！

【例3】
　私と友人はある男の傲慢さが気に障るという話をしていた。友は言った。
　友：俺は奴には本当にムッとするよ！
　私：奴のどこにムッとするんだい？
　友：ふざけるな、分かっているじゃないか！
　私：でもその不快さを詳しく説明してくれたまえ。
　友：（友は私を怪訝そうに見つめながら）お前一体どうしたんだ？　俺達こんな話し方しなかったじゃないか!?[3]

　さて以上挙げたガーフィンケル・ゲームの3つの例を検討してみると、日常の場面では、会話の相手に対して、使用される言葉の意味の厳密性を徹底して追及していく時、対話の相手は、「お前、俺の言いたいこと分かってるくせに！」とか「今日のお前、どうかしてるぜ。俺達、こんな話し方しなかったじゃないか！」といった返答に代表されるように、当惑や怒りの感情をむき出しにしてくるのです。それは「相手は俺のことを分かってくれている」といったような日常生活の思い込みに、日々のコミュニケーションが支配されているからです。このように西欧社会においても、いわゆる親しい者同士の「仲間内」では、甘えのゲームが前提されているわけです。親しい仲間内の人達なら、私の言うことは私の意図していることに沿って、好意的に解釈してくれるはずである、という期待が働いているゆえに、詳しい説明や厳密な定義づけ抜きでやっていけるはずだ、というわけですね。「仲間内」「身内」のコミュニケーションでは、「相手は自分の言っていることを分かってくれている」という思い込みが常に働いているわけです。厳密さの要求はこうした思い込みに水をさすような結果になって、相手は怒ったり、いらいらしてきたり、不思議そうな顔を

したりするわけですね。「仲間内」「身内」では、意味を伝達しよう、ということより、むしろお互いに言葉の持つ力に依存してしまっているわけです。ちょうど赤ちゃんにお母さんがしてくれているように、どんなに曖昧な言葉でも、一言発すれば、相手は快くこちらに好意的に解釈してくれるわけです。私の学生が提出したガーフィンケル・ゲームのレポートの中にこんなのがありました。ちょっと読んでみましょう。

　　「今日は、あれだよね」
　　「あれって何？」
　　「あれよ、あれ。」
　　「だから、あれって何？」
　　「あれはあれよ。分かるじゃん」
　　（ここで私は追及はやめてしまって思わず）
　　「ああ、あれかあ！　あれね」

　第三者から見れば、「何のこっちゃ」と思うような会話ですが、当事者同士のいわゆる「仲間内」では、「あれ」と発話されるだけで相手が好意的に解釈してくれるので、十分意味が通ってしまうわけです。「あれ」という言葉の発話が、相手に解釈を強いるわけですが、「仲間内」「身内」の間では、このような言葉の強いる解釈の強制をむしろ快く好意的に引き受けるわけです。言い換えれば、「仲間内」「身内」では言葉の持つ力の側面を快く肯定しているわけです。「ガーフィンケル・ゲーム」の諸例からも見受けられるように、欧米でも親しい者同士では、このような「甘え」によるコミュニケーションが全くないとは言えません。けれどもそうだからこそむしろ欧米の学生達は、主体的な見解を形成でき、相手と議論できるようになることを奨励されて育つのです。確かに、甘えが許容されている「身内」「仲間内」で甘える限りにおいて、別に甘えによるコミュニケーションをしたからといって何の弊害もないのです。それでも、甘えのコミュニケーションは適用範囲が限定されているのだということは、常に念頭に置いておいていただきたいものです。そんなわけで、「甘え」のコミュニケーションに頼ることなく、きちんと議論を展開できる能力を育てて欲しいのです。

最近の言語行為論では、発話の持つ力の側面に注目し発話を事実確認的（constative）と行為遂行的（performative）の2種類に分類しています[4]。事実確認的な発話は真か偽かで判断されるレベルで機能します。例えば、「君の目の前に大きな犬がいるよ」という発言は、もし本当に「君」の目の前に大きな犬がいるのなら「真」ですし、そうでないのなら「偽」と判断できます。行為遂行的発話とは、それとは違ったレベルで機能します。例えば、私は「君の目の前に大きな犬がいるよ」と発話することによって、「君」なる人物に警戒を促すこともできます。「君の目の前に大きな犬がいるよ」と言うことによって「ちょっとヤバそうな犬だから逃げるなり何なりしないと」と警告しているわけですね。この場合、「君の目の前に大きな犬がいるよ」と発話することによって、相手がこちらが警告したいという意図を読み取ってくれるかどうかということが問題になるわけで、「君の目の前に大きな犬がいるよ」ということが真であるか偽であるかを問題にしているわけではありません。もし「君」なる人物がこちらの意図を読み取って警告として受け取ってくれたら成功、そうでなければ失敗なのです。つまり行為遂行的発話は失敗か成功か、言い換えれば、「適切であったか不適切であったか」というレベルで判断されるのです。
　他に例を挙げれば、「君は本当によく食べたね」という発話を「君」なる人物に対する皮肉や非難の意味合いを込めて使うことが可能ですね。もしあなたが「君は本当によく食べたね」という発話を皮肉や非難の意味合いで使用する場合、あなたは行為遂行的発話をしていることになるのです。この場合、もし相手にあなたの皮肉や非難の意図が通じれば適切だったということになるのです。ですから簡単に言えば、行為遂行的とは、言い回しが相手に及ぼす力です。問題は、甘えのコミュニケーションが当たり前になっていますと、発話を事実確認的に使った場合でも、言い回しの持つ行為遂行的効果をそこに読み取ってしまうということが起きてしまうということなのです。甘えのコミュニケーションが当たり前のものとみなされているところでは、お互いの意図を「察すること」に神経が集中されてしまい、却って発話を事実確認的に使うことが困難になってしまいます。発話の事実確認的な内容を真か偽か判断するということをせずに、発話の行為遂行的効果を読み取ろうとしてしまうのです。こうなり

ますと相手から変に誤解されたり、徒に相手の感情を喚起してしまったりという予測できないような事態が生じてしまうのです。事実確認的なレベルが常に行為遂行的レベルで捉えられてしまうような甘えのコミュニケーションの文脈では、常に相手の顔色をうかがいながらコミュニケーションをせねばならなくなり、事実確認的なレベルで発話の真偽を素直に問うことすら困難になってしまうでしょう。自分の発話が行為遂行的に受け取られてしまうがために相手の気持ちを過剰なほど思いやるゆえ、簡明直截(ちょくせつ)に賛否を表現できなくなってしまうのです。こうなりますと、発話の批判的吟味などとても不可能となるゆえ、議論などできなくなってしまうのです。

　とても長い解説になりましたが、甘えのコミュニケーションでは、重点が「情報の伝達」ということよりも、むしろ「伝達の力」の配分ということになってしまうのでした。「甘えの表現を避ける」というルールは、必要以上に言葉の持つ力の側面に頼ることはやめて、読者に解釈の負担をかけないようにする、ということです。そのためには、もちろん純粋にそうすることは難しいのですが、言葉を事実確認的に使用し「意味の伝達の手段」としてのみ考えるということが必要になってきます。具体的にどうしたらいいかと言いますと、手始めに今から述べることを守って下さい。

Ｒ１．「これ」「あれ」などの所謂コソアド言葉をむやみに多用しない。コソアド言葉を使う時は、コソアド言葉によって指示される言葉が読者に分かる形で表現されているかどうか、読者の立場に立って考えること。
Ｒ２．主語や述語を省略しないで表現すること。
Ｒ３．自分にとって当たり前のことでも、読者の立場に立って考え直してみること。
Ｒ４．分かりにくい言葉には定義を与える習慣をつけること。

　最後のルールは、定義の仕方を知らないと実践できませんので、「定義」とは何かという主題でしばらくお話しをすることにします。

5．定義の仕方について[5]

　そもそも何のために、私達は定義をするのでしょうか？　定義をするための目標をしばらく考えてみましょう。定義は言葉の意味を説明するという目的を持っています。私達は定義することによって以下に列挙する点を達成します。
① 定義をすることでコミュニケーションを円滑にするために必要な語彙を導入することができる。
② 定義をすることで多義的で曖昧な語を明瞭にすることができる。
③ 定義をすることによって、語の使用範囲を限定することができる。
　定義は、3つの要素から成り立っています。
① 定義される言葉；論理学ではこれを definiendum と呼びます。
② 定義する言葉、即ち、定義づけをするために用いられている言葉；論理学ではこれを definiens と呼んでいます。
③ 定義される言葉は、定義する言葉と同じ意味を持っていることを明文化して宣言し、規定、約定している copula（連辞）と呼ばれている述部。
どんな定義も以上の3つの要素を持っています。

　さてそれでは、ある与えられた言葉をあなたが定義しようとしている、と仮定しましょう。そこで、まず定義に関する両極端な立場を2つ想像してみましょう。
　最初の極端な立場を仮に「定義に関する主観的立場」と呼ぶことにしましょう。これはどのような立場かと言いますと、あなたが抱いているその言葉にまつわるあらゆるイメージをその言葉の意味として定義してしまう、という立場です。もしこの立場を採るのならば、たとえば、あなたが「コーヒーはコロンビア産のものしかなく、苦くてまずい飲み物である」と信じていれば、「コーヒー」という言葉の意味の定義の一部として、「コロンビア産の苦くてまずい飲み物」というような純粋にプライヴェートで主観的なイメージが入ってきてしまうわけです。このような主観的な意味合いは個人によって違うことでしょうし、同じ人物のイメージでも時がたつに従って変わってしまうかもしれませ

ん。あなたはひょっとしたら1年後にはコーヒーをおいしいと思うようになっているかもしれません。つまり、定義というものは、その言葉を使う人々が分かち合えるだけの「公共的」な性格を持っていなければなりませんから、プライヴェートで主観的な意味合いは避けねばなりません。

　もう1つ別の極端な立場を「定義に関する客観的立場」と呼んでおくことにしましょう。この立場では、定義したい言葉で名指されるすべての対象が共有しているすべての性質の集合が定義である、と考えるのです。けれども「定義したい言葉で名指しされるすべての対象が共有しているすべての性質」を漏れなく列挙することのできる者は、「神様」のみということになるでしょう。神ならぬ私達は過去のすべての事例や、これからやってくるだろう未来のすべての事例を調べ尽くすわけにはいかないのです。しかもたとえそのようなことが可能だとしても、学習する際に覚えなければならないことが多くなりすぎて、かえって不便になるでしょう。ともかく私達はそれほど全知全能ではありませんので、「定義に関する客観的立場」も、言葉を使う人々が分かち合うことのできる「公共的」な性格を提供することに失敗しているのです。

　こうして極端な立場を検討してみると、定義を考える際に必要な要素が浮かび上がってきます。それは、言葉を使う人々が分かち合うことのできる「公共性」ということです。あまりにもプライヴェート過ぎる定義も、神様しか理解できないような定義もコミュニケーションを不可能にしてしまうでしょう。言語はやはり何よりもコミュニケーションの手段ですから、言葉の定義もコミュニケーションという実践の場で役立ち得る「公共的性格」を持っていなければいけません。

　こう考えてみますと、言葉を定義する際に必要なことは、定義される言葉が、その言葉の使われている共同体の中でどのように使われているのかを知る、ということが必要になってくるのです。こうした意味では、定義は、言葉が日常どのような意味で使われているのかを報告するという役割を持っているのです。実際に辞書の編纂(へんさん)に携(たずさ)わる言語学者は、定義される言葉がどのように使われているのかに気を配っているのです。言葉が、ある共同体の中でどのように使われているのか、ということを知るということは、その共同体の慣習を知る、

ということです。ですから、定義を考える際は、「慣習的な立場」に立って、言葉の使われ方を知る、ということが大切です。「慣習的な立場」に立って定義を与えるということは、定義される言葉（definiendum）がある特定の時代に、特定の言語集団内でどのように使われているのか、あるいは、使われていたのかをレポートすることでもあります。ですからこのような定義の仕方を、私達は、Reportive definition とも呼びます。これは「特定の時代の特定の言語集団内で、定義される言葉（definiendum）がどのように使われているのかレポートをする」わけですから、そのレポートに対して「真か偽か」の判断を下すことができます。つまり、「真か偽か」という評価基準で判断が下せるような、「公共性」を備えた定義であるわけなのです。

「真か偽か」という判断が下せるという点で Reportive definition は、Stipulative definition と区別されねばなりません。Stipulative definition とは、ある論者が、ある言葉をある特定の文章の中で彼あるいは彼女なりの特別な用語として使用することを述べた定義なのです。例えば、ある論文の冒頭で、ある論者がこう言ったとしたら、それは Stipulative definition なのです。2つ例を挙げましょう。

① この論文では、私は「哲学者」という言葉を「第1原理を探究する人々」という意味で使い、初期の自然学者達もそんな意味で「哲学者」として扱うことにした。
② 「勝つためには手段を選ばず功労者でさえも排斥するような非情なことでもやってのけること」を、ここでは「岡田る」と呼ぼう。

これらの例でお分かりのように、論者が普通使われている言葉を、普通とは違った意味で使ったり（最初の例の場合です）、全く新しい言葉を導入したりする時（2番目の例の場合です）、Stipulative definition が使われるのです。つまり Stipulative definition とは「私はこの言葉をこれこれしかじかの私独特の用法で使いますよ」と宣言するような定義なのです。

論者自身がある言葉を特定の論文内でどのように使うのかを述べているような定義が、Stipulative definition なのであり、論者自身が言葉の使い方を自分で

決め、使い方を宣言しているわけですので、そのような定義は「真か偽か」という判定によって判断されたりはしません。むしろそのような論者独自の使い方が、論文を読み進める上で「役に立ったかどうか」が問題とされるでしょう。あなたも Stipulative definition を使って、論を展開していくことがあると思いますが、その際、あなたの導入する Definiendum をよく知られ、一般に使われている言葉によって解説する必要があります。新しい用語法を導入することで、その都度いちいち説明する手間が省けるわけで、Stipulative definition を上手に使えば、論文を読み進めていく上での、時間的なエコノミーに貢献することでしょう。そのような場合、確かに読者にとって「役に立つ」定義と言うことができましょう。

　けれども、Stipulative definition を悪用することもできるのです。この方法では、論者が定義を自由に行うわけですので、議論に使われる際に、詭弁になってしまう場合がでてくるのです。Redifinist fallacy（「再定義者の詭弁」と直訳しないで「定義屋の詭弁」と呼んでおくことにします）という名前で知られている詭弁では、Stipulative definition を巧みに利用して、ある主要な用語を自分の議論に都合のいいように意味を変えてしまい、自分の欲している結論を正当化してしまうのです。例えば、「すべての出来事には原因がある」という結論を導き出したい論者が、最初に stipulative definition を使って、「出来事」を定義して「原因によって発生する存在」としたとしましょう。そこで「すべての出来事には原因がある」という結論中の「出来事」という言葉を「原因によって発生する存在」と読み替えてみましょう。すると、「『原因によって発生する存在』には原因がある」と同語反復的な当たり前な表現になります。これでは何も証明したことにはなりませんね。つまり、最初に与えられた Stipulative definition の中にこの論者が結論で証明すべきことを密かに含ませてしまっているのです。このように、Stipulative definition を与える際は、自分が結論で証明すべきことを定義の中に予め含ませておくような「定義屋の詭弁」には十分気を付けるようにして下さい。この手の便利な定義であるゆえ、悪用されやすいというわけです。

　それでは、Stipulative definition の説明はこのくらいにして、「真か偽か」と

いう評価基準で判断が下せるような、「公共性」を備えた定義である Reportive definition に話を戻すことにしましょう。私達の慣習的な言葉の使い方をレポートするということは、実際には、既に、辞書編纂者がしてくれていますので、皆さんの場合は、辞書を引けばいい、ということになります。それでも、Reportive definition がどのようになされるのか知っていても損はないでしょうし、少なくとも、定義が良い定義かどうかを判断できる方法を知っておいていただきたいと思います。

(1) Extension と Intension の区別
　私達が言葉の意味について語る時、重要になってくる区別が Extension と Intension の区別です。

> Extension とは、言葉が適用される対象の集合のことをいいます。例えば、「犬」という言葉の Extension は、「犬」という言葉が適用可能な世界中に存在している犬の集合ということになります。その言葉が何を指しているのか、ということです。
> Intension とは、ある言葉が正しく適用されるために、その言葉によって指示される対象が共通に持っている性質です。「犬」という言葉の Intension は、哺乳類であること、家畜であること、毛で覆われていること、肉食性であること、などいろいろあげることができます。その言葉が使われている言語文化によって、「典型」とされる Intension が異なる場合もあるでしょうが、要はその言語文化圏で何が「典型」とされているのかを知ることです。

(2) Reportive definition の際に採用される最も一般的な方法
　① 例を挙げて定義する方法
　　定義によって示される Extension に属する対象の例を挙げて示すことによって、言葉の意味を教える方法です。代表的、典型的例を直接指で指して教えたり、いくつかの例を記述してどういうものなのかを教えたりします。例えば、ボトルを振りながら、「これがワイルド・ターキーだ」といった具合にすればいいのです。身近に具体例があれば、手頃な方法ですが、誤解される恐れもあります。今挙げた例ですと、それだけでは、「ワイルド・ターキーってあの人が振っているボトルのことなんだな」と思ってしまう人が出て

くるかもしれません。誤解を避けるためには、具体例を多く挙げたり、定義される言葉にまつわる特有の行動を促したりすればいいわけです（これについては一番最後の項目で「弁別行為」ということで詳しくお話しします）。例えば、今のワイルド・ターキーの場合ですと、「まあ、一杯飲んでごらんなさい」と相手に「飲むという行為」を促せば、ワイルド・ターキーが飲み物であることは相手に伝わるでしょう。もし仮にその時、ボトルを指で弾きながら、「あなたもこいつの手触りを楽しんで下さい」と言われたとしたら、「ああ、このボトルの名前が『ワイルド・ターキー』って言うんだな」ということになるでしょう。このように、どのような言葉でもその言葉が習得される文脈（特に特有の行為を伴うようなそんな文脈）の中でまだその言葉を習得していない人を教えるということは重要です。このことを後ほど、詳しく論じることにします。

② 同義語によって定義する

　Definiendum と同じことを意味する、言葉（同意語）や句を挙げることによって定義する方法です。例えば、「尊敬」とは「尊び敬うこと」です。最も一般的な方法ですが、皆さんは Definiens（定義中に使われている言葉）に使用されている言葉——例えば、今の例ですと、「尊び敬う」——もまた定義が必要ではないか、と考えたことはありませんか？　定義の中に使われている言葉を定義し、その定義の中の言葉をまたまた定義していく、という何か無限に続きそうな作業のようですが、無限には続きません。どこで打ち切るのか、ということは最後に詳しくお話ししますので、お楽しみに。

③ 分析的定義

　これは古くから論理学者の間で Definition per genus et differentia（類と種差による定義）と呼ばれている方法です。この方法では、Difiniendum の属する「類（genus）」を挙げ、同じ類に属する他のものとの「違い（differentia）」を特定する方法です。例えば、「ブーゲンビレア」を植物図鑑などで調べてみますと、「おしろいばな科の花で、別名いかだかずら。茎がつるになる常緑樹。3 枚の花びらのようなものは包で花はその内側にある。熱帯地方の植物」[6] などとあります。このように、特に生物学者などが分類

を試みる際に使われるのです。生物学の方では、分類の方法は、分岐論者と表型論者とでは違ってきます。表型論の方は、生物としての形態、役割、機能に注目し、類似しているものをまとめる方法を採っています。分岐論の方は、進化の過程においてどのように生物が分岐してきたのかを秩序だてて考え、継承された性質のうち、何が異なってきているのか、何が共有されているのかということを考慮に入れ分類していくのです。

(3) 定義が良い定義であるための3つのルール
R1．定義は、両義的な言葉や曖昧な言葉で表現されるべきではない。
　両義的な言葉、曖昧な言葉ということについては、後の章で説明する機会があると思います。ここでは、ともかく読者の立場に立って、分かりやすい表現を使おうということを強調しておきます。
R2．定義は広すぎても狭すぎてもいけない。
　ここで言う「広すぎる定義」とは例えばどのようなものでしょうか？　この問いに答えるために、まず、古代ギリシャの話を紹介しましょう。ギリシャの大哲学者プラトンの名前は皆さんもご存じでしょう。ある時、彼は「人間」を定義しようと苦慮していました。彼がたどり着いた人間の定義は、「featherless biped（羽のない2本足の動物）」というものでした。この定義はなかなか好評でした。そこへ当時、自足していく強さを唱え、何も所有せず、乞食同然の生き方を実践していて、当人も酒樽の中に寝泊まりしていたので、ギリシャの人々から「樽の中のディオゲネス」として知られていたディオゲネスがやってきました。彼はプラトンの「人間の定義」を聞くと、羽をむしりとった雄鶏をぶらさげて、プラトンの教室に入っていったのです。そして「ほら、これがプラトンの言う人間だ」と言ったのでした7）。もちろんディオゲネスの言いたかったことは、「『羽をむしった鶏』も『羽のない2本足の動物』だが、諸君はこれを『人間』と呼ぶのかね？」ということです。つまり「羽のない2本足の動物」の集合には、「人間」以外のものが含まれてしまうのです。このような定義を「広すぎる定義」と呼びます。例えば、ビートたけしという人物を定義する時に、「ビートたけしはコメディアンである」と定義しただけでは、定義と

しては「あまりにも広い」ということになります。なぜならば、ビートたけしだけではなく、明石家さんまも、とんべるずもエディー・マーフィーもロビン・ウイリアムズもビリー・クリスタルも皆コメディアンの集合に含まれてしまうからです。定義をしてみたものの、定義されるべきもの以外のメンバーが含まれてしまう場合、その定義は「あまりにも広い」というのです。

① あまりにも広い定義：Definiens の中に definiendum の集合（extension）以外のものが入ってしまう場合。

それでは、「あまりにも狭い定義」とはどのようなものでしょうか？ 例えば、「靴」を定義して次のように言ったとしましょう。
「靴とは皮製品で人間の足を覆い、足を保護し歩行を助ける道具である」と。ところがよくよく考えてみますと、世の中にある靴は、皮製品だけとは限りません。例えば、木靴のように木でできているものもあるのです。この定義では、靴の集合の中の一部の物しかカバーできていません。このような場合、その定義は「あまりにも狭い定義」である、と言うのです。

② あまりにも狭い定義：Definiens が efiniendum の集合（extension）の一部分しかカバーし切れない場合。

R３．A definition must not be expressed in value-laden language.（定義は価値を負荷されている言葉で表現されるべきではない）

このルールで否定されている「価値を負荷されている言葉」ということはどういうことでしょうか？ 簡単に言えば、それは、主観的感情や偏見を表した言葉なのです。「価値を負荷されている言葉による定義」は当然定義としては悪い見本なのですが、「価値を負荷されている言葉による定義」をいくつか見ていきましょう。

・デジタル・カメラ＝暗くって、陰険なカメラオタクが、己の脆弱さを恨み、世界征服よろしくすべてをコンピューターに取り込むために使っているカメラ。
・安田女子短期大学秘書科の学生＝安田短大の学科の１つで、グラマラスで美人で可愛い洗練された教養を備えた女の子の集団で、他学科より優秀過ぎるくらいの学生で構成されている。

どちらも一読すればお分かりのように、定義をしている人間の何らかの主観的な価値観をふんだんに含む言葉が頻繁に使われています。最初の例では、悪意とまで呼んでいいような偏見を表現した否定的な価値（「暗い」とか「陰険な」とか「おたく」とか「脆弱」など）が、2番目の例では、やはり偏見と呼んでいいような肯定的価値（「グラマラス」「美人」「可愛い」「優秀すぎる」「洗練された」）が、盛り込まれています。要するに、このルールで言っていることは、定義をしている人間のプライヴェートな価値観や感情、偏見、ステレオタイプ、あるいは誇張などが表現されている言葉を使わないように定義しましょう、ということなのです。

（4）定義に使われる基本的な言葉について

　皆さんはこんなことを考えたことがありませんか？　もし定義ということが言葉によってなされるのならば、定義の中で使われている言葉も定義され得ることになり、その定義の中の言葉もまた定義されねばならないことになってしまう、というようなことを。すると、定義の中の言葉を定義し、さらにその定義の中に使われている言葉を定義し、といった循環が生じてしまうでしょう。この循環を断ち切るためには、一体どこでやめたらいいのでしょうか？　このような定義にまつわる堂々巡りを考えてみますと、ある種の言葉は、定義なしで十分に明瞭でなければならないのではないのだろうか、と思われることでしょう。定義はそれ自体定義のいらない言葉で定義されることになるだろう、というわけです。そこでこれ以上定義がいらないと考えられる言葉を「単純な言葉」と呼ぶことにしましょう。例えば、いわゆるやまと言葉の方が漢字よりしっくりくるから基本的だ、と考えている人達がいます。そうした人達にとってやまと言葉こそが「単純な言葉」なのでしょう。私は、やまと言葉であれば、即「単純な言葉」であるとは思いません。私は、身体による外界との非言語的交渉を通して習得された言葉こそが「単純な言葉」となり得るということをお話ししていきましょう。

　私は、私の学生達によくジェスチャー・ゲームをさせます。「花」とか「ボール」のような1つの単語を出題し、演技者として選んだ学生に演技をしても

らい、その他の学生達に解答してもらうのです。私達はジェスチャー・ゲームを実際に行ってみることによって、ジェスチャーで表現しやすい言葉が存在していることを知ることができます。「国家」とか「美」などといった単語を出題されたら、学生は当惑してしまいますし、恐らく皆さんもどのように表現したらよいのか戸惑うでしょう。不思議なことに、「花」とか「ボール」のようにジェスチャーで表現しやすい言葉は、どの演技者が演技しても大体同じようなジェスチャー表現をします。それはなぜでしょうか？

　ここで、この謎に解答を与えるために、ロジャー・ブラウンの学説を援用してお話を進めていきましょう[8]。ブラウンは「真の名称」は非言語行為と相関関係がありそうだ、という仮説を立てているのです。

　今、私の財布に10円玉が何枚か入っております。この10円玉は、10円玉であるだけではなくて、例えば、「硬貨」ですし「金属製の物体」でもありますし、「昭和53年製造の10円玉」、「愛する奥様が弁当代にくれた10円」ですし、「ちょっと薄茶けた汚ぽったい10円」でもあるわけです。このように、この一枚の10円玉を私達は何とでも呼ぶことができるわけですが、にもかかわらず、「10円」という名前が、これの「真の名称」のように私達は何となく感じているのです。なぜでしょう？

　ここで、少し子ども時代の頃を思い起こしてみて下さい。私の息子の智愛君が初めて、チューリップを見て、「智ちゃん、それがお花だよ！」と言われた時、「いいにおいがするよ！」と言われて、大人にならって、前屈みになって匂いをかいでみる、という行為をしたはずですし、幼稚園のお遊戯などで、両手で花の形を作ってみることなどもやったはずです。「花を摘んでごらん」といって両親と花摘みをした人も多いことでしょう。同様に1個のボールが「ボール」と名付けられた時、それは手で輪郭をなぞるように触られたり、投げられたり、まりつきをされたりしたはずですし、「魚」という言葉なら、魚の泳ぎに合わせて「身体をよじったり」少なくとも目でその動きを追ったりしたはずです。「猫」という言葉なら、あの柔らかい背中を撫でてやるといった可愛がる行為を伴って理解してきたはずです。数字ならば数えるという行為と共に習得されたことでしょうし、「椅子」ならば「座ってみる」といった動作と共

に、です。子どもの頃、お菓子を買うという行為をする時に、「そのアンマンは10円だよ」と駄菓子屋のおばさんから要求されたのは、「10円」であるわけです。私達は売買という行為の文脈の中で覚えたこの「10円」という名前を真なる名称である、と感じるのです。

　このように私達が習得してきた基本的な言葉にはどれも何らかの行為や動作が伴っているわけです。「名前」を弁別できるような基本的な行為や動作がないならば、私達はジェスチャー・ゲームなどで「名前」を当てることなどできないでしょう。何らかの身体活動が密接に結びついているような言葉を私達が持っているからこそ、ジェスチャーで表せるのですね。逆に言えば、ジェスチャーで表せるような言葉が基本語なのです。こうして考えていきますと、子どもにとって最初の概念形成の際に、「名前で名付けられる対象」を弁別する行為や動作と共に、「名前」を理解する、ということが言えそうです。そして「名前で名付けられる対象」を弁別する行為や動作のことをロジャー・ブラウンにならって「弁別行為」と呼ぶことにしましょう。もっとも早い時期に学習される言葉には、その対象を弁別する行為あるいは身体的な動作が伴う、ということを強調しておきましょう。それは言葉の持つ現実的な感覚を支える身体的行為なのです。私達が言語を習得する際に、「言葉が外部の何かを指示している」ということを言い得るのは、私達が「弁別行為」などを通して、外界と身体による非言語的交渉を持っているからなのです。

　定義に使う「単純な言葉」は、身体的な動作を伴って習得してきた言葉なのだ、と言えそうです。これらの中には「食べる」とか「歩く」などのような基本的な動詞も含まれるでしょう。ともかく何らかの身体経験に動機付けられていれば、共有し得る基盤となるのです。できるだけ明晰に子どもにも分かるような分かりやすさで定義しよう、と思うのならば、ジェスチャー表現しやすい言葉を使えばいいわけなのです。私達に共通するような信念が全くないと考えたら、証拠を提出してある信念を擁護していくという議論の目的を果たすことができなくなるでしょうし、第1にまずコミュニケーションということすら不可能となるでしょう。私達が「弁別行為」などを通して、外界と身体による非言語的交渉をすることによって獲得する信念は、そうした意味合いにおいてコ

ミュニケーションのために必要な基礎となる信念を提供してくれているのです。

練習問題

1. 以下の言葉の定義を与えなさい。その際に、わざと「あまりにも広い定義」「あまりにも狭い定義」「価値を負荷された言葉による定義」を作ってみて下さい。そして最後に正しい定義の見本として辞書を引いて定義を与えて下さい（どの辞書の何ページからの引用か詳しく書き添えておいて下さい）。

    携帯電話

    たまごっち

    多重人格

2. 「ガーフィンケル・ゲーム」をして、結果をレポートしよう。

[注]
1）G. ガリレイ『天文対話（上）』青木靖三訳、岩波文庫、p.63.
2）K. ポパー、『推測と反駁』藤本隆志他訳、法政大学出版局、1995、p.219.
3）K. ライター、『エスノメソドロジーとは何か』高山真知子訳、新曜社、1987、pp.15-16.
4）J. L. オースティン、『言語と行為』坂本百大訳、大修館書店、1978、p.222.
5）Copi, Irving M., Introduction to Logic 4th edition, Macmillan Publishing Co., New York, 1968, Ch.4を参照。
6）本田正次他編、『植物の図鑑』、小学館、1987、p.128.
7）ディオゲネス、『ギリシア哲学者列伝（中）』加来彰俊訳、岩波文庫、1989、p.143.
8）Lakoff, George, Women, Fire, and Dangerous Things, The Univ. of Chicago, Chicago, 1987. p.31.

第2章
非理性的議論のイメージからの脱却

　この章では、まず私達が通常抱いている議論のイメージを、議論に関するメタファー（隠喩）を分析することによって取り出そうと思います。そうした上で、非理性的な議論のイメージと、より理性的ゆえに理想的とみなされ得る「理性的な議論のイメージ」を区別していきたいと思います。これから見ていくように、非理性的な議論のイメージは、ある観点からは理性的議論と全く異なっているわけではなく連続的なのです。それだからこそ、最後に、非理性的議論の典型である詭弁術の分析を通して、「理性的な議論のイメージ」をより一層厳格に「非理性的議論のイメージ」から守っていこうと思うのです。

1．議論を理解するためのメタファー

　私達は通常議論というものをどのように理解しているのでしょうか？　この問題を考えるのに最良の手引きになる理論はマーク・ジョンソン、ジョージ・レイコフの提唱している概念体系の基盤となるメタファーの分析でしょう。私達は普通概念体系を意識してはいませんが、私達がものを知覚したり考えたり、行動したり、人間関係を持ったりなどする際、こうした日々の営みは、概念体系に基づいているのだ、というのが彼らの主張です。私達は概念体系を意識してはいませんが、言語活動を観察することによって、私達の日々の営みに構造

を与えている概念体系をつまびらかにすることができるようになるのです[1]。これから言語活動の分析を進めていく際に、皆さんにも気付いていただきたいのですが、メタファーが私達の概念体系の基盤になっているのです。ということは、私達の日常レベルの思考や行動などにメタファーが浸透している、ということなのです。このことは、これから見ていきますように、私達が使用する慣用句などの言語表現を分析していくとはっきりしてくると思います。さて、メタファーとは、日本語に訳すと「隠喩、比喩」のことなのですが、ここでは、簡単に言うと、抽象的であったり、表現しにくかったり、まだ経験したことがなかったり、経験しにくかったりする事象を、別のより身近で経験しやすい事象にたとえるという働きのことであると理解していただきたいのです。メタファーを介して理解しようとすれば、抽象的であったり、表現しにくかったり、まだ経験したことがなかったり、経験しにくかったりする事象の持つ多相的な構造のうち、ある1側面が一貫性を持った構造を有するものとして浮き彫りにされてくるのです。私達のテーマに関連付けて言えば、「議論」というものを理解するのに何になぞらえて私達は議論を理解しているのかということですね。私達は、まず、非理性的なタイプの議論を何に喩えて理解しているのか調べ、それから次にそれをヒントに理性的なタイプの議論を検討していくことにしましょう。そこで、非理性的タイプの議論の典型として、ジョンソン達が挙げている夫婦喧嘩に代表されるような口論を見ていきましょう。

(1) メタファーに見る議論のイメージ

　口論のような場合は、理性的な議論の場合とは異なり、こちらの主張を押し通すためには、ある程度どんな手段を用いてもよいということになります。口論のような場合、「議論は戦争である」というメタファーに基づく理解によって、議論を進めるからです。
私達の議論に関する慣用表現をみて下さい。

議論は戦争である[2]
　　2人は遅くまで議論を戦わせていた。

第2章　非理性的議論のイメージからの脱却

私は彼との<u>議論に勝て</u>たためしがない。<u>連戦連敗</u>、<u>負けて</u>ばかりさ。
呉国の文官達はことごとく孔明に<u>言い負かされて</u>しまった。
彼女は<u>口角泡を飛ばす激論</u>の末、その理論を<u>論破した</u>。
確かに<u>論争には勝った</u>けれど、<u>相手方を傷つけて</u>しまった。
彼女を<u>味方に引き入れ</u>れば、<u>戦略的に優位に立てる</u>。
本当にこれは<u>要塞堅固</u>な議論で、<u>難攻不落</u>と言ってもよく、<u>攻略しにくい</u>。
彼の批判は<u>的を射ている</u>。
そんな<u>戦法</u>ではとても彼には<u>太刀打ち</u>できないね。
あちらのディベートチームの方が<u>劣勢</u>だ。
彼は観念論に<u>鞍替えした</u>らしい。
相手の議論を徹底的に<u>撃破して</u>やったよ。
彼が発表した論文がきっかけで、<u>論争の火蓋が切られた</u>。
彼は<u>舌鋒鋭く</u>こちらの<u>論述の弱点を攻撃</u>してきた。
昨日の<u>討論</u>では僕は全く<u>守勢に立たされて</u>しまった。
彼はペンを<u>武器</u>に<u>戦って</u>いる。
この議論は<u>膠着状態</u>だ。<u>平和的解決</u>はないものだろうか。
これだけ証拠を積まれたら<u>お手上げ</u>だな。
合理主義の<u>旗印</u>の下結集し<u>論敵</u>を<u>倒した</u>。
君は<u>痛いところ</u>を<u>突いて</u>くるね。
ほかの話をさかんにして相手を<u>煙にまいた</u>。
これは確かに<u>支配的</u>な理論だが、<u>致命的</u>な<u>弱点</u>は応用がきかないということだ。
ファシズム打倒の<u>大義名分</u>の下、<u>論戦</u>を<u>挑む</u>。
<u>切れ味の鋭い論法に刃向かう</u>術もない。
このままでは<u>大打撃をくらう</u>。<u>矛先</u>を転じるしかなさそうだ。
この<u>論争</u>は簡単には終結しないよ。<u>長期戦覚悟</u>だな。
<u>論敵の出方を先取りして防衛線を張ってくる</u>。
デリダは常に知の<u>最前線</u>で<u>論陣を張って</u>いる。
いつまでやってもそんなの<u>水かけ論</u>だ。
選挙では2人の候補の<u>火花をちらす論戦</u>となった。
反対運動の<u>火の手</u>があがった。
<u>せっぱつまって</u>何も言えなくなってしまった。
互いに<u>しのぎをけずる大論戦</u>になってしまった。

以上、アンダーラインで強調した箇所からお分かりのように、私達は、議論を戦争にたとえるメタファーに従っている慣用表現を使っているのです。このメ

タファーの下では、相手の言い分を打ち負かすために攻撃し、こちらの言い分を通すために防御するという構造を持つものとして議論が捉えられているのです。このメタファーによれば、勝敗ということが議論の目的として焦点をあてられますので、威嚇、脅迫を初めとして、権威を笠に着たり、侮辱したり、おだてたり、へつらったり、問題をはぐらかしたり、譲歩したり、駆け引きを持ち出したり、屁理屈をこねたり、考えられる限りのあらゆる言語手段を総動員して、相手を打ち負かし、勝利を得ようとします。例えば、夫婦喧嘩などの際に切り札として提出される理屈をみて下さい。

① なぜなら俺の方がおまえより偉いからだ。（威嚇）
② なぜならおまえがしなくても俺がするからさ。（脅迫）
③ なぜなら俺の方がボスなんだからな。（権威）
④ なぜならおまえの方が馬鹿だからじゃないか。（侮辱）
⑤ なぜならおまえはいつもヘマばかりだからだよ。（見くびり）
⑥ なぜなら俺にだっておまえと同じ権利があるからだ。（権威に対する挑戦）
⑦ なぜならおまえを愛していればこそじゃないか。（問題のはぐらかし）
⑧ なぜならおまえの方がずっと上手だからじゃないか。（へつらい）[3]

以上のように口論の際はありとあらゆる手段によって相手を屈服させこちらの言い分を押し通そうとします。これらの例文中にある、私達が理由を述べる際に使う「なぜならば」という言葉に導かれている理由は、確かにどれも屁理屈の類になってしまっていますが、このような非理性的な議論も、何らかの理由を証拠として持ち出そうとしている、という点では、本格的な議論としての体裁を備えているのです。

　理性的な議論の場合であっても「議論は戦争である」というメタファーによって議論を考えることができます。理性的な議論の場合も、やはり防御すべき陣地があり、粉砕すべき敵方の陣地がありますから、勝敗ということが目的とされるのです。上述した戦略も実はもっと洗練された形で、理性的な議論にも顔をのぞかせているのです。理性的議論に登場する以下のような言い回しを考えてみて下さい。口論に見られるのと同じ戦術がもっとお上品な装いの下に登場しているのが分かるでしょう。

第2章　非理性的議論のイメージからの脱却

① 　～であることは疑問の余地はない。
　　～であることは火をみるより明らかだ。（威嚇）
② 　～などということは……という誤謬を犯していることになる。
　　～しそこなうとすればそれは非科学的ということになろう。（脅迫）
③ 　デカルトも言っているように～。（権威）
④ 　そのような理論を「偏狭な」合理主義とでも呼んでおこう。（侮辱）
⑤ 　今どき真面目にそんな見解を抱いている人はごく少数だろう。（見くびり）
⑥ 　実証主義者の陥りがちな誤謬にはまらないようにしよう。（権威に対する挑戦）
⑦ 　彼はそれに代わる理論をどんな形にしろ提示してはいない。（問題のはぐらかし）
⑧ 　それに関する限りにおいて、あなたの主張は正しいかもしれないが～。（駆け引き）
⑨ 　彼の実に刺激的な論文の中で～。（へつらい）[4]

　以上のように理性的な議論の場合でも、「議論は戦争である」というメタファーを介して理解され得る議論の1側面が見られるのです。「議論は戦争である」というメタファーを通して見た場合、理性的議論は非理性的議論と連続性を持っていると言い得るような1側面を持っているということがお分かりいただけると思います。「議論は戦争である」というメタファーによって照明を当てられた理性的議論と非理性的議論の連続性ということを前面に押し出して考えてみれば、なぜ理性的な議論も時と場合によっては失敗し非理性的な口論にまで堕落してしまうのかが分かると思います。「議論は戦争である」というメタファーを介して、「自分の立場を擁護し、相手の立場を粉砕する」という議論の持つ1側面に光を当てれば、「自分の立場を擁護し、相手の立場を粉砕する」という目的のために手段を選ばなくなったらどうなるかは容易に想像できるでしょう。
　それでは、戦争という事象と議論という事象の類似関係を、以下に示すような対応表を作ることによって見ていくことにしましょう。

戦争と議論の対応関係

　　（戦争）　　　　　　　　（議論）
　　敵　　　　　　→　　自分と主張の異なる者
　　味方　　　　　→　　自分と主張を同じくする者
　　自分の陣地がある→　擁護したい主張がある

敵の陣地がある	→	相反する相手の主張がある
宣戦布告	→	論争の申し入れ
戦闘	→	意見の衝突
勝利という目的	→	相手がこちらの主張を受け入れる
戦略を立てる	→	いかに自分の意見を納得させるか
兵力を集結させる	→	証拠集め
突破口を開く	→	相手の議論の弱点を突く
防衛する	→	相手の反論に応答する
反撃する	→	新たな証拠による議論の展開
退却	→	自分の見解の修正が必要になる
休戦	→	疲労などによる議論の一時的停止
戦線の膠着	→	双方とも相手の説得に失敗
相手が降参する	→	相手がこちらの主張を受け入れる
こちらの降伏	→	相手の主張を受け入れる
平和状態	→	論争の勝者による支配[5]

　以上のように、「議論は戦争である」というメタファーを介すことによって、議論の持つ戦争に似ている1側面を体系的な一貫性を持ったものとして分析していくことができるのです。

　以上、私達は、戦争のイメージでもって議論をイメージ化してみました。「議論は戦争である」というメタファーは確かに、議論の持つ1側面を明るみに出す役割を果たしてくれました。けれどもそれはあくまで1側面に過ぎません。理性的議論の備えている他の重要な側面に光を当てるために、今度は「議論は旅である」「議論は容器である」そして「議論は建築物である」といったメタファーを調べていくことにしましょう。

議論は旅である
　　この実験は解決に至る道を示している。
　　どうにか結論に到達した。
　　ニュートンの功績を前提に出発しよう。
　　思いつくまま当てどなく書いていこう。
　　ここまでは駆け足できたが、しばらくじっくりと腰を落ち着けて考えよう。
　　ここまでのところ、この理論は有効でないことが分かった。
　　この論文の目標は議論を展開するための方法を示すことにある。

第 2 章　非理性的議論のイメージからの脱却

前途多難だが、解決に向かって一歩前進した。
議論の筋道から逸れてしまっているね。公民権について論じた辺りに戻って考えよう。
君の指摘は主題から外れているよ。
君の議論にはちょっとついていけないね。それでどこまで行ったんだっけ。
何かさっきから堂々巡りをしているようなのですが。
これじゃあ、空中浮遊しちゃってるよ。
とんでもない方面に議論が脱線してしまった。
我々は解決への途上にあると言っていいだろう。
広範にわたる議論をしてきた。
しばらくわき道に逸れるが、辛抱しておつきあいして欲しい。
ここまでついてきたのだが、ここで道が分かれるようだね。
議論の筋道を追ってきたが、どうも論理の飛躍があるようだ。
見通しのいい論の展開だね。段階を踏んで考えていくところがいい。
その論題の中に分け入っていくにつれ問題の重大さが見えてきた。
議事進行役の青木さんです。
元左翼系の人達が方向転換して今では人権擁護派になっている。
おいおい、どこに行っちゃうんだい。
とうとう山場をむかえたな。
こんな議論、どこかに至るとは思えないよ。
地に足のついたやり方で論を展開している。
形式主義を通そうとすれば、必ず行き詰まるよ。
乗り越えがたい難問が山積みになっている。
時代に逆行しているような展開になってきている。
それでは一歩後退してしまった観がある。
どうも先ほどから停滞気味だね。方針が必要だよ。
前進を期待して彼をゲストに招いたのだが、先ほどから足踏み状態だね。
ちょっとここで立ち止まって今までの論点を振り返ってみよう。
クワインの考えを手引きにして進んでいくことにしよう。
経験論では頼りにならない地点に着いた。
何だか遠回りな感じの議論だな。
さて皆さんを現代フランス思想にご案内しましょう。
難解なヘーゲルの学説だが、加藤氏が水先案内人として導いてくれる。
フレーゲが20世紀思想のために1つの道標を示した。
この理論が1つの指針となってくれている。
淀みない、素晴しい論理の流れを感じる。理路整然としているね。

議論は容器である

　　君の議論は内容がない。
　　そいつは机上の空論だ。
　　大変密度の濃い議論を展開している。
　　空疎な議論にはうんざり。
　　彼の議論の中には取り上げるべきものは何も見つけることができない。
　　すごく充実した内容を備えた理論だと思う。
　　透明で分かりやすい議論だ。
　　形式的には問題はないかもしれないが、中味がない。
　　非常に整った議論だ。
　　筆者のこれまでの蓄積が感じられる。
　　柄谷氏はマルクスを可能性の中心から論じている。
　　彼の議論の核心に触れることができた。
　　その議論により深く入っていくにつれて、論者の見識に驚かされるようになる。
　　表面的な検討はやめにしてその問題をより深いレベルで検討しなければならない。
　　あまりにも観念論的で空虚な議論だ。
　　あまりにも不透明な議論でよく理解できなかった。
　　その理論には穴があるね。
　　すっきりした議論だ。
　　見え透いた見解だな。
　　底が浅いな、その考えは。
　　薄っぺらな内容だ。
　　主要な論点のみ取り出して考えてみよう。
　　考えを奥深くしまいこむのではなく、共有できるようにして欲しい。
　　どうもアイディアが尽きてしまった。
　　アイディアをためておいたのだが、底をついたらしい。
　　欲張ってあまりにも多くを盛り込みすぎた。

　「議論は旅である」というメタファーにおいては、議論には出発点があり、段階を踏みながら目的地に向かって進んでいく、といったイメージが重視されています。つまり旅のメタファーを通して、私達は、議論の過程、進展、方向ということを構造的にイメージできるのです。旅のメタファーから議論を見れば、議論として目的地を見失うことなく、方向がはっきりしており、時には立ち止まって吟味が必要な場合もあるけれども、大体において遠回りも寄り道も

せずに紆余曲折もなく直線的に目的地に向けて進展していくのが望ましいとされるのです。旅のメタファーで重要なイメージは、あなたは議論の相手と必ずしも敵対関係に入ることなく一緒に旅をすることができるのだというイメージです（相手の議論についていったり、おつきあいしたり、案内人になったりできるのです）。そして敵対関係に入るような場合でも、旅のメタファーに従えば、どこまで道を共有してきたのか、どこが分岐点、あるいは十字路で、どこでお互いの見解が分かれることになったのかを検討することを可能にしてくれる、そんなイメージを提供してくれています。

これに対して「議論は容器である」というメタファーでは、議論の内容と形式という側面に焦点が絞られているのです。容器のメタファーの利点は、議論を「容器」として、形式と内容という評価基準から客観的に吟味し得る視点を提供してくれていることです。内容としては、密度が濃く、適度の量を盛り込める底の深いものが、形式としては、穴などがなく内容をよく盛り込めて、しかも透明で見通しやすいことが要求されるのです。容器の中には、内容を整然と収納できるタイプのものも存在しています。こうしたことから、形式として整っているかどうかといった観点も生じてくるのです。容器のメタファーが形式と内容という言わば静的な側面に光を当てているのに対して、旅のメタファーは、議論の進展、方向といったより動的な側面を評価する際に着目すべき点を教えてくれています。

さて最後に「議論は建築物である」というメタファーから、議論の持つ別の側面を学んでいくことにしましょう。

議論は建築物である
　　議論のための枠組みができていないと、たちどころに崩壊してしまうよ。
　　骨組みがしっかりしていないと議論を十分に支え切れない。
　　土台のしっかりした堅固な議論を組み立てている。
　　論理的に緻密な議論を設計している。
　　しっかりした実証研究によって補強されている。
　　その議論はぐらついている。簡単に打ち砕くことができるだろう。
　　その理論はしっかりとした地盤の上に築かれている。

彼女の議論はつぎはぎだらけだ。
メッキがはげてしまえば、子どもだましの議論だね。
彼はただガラスの楼閣を構築しているだけだ。
それでは、象牙の塔にこもっていると言われても仕方がないな。
ウィトゲンシュタインが思考の見取図を提供してくれている。
構想の青写真が完成した。
今度は彼の批判に耐え得るだけの構造を備えた理論になったぞ。
この議論の重要な柱の1つはこれだ。
鋼のような論理が、その議論に堅牢さを与えている。
そんな反論にはびくともしないな。
この議論の最も基礎的な部分を築き上げた。
その議論は批判に対して開かれている。
ただ証拠を積み上げていくだけだ。
入れ子状の複雑な構造だ。
大きな物語が砂上の楼閣であったことが分かると多様な理論が乱立するようになった。
彼の発見は今まで無関係と見られてきた理論のかけ橋となった。
議論がどんな形をとるのかまだ見当がつかない。
20世紀の扉を開くのに貢献したニーチェ、マルクス、フロイトは3大柱と言っていい。
実にバランスのとれた構造だと言っていいだろう。
敷居が高すぎてちょっと素人にはね。
理論としては未完成だ。

　カントは彼の『判断力批判』の中で、哲学史上初めて建築物のメタファーの重要さに気付き、「基礎、支持物、土台」といった言い方に注目しましたが、残念ながら、彼はそうした言い方を指摘する以上のことをしませんでした[6]。哲学にしろ、思想史は、建築物のメタファーなしには語ることのできないほどなのです。何しろ、万物の基礎は何かということから哲学の議論が始められたのですから。建築物のメタファーは、議論の構造という側面に光を当てるのに役だっています。議論は、枠組み、骨組み、柱や土台といったようなものによってサポートされているのだ、というイメージは議論の構造を理解する上で重要です。このメタファーによれば、ある議論を批判するのに、戦争のメタファーのように手段として何でもありというわけではなく、土台を崩したりして、その議論の基礎であるとされているものを批判的に吟味していく作業が要求さ

れるのです。

　以上紹介した3つのメタファー、即ち、旅のメタファー、容器のメタファー、建築物のメタファーは、戦争のメタファーが見過ごした議論の側面に光を当ててくれており、理性的な議論を展開する際に気遣うべき点を探る手掛かりを与えてくれているのです。それでは最後に、ジョンソン達にならって、戦争のメタファー、旅のメタファー、容器のメタファー、建築物のメタファーを介して見た理性的議論のイメージをまとめてみましょう。

(2) 理性的議論のイメージ
　戦争のメタファーからは、十分な証拠による裏付けと、反論に耐え得る堅牢さということが重要である、ということを読み取ることができます。戦いといっても、それでも戦術や戦略といった理知的な計算が議論の展開に必要とされるでしょう。さらに、「戦い」のイメージからくる非理性的要素とは何かということを考えさせてくれるでしょう。旅のメタファーからは、十分な前提から結論に向けて紆余曲折なく一直線に進んでいくことが好まれるということが読み取れます。目的地がはっきりしており、その目的地に迷うことなく一直線に進むイメージが議論の進展の仕方のプラスイメージを与えてくれています。また重要なことは、このメタファーは、同じ目的地に向けて旅する人達を道づれ＝協力者と考えたり、道案内＝協力者と考えることを可能にしてくれます。協力関係の中でなされる議論というプラスイメージを取り出すことができるのです。容器のメタファーからは、ちゃんと内容があり、しかも内容を見通しやすい容器に入っているのが好まれるということが分かります。透明で内容が見通せる容器＝形式が優れているのだ、というイメージを与えてくれています。また、建築物のメタファーにおいて、論理が「構造」とか「骨組み」といった用語で語られており、議論は「設計」され、「緊密に」組み立て得るのです。建築物のメタファーからは、基礎がしっかりしており、頑丈な上、相互に緊密な構造を持っていることが要求されているということが分かるでしょう。そこでこれらのメタファーで好ましいとされる議論のイメージをまとめてみますと

以下のようになるでしょう。

内　容：自分の主張をはっきりさせ、考えられるいかなる反論にも打ち勝つために、裏付けとなる証拠を十分に持ち、的を射た発言をしなければならない。
進　展：ある程度基礎の確立している前提から始め、ある結論に向かって一直線に進んでいかねばならない。
構　造：議論を構成している主張間に論理的に緊密な関係がなければならない。
堅牢さ：批判に耐え得るかどうかは、証拠の重みと主張間の論理的緊密さによる。
基礎性：前提とされる主張は他の主張よりも、後に続く主張がそれに基づいているという意味合いにおいて、より基礎的な役割を果たす。
明白さ：議論中、明白でない部分を確認し、詳細に究明する必要がある。
直截性：議論の説得力は前提から結論に向かって直線的に進んでいるかによって決まる。
明快さ：主張している事柄や主張間の論理的繋がりが読者に分かるように十分明快でなければならない。
協力関係：議論の相手と必ずしも敵対関係に入る必要はなく、協力関係に入ることが可能である[7]。

　それではこうして取り出した理性的議論のイメージがまだ新鮮なうちに議論の定義を与えておこうと考えます。

(3)「議論」の定義

　理性的な議論のイメージを得たところで、議論の定義を与えておくことにしようと思います。議論は conclusion（コンクルージョン＝結論）と 1 つ以上の premiss（プレミス＝前提）からなっており、議論を与えることは結論を支持するために一連の理由や証拠を提供することなのです。つまりず、議論は単

なる文章の寄せ集めではなく、理由や証拠でもって結論をサポートしていなければならないのです。議論は、プレミスで提供された理由や証拠でもってコンクルージョンをサポートするのですから、プレミスとコンクルージョンの間には、何らかの論理的な繋がりがあります。この論理的な繋がりのことをinference（インファレンス）と呼びます。コンクルージョンにはあなたが結論として主張したいことがきて、プレミスにはコンクルージョンを支えるための証拠や理由、仮説などを述べた文章がくるわけです。ですから議論は、主観的な感想を述べただけの感想文とは違います。感想文の場合は、何でも思っていることを書き連ねればいいわけで、それに対して、証拠や理由などを提供することはしないわけですから、意見、感想を述べているだけでは議論とは言えません。必ずあなたの主張をサポートする根拠がプレミスで述べられていなければならないのです。議論の中には、必ずコンクルージョンがあり、そのコンクルージョンが理由や証拠を提供するプレミスでもって十分にサポートされていなければなりません。

　さて議論とは、「理由や証拠を提出することによって、結論を導き出す」作業のことでした。理由や証拠を提供しているプレミスと呼ばれている主張が必ず1つ以上指摘できないと議論という形式は取らないわけなのです。そこで矢印 " → " を「導き出す」という意味で使うとすれば、議論の構造は以下のように図式化できます。

プレミス（premiss）｛＝論拠（reason, evidence）：必ず1つ以上なければならない｝
↓
結論（conclusion）

　プレミスや結論で述べられている主張（claim）は、「真か偽か」という評価基準によって評価されることになります。逆に言えば、主張とは、真か偽で評価され得る文章ということになります。今後、「真か偽か」という評価が可能な文章を「主張」とか「命題」とかいう呼び方で呼ぶことにしますので注意して下さい（「命題」という言い方は、皆さんにとっては馴染みのない言い方ですので、例えば、もう訳語として成立してしまっていてやむを得ないような場合

などを除いて、専ら「主張」という言い方を使おうと思います)。

2．言語の4大機能

　さて、世の中には、「主張」ではない文章、即ち、「真か偽か」で評価されない文章もいっぱい存在しています。例えば、「今何時ですか？」のような疑問文や「おはようございます」のような挨拶の言葉、あるいは、「セガサタンしろ！」などのような命令文は、「真か偽か」という基準では評価され得ないのです。そこでまず、「言語の3大機能」を紹介しましょう。

① Informative Function 情報伝達機能
② Expressive Function 感情表出機能
③ Directive Function 命令機能[8]

　最初の「インフォーマティヴ・ファンクション」は情報を伝達する、という言語の機能です。言語は情報伝達の手段として使われますね。例えば「今雨が降っている」のようなものが、それです。言語がある情報を提供している限りにおいて、明らかに「真か偽か」という評価基準に照らし合わせて、それが真理であるかどうかを考えることができるのです。2番目の「エクスプレッシヴ・ファンクション」は、①自分の感情を表現したり、②相手の感情を引き起こしたりする言語機能です。例えば、「順子さん、僕は誰よりも君を愛している！」のように自分の愛情を告白するものや、「あれじゃあ、マイケル・ジャクソンさんがあまりにも可愛そうだわ！」のような哀れみの感情を表したものや、「馬鹿、カバ！」のように相手を挑発し怒らせるものや「どうや、お前もきんたま持った男なら、1つやってみろ！」のように相手を発憤させるためのものなどがこれに当たります。言語によって感情を引き起こしたり表現したりするのが、この「エクスプレッシヴ・ファンクション」なのです。最後の「ダイレクティヴ・ファンクション」は、相手に命令を与え行動を引き起こそうとする時、使用される言語機能です。「おい、そこの、居眠りするなよ！」「静か

にしなさい！」「窓を閉めろよ！」「おい、ビール、持ってきて！」などがこれに当たります。

　以上、言語の3大機能として知られている言語機能の他にも、私達は言語を「挨拶」の言葉として使用します。「おはようございます」「ありがとうございます」「また会おうね」「お疲れさまでした」などのように、お馴染みの用法です。挨拶の言葉は、お馴染みの言葉が多い、という指摘は重要です。なぜならば、挨拶の言葉に関して言えば、私達が小さい時から教え込まれてきた「決まり文句」が多いからです。これは決して小さなことではありません。なぜかと言いますと、こうした「決まり文句」を習得することで、私達はある言語文化共同体に所属していることを確認する手段を与えられるからなのです。つまり、挨拶の言葉の持っている最も重要な機能は、「帰属意識の確認／再確認」だからです。普段は挨拶の言葉の持つこのような機能はあまりにも当たり前すぎて気付きさえしません。けれどもこれから述べるような例を考えてみて下さい。そうすれば「帰属意識の確認／再確認」という挨拶の言葉の持つ重要な側面に皆さんも気付かれることと思います。

　例えば、外国から来たばかりの人は、私達が挨拶を日本語でしても、挨拶を返してよこさないかもしれません。そんな時、私達は「外国から来た人だから、無理もないか」と考えるわけです。逆に私達が他の言語文化圏に出ていく場合、まず覚えようとする言葉は挨拶の言葉でしょう。挨拶の言葉を習得することによって、異なった言語文化圏に早く溶け込んでいきたいと考えるからです。このような経験を通して、私達は挨拶の言葉は「帰属意識の確認／再確認」という意味合いがあることを知るのです。こうした言語使用は人々に連帯感をもたらす交流の潤滑油となるのです。挨拶の言葉のような儀礼的な用法の他にも、私達は、「今日もいい天気ですね」「すっかり暑くなりましたね」などといったようなお決まりの話題によって、情報機能の観点から見れば、情報量ゼロの分かり切った当たり前のことを話します。私の学生達も、私のオフィスにやってきては、同じ内容の話を繰り返し繰り返し、飽きることなく延々とお喋りしたりしていますが、こうした会話も情報の交換や提供というよりも、交流のための言語使用であると考えられます。これは何やら、犬達の遠吠えの連鎖を思わ

せるような連帯感のための言語使用です。ですから上記の3大機能の他に、

④　帰属意識の確認／再確認

という挨拶の言葉に代表される言語機能を挙げておくことにしましょう。

　これら4つの言語機能のうち、情報伝達機能に従った場合のみ、「真か偽」で評価し得る「主張（claim）」をし得るのです。ですから、議論をする際には言語の「情報伝達機能」から、外れるわけにはいかないのです。このことは、今後、理性的な議論を理解する上で重要なものとなります。

　実際に悪い議論の典型である詭弁術（Fallacy）を調べていくと言語のエクスプレッシヴ・ファンクションを利用して、議論の相手の感情を巧みに操作することで、相手にこちらの結論を受け入れざるを得ない気持ちにさせてしまう、という場合が多いのです。私達は、言語の3大機能が、詭弁という非理性的な議論の典型の中でどのように機能しているのかを調べ、理性的議論を考える参考にするとしましょう。

3．詭弁術：悪い議論の典型としての

　ファラシーは正しくない議論の形態で、日本語では詭弁術と訳すのが適当でしょう。これが詭弁である限りにおいて当然間違った議論の仕方なのですが、詭弁がくせものなのは「どこか心理学的に説得的」なところなのです。とりあえず以下のように定義しておくことにしましょう。

　ファラシーは心理的に説得的であるような外見を持った誤ったタイプの議論である。

詭弁は心理的に説得的ゆえ正しいかのように見える外見を持っていますが、よくよく吟味してみると、主にプレミスにおいて、エクスプレッシヴ・ファンクションが利用され、聞き手の感情操作が巧みに行われているのです。つまり簡

単に言うと、証拠や理由を提供するというプレミス本来の働きから離れて、聞き手の感情に訴えることによって、結論を受け入れざるを得なくするように聞き手を感情的に追い込んでいくわけなのです。言い換えれば、プレミス本来の働きから離れて、証拠や理由を提示することなく、相手の感情を巧みに操作し、一種の心理学的錯覚を引き起こすのですね。

(1) Fallacies of relevance （適切性に関する詭弁）[9]

このタイプの詭弁はプレミスが結論に対して不適切である場合、そしてそれゆえ結論が真であることを確立できない場合起きるのです。今述べたようにプレミスが証拠や理由を提示するというそれ本来の役割を離れてしまい、聞き手の感情操作に終始し心理的な錯覚を引き起こす時、この詭弁が犯されることになるのです。ここでは代表的なものを紹介しようと思います。さっそく具体的な例にあたってみることにしましょう。

1）Appeal to force （力に訴える）

これは力によって聞き手を脅し、結論を受け入れるのを強要する詭弁です。一般に「脅迫」と呼ばれているものはこの詭弁の典型ですね。かつて政治家の石原慎太郎が「日本は国際的発言力を持つために、原子爆弾を持つべきだ」と発言しましたが、原子爆弾にものを言わせて、どのような主張でも相手に受け入れさせようとするなら、アピール・トゥー・フォースという詭弁を犯していることになります。刑事ものの映画でもお馴染みの「この供述書に書いてあることを認めろ、認めねえとどうなるか分かってるだろうな！」という脅し文句もこのファラシーの代表格でしょう。

かつてナチスが第二次大戦前に「第三帝国の社会的歴史」なる新聞をイギリス在住のドイツ人達に送ってよこした時、その購入申込書には次のように書かれていました。

> 我々の新聞は全ドイツ人の支持に値するものだ。我々はあなたに新聞を送り続けるだろう。我々はあなたが万一新聞の購読をキャンセルされた場合、あなたの身の上に不幸な出来事が降りかからないことを望む。

つまり、新聞買ってくれなければ、命にかかわるよ、と言っているわけで、典型的なアピール・トゥー・フォースですね。これは暴力や権力に訴えることによって相手に恐怖の感情を引き起こし、議論の決着をつけようとする強引な方法で、これが議論以前の態度であることは誰でも容易に見抜くことができるでしょう。

2）ad Hominem : Argument directed to the man（人格攻撃の詭弁）

アド・ホミネムというラテン語は directed to the man つまり「人間に向けられた」という意味を持っています。これは相手の議論を検討する際に、議論そのものではなく、その議論をしている相手の人格を攻撃するものです。つまり「こんなに悪い奴が、言っていることなんだよ」という形で、聞き手に猜疑心を起こさせ、相手の議論そのものに検討を加えることなしに葬り去るわけですね。ですから、この場合は「猜疑心や疑いの心」を引き起こすためにエクスプレッシヴ・ファンクションが巧みに利用されているのです。こうして、相手の議論を吟味することなしに、まず、相手の人格を攻撃することによって、相手の信頼性を破壊してしまう、という戦略を採るのがこの詭弁なのです。

例えば、「細川内閣の改革案はすべてだめだよ、なぜなら首相本人が汚職にまみれてる奴の仲間じゃないか」と、ある人が言ったとしたら、その人はアド・ホミネムの詭弁を犯していることになるでしょう。改革に反対したければ政治改革案そのものを検討すべきであって、改革案を提出している者の人格は改革案の検討には関係しないはずです。汚職にまみれてるかどうかという点は、彼が首相にふさわしいかどうかという問題には関係ありますが、改革案の是非を決定する要因としては不適切なのです。議論そのものの検討を差し置いて、人格攻撃が始まるところ、必ずこの詭弁が使われているのです。

他にも、例えば、あなたが論敵と論争しているとしましょう。その際に、「私の言いたいことは以上です。それでは、皆さん、第2のヒトラーとでも呼びたいＹさんの見解にちょっとでも賛同できるかどうかご自分の耳で判断してみて下さい。まあ、そうすることによって、皆さんの純真な心に傷がつくかもしれませんがね」などと前置きして、相手に論争の場を譲るとしたらどうでし

ょうか？　論争の席に居合わせている聴衆は「ヒトラー」という言葉に過敏に反応し、Yさんに警戒心を抱くようになるでしょう。相手をヒトラーにたとえる時の効果には絶大なものがあります。アメリカで湾岸戦争への道を国民が歩むようになっていった際に、有効なレトリックの1つが、サダム・フセインをヒトラーになぞらえるものでした。サダムのイメージがヒトラーに重なった瞬間、戦争の賛否を決定する冷静な議論は停止してしまい、ヒステリー状態に場を譲ってしまうでしょう。

　さてこの人格攻撃の詭弁が、あからさまに相手の人格に向けられる場合を見てきましたが、直接相手の人格を攻撃しないで、もっと間接的に、相手の置かれた状況を攻めるタイプの詭弁があります。相手の結論が理由や証拠に拠るのではなく、相手の置かれた特別な状況ゆえに導き出されたものである、と主張するのです。あるいは、相手の議論の是非を吟味するのではなく、相手の置かれている立場からその議論をするのに不利になる要因を探して、それに基づいて相手を攻撃する時、このタイプのアド・ホミネムが犯されるのです。

　かつてアメリカで、単なるハンティングの娯楽によって動物を殺害することを禁止しようという議論が世論を賑わした時、ハンティングを擁護しようとしてある男が、その議論を主導していた批評家にこう言いました。「なぜあんたは無防備な家畜の肉を食べて生きているんだね!?」。この男は批評家の提出している議論を吟味することなしに、その批評家も肉を常食としている環境で生きているということを指摘しているのです。批評家の置かれている特別の状況に注意を反らしてしまおうとしているのですね。つまりその心は、「批評家さん、菜食主義者でもないあんたが、動物の殺害を非難できる立場にあるのかい？」ということにあるのです。

　さてさらにある死刑囚が死刑制度反対を主張した議論をしたとしましょう。そんな時、彼の議論そのものを検討することなしに、ただ単に、「あいつは自分が死刑囚の立場にあるから、こんな主張をしているんだ。そんな議論なぞ一考に値しないね！」と言ったとしたら、その人は間接的なタイプの人格攻撃の詭弁を使っているということになるでしょう。この詭弁は要するに「相手の主張と相手の置かれている立場や状況の間になんらかの矛盾を指摘して、主張さ

れた議論を葬り去ろう」とする詭弁なのです。「小学生が何を言うか！」「若僧に何が分かる！」というよく聞き慣れたセリフもこのファラシーに分類してかまわないでしょう。人格攻撃やそれに類する相手の状況攻撃は日常頻繁に行われている詭弁なのです。

　ただ法廷弁論の際は、証人の信頼性に関わる情報、例えば、証人が先天的な嘘つきであったり、詐欺師であったり、性格異常者であったりするという情報は、もしそれが真実であるのならば、決して不適切なものとは言い切れないでしょう。法廷では、「真か偽か」を決定することだけではなく、被告の命や名誉に関わる問題が絡んでいるからです。にもかかわらず、証人の信頼性を低めるような発見が真実であるとしても、それでもなおかつ、そのことが証言そのものが偽であることを証明したことにはならないのだ、ということは覚えておいた方がいいでしょう。

　　3）ad Misericordiam (appeal to pity)（憐れみの情に訴える詭弁）
　これは相手がこちらの結論を受け入れてくれるように相手の憐れみの感情を喚起する時に起きる詭弁です。相手の憐れみの情につけこんで、こちらの要求を受け入れさせようという戦略がこのアド・ミゼリコーディアムという詭弁なのです。これは日常よく見受けられるタイプの詭弁ですが、例えば、「お願い先生、このCをBに変えて！　そうしてくれなきゃ、留年しちゃう。もう就職先決まってるのよ！　就職できなければ彼との結婚もできない。そうしたら、どうしたらいいの？　自殺しちゃうから！　先生のせいよ！」何て感じで相手の憐憫(れんびん)の情に訴えるのですね。その他にも、「お願いです。スクルージ様。夫の給料を上げてやって下さいませ！　家には6人も子どもがいて、そのうちの1人は入院しているんです。手術に必要な費用が稼げなければ、あの子は死んでしまいます！　どうかご慈悲を！」とか「被告には年老いた母がいて長年入院しておりました。こうした経済的負担に加えて、父親のアル中がひどく、耐えがたい暴力が日常茶飯事だったのです。被告個人も満州からの引き揚げ派ということで何かと差別をされてまいりました。こうした環境に皆さんが置かれたとご想像ねがいたい。被告の精神状態は通常では考えられぬほどであったと

いうことをご配慮頂きたいのです」などなど例を考え始めたらきりがないほどです。

ただ法定弁論の場合、判決は被告の生死を決定したりするわけで、結論の真偽が問題であるだけでなく、結論が刑の執行という行動を引き起こすわけです。いわゆる「情状酌量」ということが、法廷弁論では問題になるのもこのためなのです。それゆえ、憐れみの情のような感情に訴える議論が単純に不適切であると言い切れない要素があるということを付け加えて次に移りたく思います。

4）Apple Pollishing（おべっか使いの詭弁）
　この詭弁は、お世辞を述べることで相手の虚栄心をくすぐり気を良くさせることによって、こちらの要求を受け入れさせてしまうような詭弁なのです。恐らく誰でもおべっかと分かっていても、いいことを言われれば気持ちが良くなる、といった人間的な弱みを持っていることでしょう。この詭弁はこうした人間的な弱みにつけ込むといった感情操作を使うのです。例えば、

> 青木先生、先生の論理学のクラスは今まで受講した最高のクラスでした。こんな素晴しいクラスを知らない学生がいるなんてもったいないと思って友達にも宣伝しておきました。ところで、成績変更届けを同封してあります。お忙しいと思って必要な箇所はすべて記入しておきました。もう一度、私の最終試験に目を通していただけたらと思います。先生のクラスを一生懸命受講したのに、「可」という結果だったのに驚いています。大学部に編入するために、「優」をいただけたらって思っているんですが、もしいただけたら、大学部に編入後、まだ二年、先生の素晴しい講義を受ける機会ができますよね。是非お願いします。

この手紙を書いた学生が青木先生のクラスを良いと思っていることは、彼女の成績が「優」にふさわしいかどうかという問題とは、全く無関係です。お世辞に虚栄心をくすぐられ、感情操作を受け入れてしまう時、あなたはこの詭弁に屈してしまっているのです。

5）Horse Laugh（嘲りの詭弁）
　"Horse Laugh"とは、「馬鹿笑い」のことを言います。論証することをごまか

し笑いで避けるという感じに取ることも可能なのですが、むしろ「嘲笑」をすることによって、優越した立場を築き上げようといったタイプの詭弁なのです。私達のほとんどは、人から馬鹿にされたり、軽蔑されたりするのを嫌っています。こうした感情を利用して、相手の立場を反論する労をとらずに、ただただ相手をあざ笑ったり、軽蔑したりする時、この詭弁が使われているのです。いくつか例を挙げることにしましょう。

　　それじゃあ、湾岸戦争に自衛隊を送らずにただ傍観するってんですかい。ハハハァ、いい気なもんだ、自分だけ天下太平ってかァ？　本当に平和ぼけだねェ〜。このご仁は。

　　へ〜、それじゃあ、あなたは男女雇用均等を真面目に擁護しようっていうんだ。今度は女が男にセクハラするようになるようにかい。いいね、いいねェ、ハハハァ！

　　そんなことは幼稚園児にも分かることじゃあないですか、ねえ、皆さん。

　　どうも小さいガキにでも話しているって感じになってきたな、誰かさんのせいでさァ。

　　この人達を説得するより、猿でも調教している方がずっとまともかなァ。

こうした冗談半分のレトリックに踊らされて、ついついこの手の詭弁の使い手と一緒になって笑ってしまっている時こそ、注意が必要なのです。この詭弁の使い手のレトリックの罠にはまって実際に笑い声を共有し、笑う側の持つ優越感を味わっている時は、あなたはこの種の詭弁をやり過ごしてしまうかもしれません。誰も笑われる側には回りたくないというのが人情かもしれませんが、こうした感情操作は議論の内実には全く無関係なのです。私達は、一緒になって笑い出してしまう前に、この手の詭弁に抵抗する勇気を持たねばなりません。

　　6）Wishful Thinking（願望を利用する詭弁）
　フランシス・ベーコンが書いていることなのですが、「人間は真実であって欲しいと思うことを信じてしまう」といった傾向があります。「こうあったらいいのになあ」「実際はこうなんだけど、この方が本当はいいのになあ」。私達

は、やりきれないような現実を目の前にしたり、真実の耐え難さから目を反らしたいような思いをした時、あるいは自分に都合の悪い現実に直面した時など、ため息とともに、これらのような願望を口にします。このような現実を直視することを逃避するような願望が詭弁に利用されることがあるのです。

> 死とともに、肉体が腐敗し、自然に還るだけというのは、ちょっと考えてもそれだけじゃあいただけない考えですよ。まあ考えてもみて下さい——あなたの愛する人が、うじ虫にまみれてただただ悪臭を放つために腐敗していくんですよ。そんなことは耐えられないじゃあないですか。それだけだって言うんじゃあ、ちょっとぞっとしますね。やっぱり魂は不滅なのです。そう信じた方がどれだけ素晴しいか、そうでしょう？　あなただって天国、行きたいでしょう？

> シンプソンさんも人間だ、ひょっとしたらあなたの言うような動機でひょんな弾みで殺人を犯してしまったかもしれない。でもね、彼はアメリカだけではなくって世界中誰もが知っている英雄だよ。英雄は美しい行いのみを行うという理想に傷がついたら、彼を模範にして生きている世界中の子ども達が悲しい思いをしますよ。そんなわけでまあ、疑わしきは罰せずってことでお互いに満足しましょうや。

　ある主張が真であると認められたりすることや偽であること認められたりすることが、場合によっては、不愉快な結果や心理的に耐え難い結果をもたらすことがあります。例えば、「死後、人間はただ腐敗し自然に還る」といった結論は、耐え難い結論かもしれません。けれどもだからといって、その結論をサポートしているプレミスを検討したりして議論そのものを吟味してみる労をとるのをやめてしまい、ただ「このように心理的に耐え難い結論を支持するのはやめましょう」と言う時に、この詭弁が使われているのです。つまり、これは「こんなに心理的に耐え難い結論ではなく、こちらの結論の方を選んだ方がよっぽど気持ちがいいですよ」という具合に感情操作を行う詭弁なのです。

　7）Stereotypes（ステレオタイプ）
　論者があるグループに属する人々に対して一般化をする際に、あまりにも単純化した記述の下に一般化を行う時、ステレオタイプが使われていると考えていいでしょう。こうした単純化され過ぎた形の一般化は、記憶しやすいゆえ、

一般の口にのぼりやすく伝播しやすいのです。ステレオタイプの中には、こうした大衆への宣伝効果を期待し、単純化の操作を加えるだけではなく、戯画化を施してあるものもあるのです。このようにいったんステレオタイプ化されると大衆化してしまいやすいのです。すると「皆がそう言うから」という理由だけから、あたかもそのステレオタイプが真理であるかのように錯覚させられてしまうのです。「皆が言っていれば真実である」ということは、実は「ad Populum 群衆の感情に訴える詭弁」と呼ばれる詭弁なのです（これについては後で詳しく述べます）。この「ad Populum 群衆の感情に訴える詭弁」の効果を伴ってステレオタイプはあたかも「真理」であるかのごとく盲目的に信仰されてしまうのです。

　単純化され戯画化されたもののもつ心理的効果は、例えば戦時中に、敵をいかにステレオタイプ化していたかを研究したサム・キーンの著作を読めばはっきりしてくるでしょう。「敵は殺人を楽しむサディストだ」「敵は貪欲で私利私欲を貪る」「敵は強姦者だ」「敵は野蛮人だ」「敵は病原菌だ」「敵は虫けらだ」など[10]、こうしたステレオタイプの背景に、敵とされている相手の人間としての素顔が押しやられてしまう瞬間、暴力行為や殺人が正当化されていくのです。戦時中、日本人が敵兵を使って人体実験を行った際に、彼らを「丸太」と名付けて、非人間化してから行ったといった例からもうかがい知ることができるように、極度な単純化は、通常では許し難いような言動をも正当化してしまうでしょう。

　　こいつらは蛇だよ。噛みついて人に危害を及ぼす前に駆除してしまえ。

　ステレオタイプは記憶しやすいゆえ、一般の口にのぼりやすく伝播しやすいということを述べましたが、それゆえ、文化の一部として浸透してしまっていることさえあります。例えば、男性中心的な社会では、女性は母性（＝主婦）型か娼婦型のいずれかに分類されてしまっているゆえ[11]、こんな議論が簡単に受け入れられてしまうのです。

　　あんなに夜遅く、女1人で道を歩いているから強姦されるんだ。おかしいのはあの女

の方じゃないのか？　あの女にも十分に落度がありますよ。

　被害者の方がむしろ悪いのだとされる実に不思議なケースが、強姦の場合には不思議さをあまり感じさせずにまかり通ってしまう理由は何でしょうか？　それは、理由の1つとして、男性中心社会という文脈では、「夜道を1人で歩く女性」というだけで、その女性を知らぬ内に「娼婦型」のステレオタイプに分類してしまっているからなのではないでしょうか？　このような議論を耳にすると、ステレオタイプって、たかが言葉の問題じゃないか、と切り捨ててしまうわけにはいかない根深さがあるのが感じ取れます。他にも「男は心、女は顔」というステレオタイプを受け入れるのならば、女性は見られる対象の位置に甘んじてしまうことになります。週刊誌や広告を見れば、以下に挙げるような女性を対象にした広告が簡単に見つかるでしょう。

　　90日、らくらくダイエット！
　　タカラジェンヌに聞くキレイの秘密
　　人知れずムネが大きくなる
　　プロポーションの悩み解消

「なぜ、ある特定のグループに分類される者達にのみ、こういうことが言われるのか？」とあなたが感じたら、文化に浸透してしまっているステレオタイプを探り出してみて下さい。

　8）Innuendo（ほのめかし）
　ほのめかしによる心理的効果が絶大な場合があるということは、ほのめかしによってイアーゴがオテロに何をしたか考えてみるだけでも明白になるでしょう。明示されずにただ単に暗示されたことは、気になるものとして心に残り、不必要に想像力をかきたてます。ほのめかしによってかきたてられた心理的不安や心理的動揺を利用し、聞き手を思い通りに操作する、そんな詭弁がこれなのです。例えば、Yさんの議論を聞いた後、あなたがたった一言、「Yさんは、今回は本当のことを言っているみたいだわ」と聞こえよがしにコメントをしたとしましょう。このコメントを聞いた周囲の人達は、「Yさんは、今回は本当

のことを言っているんですって？　それじゃあ、あの人、いつもは怪しげなことばかり言うような人なのかしら？」といった具合に、恐らくＹさんに対して疑念を抱くようになることでしょう。

　9）Dysphemism　（偽悪語法）
　Dysphemism（偽悪語法）は euphemism（婉曲語法）の反対語に当たります。Euphemism（婉曲語法）は、不快な表現を遠回しで穏やかな言い方に置き換える語法です。Euphemism（婉曲語法）を、分解しますと、接頭語の"eu-"と語幹の"pheme"に分けることができますが、ギリシャ起源の接頭語"eu-"は「良い」、同じくギリシャ起源の"pheme"は「話す」という意味なのです。Dysphemism（偽悪語法）の接頭語の"dys-"は、やはりギリシャ起源であり、「不全」「不良」「悪化」「異常」「欠如」といった意味を持っているのです。Euphemism（婉曲語法）の反対語ですので、euphemism（婉曲語法）とは違って、dysphemism（偽悪語法）とは、否定的な価値を持っている表現、即ち、不快な表現や軽蔑的な表現、を価値的にはニュートラルな表現の代わりに使うことなのです。同じ事柄を表現するのにいく通りかの記述が可能な場合があります。その際に、聞き手に悪い印象を与えるように、否定的な価値を持っている表現を使って、わざと歪めた記述を与えることができます。例えば、「フェミニスト」と言えばいいのに、わざと「アマゾネス」と言ってみたり、「自由のために戦っている人達」を「テロリスト」と呼んでみたり、「親切な人」と言えばいいところを「お人好し」と置き換えたり、できるわけです。このような言い換え、置き換えによって、ネガティヴな感情を聞き手に植え付けることができるわけなのです。同じ事柄を言う際に、価値的にニュートラルな表現が可能なのにもかかわらず、わざと否定的価値を持つ表現を選ぶことによって、不快さを醸し出したり、軽蔑的なニュアンスを強めたりして、聞き手に反感を植え付けてしまうのです。

　10）ad Populum (appeal to the emotion of a crowd)（群衆の感情に訴える詭弁）
　一般大衆やある群衆のポピュラーな見解や態度を権威にして、聞き手の感情

に自分が有利になるように働きかけようとする時、このアド・ポピュラムという詭弁が使われているということになります。この詭弁も頻繁に使われる詭弁です。皆さんも「皆がやっているのに何で私だけが注意されなければいけないんですか？」といった論法を使ったり聞いたりしたことがあるでしょう。まさにこの論法こそがこの詭弁の典型なのです。反論や弁解の時などによく耳にする「皆もそれをやっているんですよ」「皆もそう思っているのよ」「皆が使っている我が社のＸ」「これは日本国民の常識です」というのがこの詭弁の代表各です。つまり「皆がしているのだから、あなただってこの結論を受け入れなさい」という形式をこの詭弁は持つのです。世間でよく言う「赤信号、皆で渡れば怖くない」式のメンタリティーに訴えて、「皆がしてるんだから、あなたもどうぞ」と誘惑するわけですね。プレミスは証拠や理由を提示するという役目を持つのですが、この詭弁では、証拠や理由を持ち出す代わりに、「皆がしていれば、よい、常識なんだ」と、「皆」という曖昧で的外れな権威を持ち出してきて、聞き手に皆と同じ態度や見解をとるように促すのです。

　後の章で「権威による議論」について説明する時に詳しくお話ししますが、権威として引用できるのは専門的情報を提供できて公正な立場にある者だけなのです。けれどもこの詭弁で使われている「皆」という権威が、専門的情報を提供でき公正な立場にある、という証明が全くなされずに議論が運ばれているわけです。権威を持ち出す時には、引用されている権威が、権威であると呼ばれるにふさわしい資格を十分備えていることをまず確証しなければならないのです。この観点から言えば、アド・ポピュラムは、「権威による議論」の悪い見本であると言っていいでしょう。

　さらに付け加えれば、「皆が信じている」からといって、「真」ではない場合というのが考えられる限り、「皆が信じている」ということから、主張の真を証拠付けることはできないということがお分かりいただけると思います。

11) ad Verecundiam (appeal to authority)（畑違いの権威に訴える詭弁）
　後の章で説明するように、権威による議論ならば、どれでも悪いわけではありません。例えば、あなたが医者に行ってきたとしましょう。その時「お医者

さんが、この薬を毎食後必ず飲むように言っていたよ」と言ったとしましょう。この場合、薬に関しては医者は権威者の立場にあるわけですから、あなたの言っていることに異議を唱える人はいないでしょう。相対性理論についての論文を書いている人は、アインシュタインを権威者として引用して一向に差し支えないわけです。けれども問題が生じるのは、全く畑違いの人が権威者として引用される時なのです。このアド・ヴェレクンディアムという詭弁も、論者が畑違いの権威に訴えて、自分の主張を正当化しようとする時に、起きるのです。人はとかく権威に弱いもの、何らかの肩書きがあるというだけで、無条件の信頼をおいてしまうものです。

　例えば、「カトリック教会は避妊用のピルに反対している。だからピルの使用は問題があるのだ」というのがこの詭弁の良い例です。カトリック教会は、確かに宗教的な権威者ではありますが、指摘されてみれば当たり前のことながら、薬の権威者ではありませんね。

　このようにこの詭弁は、畑違いの権威を乱用して、「あんなに偉い有名人が言っているのだから、きっと正しいに違いない」といった具合に聞き手が感情的に結論を鵜呑みにしやすくしてしまうのです。

12) Shifting the burden of proof（論証の責任をすりかえる詭弁）

　自分が論証することを求められている時に、相手に論証の責任を負わせるように議論の成り行きを変えてしまい、責任の所在をすりかえてしまう詭弁なのです。この詭弁は実は日常頻繁に使われている詭弁なのです。これこれしかじかのことを正しいと主張している人に対して「なぜ〜を正しいと思うの？」と聞いてみたところ「なぜ正しくないかお前言ってみろ！」と切り返されてしまうといった論法は、論証の責任を相手にすりかえている、という点でこの詭弁の典型的な例なのです。相手に論証を求めている時に、以上のような形で突然切り返されでもしたら、心の準備もできずに当惑してしまうことでしょう。例えば、「Ｙさんは湾岸戦争への自衛隊の派遣をよろしいとしたことで、私を非難し論証を求めていますが、まずそれがよろしくないという理由を示して欲しい！」。ここで、論者はＹさんの批判を検討し、なぜ自分が派遣に賛成なのか

論証せねばならないにもかかわらず、自分に課せられている論証の義務を放棄してただ相手に「なぜ反対なのか」と切り返しています。こうして相手に当惑の感情を与えてうまく逃げてしまうわけですね。

　これは最近実際にあったことなのですが、ナチス・ドイツによるユダヤ人大量虐殺がなかったのだと主張する歴史修正主義者達が、ホロコースト、即ち、ナチスによるユダヤ人の大量虐殺、はでっちあげだ、といった論陣をはった時、「自称被害者であるユダヤ人の証言などは作り話の可能性がある。まず、あなたの証言が真であることを証明してみなさい」といったような挑戦を仕掛けてきましたが、このように議論する人達の方がむしろ証言が偽であることを証明する義務をまず負わねばならないのです。証明する義務がどちらにあるのかを見失うと、論証の責任を逆に押し付けられてしまい、当惑するはめになってしまいます。このような切り返し戦術を食らったら、ある結論を主張している側に論証責任があるのだ、ということを思い出させてやることがポイントです。

13) Straw man argument （案山子論法）

　ストロー・マンとは案山子のこと。人間と戦うよりも案山子相手の方が一層楽だということは当然でしょう。この案山子の名の付けられた詭弁術には、相手の議論を攻撃しやすい形に変形してしまう操作が含まれているのです。つまりそのままでは反駁しにくい相手の見解を反駁しやすい形に変えてやってから攻撃するという詭弁なのです。相手を直接攻撃するのではなくて、相手に似せた案山子を作ってやって攻撃するといった詭弁なのです。相手の提出した議論をより一層攻撃しやすい形に変えてしまい、改竄した相手の議論を論駁することによって、あたかも相手の議論を葬り去ったかのような印象を他の聞き手達に与えるという戦略をこの詭弁術は採用するのです。ストロー・マン、つまり案山子をでっちあげるとは、だから相手の議論のカリカチュアを与えることなのです。例えばMさんが、自分の奥さんを殴ったことで告訴されているとしましょう。ここでMさんが自白をして、「確かに私は妻を殴りました。」と言ったとしましょう。それを聞いた原告側が「皆さん、Mさんの罪は確かに重く許しがたいものがあります。只今の自白でお分かりの通り、Mさんは何回も何回も、

彼の配偶者に当たる人物をさえ殴ったのです」と言ったとしましょう。このように「何回も何回も」という言葉をわざと補って誇張することで、Mさんの自白のストロー・マンをでっちあげることによって、Mさんの罪状を重いものにできるのです。この裁判を傍聴している人達は、「Mという男は冷酷な野郎に違いない。妻を『何回も何回も』殴るような男だからな」と思い込んでしまうかもしれません。改竄や誇張が加えられた時、聞き手は感情的に操作されやすくなってしまい、原告側の言い分を容易に聞いてしまうのです。アメリカである牧師が六歳に満たない子ども達を性的にもてあそんでいるのではないのか、という疑惑が持たれた時に、マスコミが子どもを証人にしたことがありました。その時、このような誘導尋問が行われたのです。以下の例は分かりやすいように少し脚色してあることをお断りしておきましょう。さもなければ、かく言う私自身が同じ詭弁によって皆さんの心を弄ぶことになるでしょうから。

「ねえ、ぼうや、牧師さんに身体を触られたことあるかな？」「あるよ、頭を撫でてもらったもの」「よく撫でてもらっているでしょう？」「うん」「頭以外の箇所もでしょう？　君は賢い子だから、覚えているよね？」「うん、そうかもしれない」「よく撫でてもらったんだったね？」「うん、そうだよ」「お聞きのように、被告人は、牧師の地位を利用して子ども達の身体中を頻繁に触ったりしていたわけです」

お気付きのように、ここでは、誘導尋問的に、証言の時間が経過するにつれて、「頭を撫でてもらった」という証言が「頻繁に」という形容詞を伴って「身体中を触った」ことになってしまっているだけではなく、「子ども」がいつの間にか「子ども達」に変身してしまっているのです。子どもの証言を少しずつ都合のいいものに変えていっている様が分かると思います。このようにして、自分達の論証に都合のよい「牧師像」を聞き手に与えたわけなのです。私達は議論をする際は、フェアーでなければなりません。相手の議論を論駁しやすいように変形したりして、論争に勝ったかのようなふりをするのは恥ずべき行為なのです。

14) Hasty generalization（性急な一般化に基づく詭弁）

この詭弁はわざわざ例外に当たるようなサンプルを集めてきて、それらから

一般化してしまう時生じる詭弁なのです。まず極端な例を1つ挙げておくことにしましょう。そうすれば、例外的なサンプリングからの一般化ということが何を言うのか理解していただけるでしょう。例えば、「網走では囚人が彼らの意志に反して監禁されているじゃないか。だから網走という場所は、すべての人間は自由で、自由に対して権利を持っているという原則が全くいかされていない野蛮な土地柄の所なのだ」というような議論です。ここでは、網走に監禁されている囚人という特定の集団の置かれている状況を一般化して全体に及ぼすように議論していく方法が取られているのです。それでは、今度はもう少しありそうな例を挙げておきましょう。「医者は阿片を使って病人の極度な苦痛を取り除いている。従ってすべての人に阿片の使用を開放し常備薬として認めるべきだ」。ここでは末期状態の病人への阿片の例外的使用を根拠にして、それを一般的に認めさせようとしています。ある社会においてその社会を代表するような典型的な例ではなく、その社会におけるごく一部の例外を取り上げ性急にも一般化し、その社会全体が一般化された通りの社会であるかのような印象を与えてしまうやり方がこの詭弁術なのです。例外的な要因が与える心理的効果は、それが奇抜であれば一層忘れ難い印象を残します。

　後の章で「例によって議論する際の規則」を説明しますが、例を挙げてそれから一般化をしようとする際に避けるべき傾向の1つとして、例外から性急に一般化してしまう態度が挙げられるでしょう。そうした性急な一般化の悪い例がこの詭弁術なのです。ついでにここで後1つ、「例による議論」を使って議論する際に避けねばならない詭弁を紹介しておきましょう。それは、Hasty generalization（性急な一般化に基づく詭弁）の一種であると考えて構わない種類の詭弁です。それは Fallacy of Anecdotal Evidence（逸話的な証拠に基づく詭弁）という名前で分類されることがありますが、Hasty generalization（性急な一般化に基づく詭弁）の極端な形なのです。それは極端な、例外的な、長期的に見れば逸話に過ぎないような証拠を持ち出して、正当な手順で行われた一般化を否定する詭弁なのです。ですから、違いはと言えば、Hasty generalization（性急な一般化に基づく詭弁）の方は、詭弁に基づく一般化なのですが、Fallacy of Anecdotal Evidence（逸話的な証拠に基づく詭弁）の方は、正当に行

われた一般化に対してなされる、詭弁を使った論駁なのです。例えば、

> 何でもニュースによれば、今日はここ20年来最も冷え込みが激しいっていうじゃないか。だから、地球の温暖化などというのは間違いなんだ。

> ぼくのおじいちゃんは物凄いヘヴィースモーカーなのに100歳まで生きたんだ。煙草が健康に悪いって？　疑わしいね。

というのがこの詭弁に当ります。たった1つか2つの極端な例外を示すことによって、一般化に異議申し立てを行う詭弁なのですね。

15) Petitio Principii（循環論法）

　議論によって証明したいまさにその結論が、既にプレミスとして使われてしまっている時、そのような議論は循環論法の詭弁を犯しているということになります。この詭弁においては、結論がプレミスで述べられたことを主張しているだけなのです。結論で述べられる主張は、プレミスの段階で既に心理的に刷り込まれてしまっている、というわけです。これは循環論法という名前でも知られている詭弁です。例えば、

> 3人の泥棒が盗んだ7つのダイヤモンドを山分けする相談をしている。3人の男が、2つのダイヤを右隣の男に、さらにもう2つを左隣の男に手渡してから、言った、「俺が3つもらう」。右隣の男が不平を言った。「なぜあんたが3つなんだ！」。「なぜなら俺がリーダーだからだ」。それを聞いた左隣の男が口をはさんだ。「変だぞ、どうしてお前がリーダーなんだ！」。それを聞いた男は勝ち誇ったように手の中の3つのダイヤを見せながら言った。「なぜ俺がリーダーかだって？　頭が悪い奴らだぜ、お前ら。いいか、なぜなら、俺だけがダイヤを3つ持っているからさ！」

これなどは典型的な循環論法です。この例では、ダイヤを3つもらう根拠として彼がリーダーであることを挙げたと思ったら、今度はリーダーであることの根拠としてダイヤを3つ持っていることを挙げているのです。そこでまたなぜダイヤを3つ持っているのか、ということになれば、これでは堂々巡りということになるでしょう。もう1つ面白い例。

昔メッカでマホメットの弟子達が群衆を集めて声高々に言った。「皆のもの、コーランの言うことには間違いは絶対ありませんぞ」。「どうしてそんなことが言える？」群衆の1人が聞いた。「なぜならば、それがアラーの神の予言者によって書かれたからです」「どうしてマホメットがアラーの予言者だってお前知ってるんだ？」「なぜなら友よ、そのことはありがたきコーランに書かれておるからです」説教を終えた弟子達は市場に出掛けた。お金が不足していることに気付いた彼らは、金貸しの家を尋ねて言った。「お金を貸してくれますか？」「貸してもいいが、誰があんたの身元を保証してくれるんだね」「ここに一緒にいる私の友人が保証するでしょう」「でも私はあなたの友人を知りません、知らんお方を保証人にはできませんな」「そういうことなら、私がこの男をあなたに今ご紹介致しましょう」

　最初の方ではコーランの絶対性を問題視されて、その絶対性をアラーの予言者であるマホメットによって書かれたという事実によって証明しようとしているのですが、マホメットがアラーの予言者であるということの証明に本来証明されるべきコーランの絶対性が引き合いに出され、コーランに書いてあるからマホメットはアラーの予言者であると主張しています。後半部では、自分の身元の保証に友人の名を挙げ、友人の身元も保証されていない、と言われると自分が友人の身元を保証しましょう、という循環が起きてしまっています。さて以上2つの例で循環論法の見分け方が分かってきたのではないでしょうか。そこでこんな循環論法はいかがでしょうか。

　　シェークスピアはトルストイより偉大である。なぜなら優れた趣味の持ち主が口をそろえて言うからだ。ここで一体あなたは「優れた趣味の持ち主」ということで何を意味をしているのですか、と聞かれたら、「優れた趣味の持ち主とは、トルストイよりシェークスピアの方が偉大であると主張する人達のことです」と答えればいいのです。

どこに循環があるかは一目瞭然ですね。

16) Complex Questions (Loaded Questions)（「イエス／ノー」で答えられない質問）

　一見したところ1つの質問に見えながらも、実はいくつかの質問がひとまとめにされて提出されている場合、コンプレックス・クエスチョンが提出されて

いるということになります。よく使われるタイプのものは、一見「イエス／ノー」で答えられる形式の質問の外見を持っているのですが、うっかり「イエス／ノー」で答えるととんでもない罠にはまることになるというものです。例えば、「あなたはご自分の奥さんを虐待するのをやめましたか？」という質問がこれです。これは、「イエス／ノー」で答えるタイプの質問という外見を持っていますが、いきなりこんな風に聞かれてこの質問にうっかり「イエス／ノー」で答えようものならとんでもないことになるでしょう。「ハイ」と答えても「イイエ」と答えても「奥さんを虐待していたという事実」を認めてしまうことになってしまうからです。このタイプの詭弁も一種の「ほのめかし」の詭弁なのです。「ハイ」と答えても、「イイエ」と答えてもほのめかされてしまう前提がでてきてしまうのです。

　容疑者への訊問の時など、よく耳にする「おい、お前、盗んだお金を隠しただろう？」というのも、既にその人が「お金を盗んでいる」ということを前提としているわけです。だからうっかりと「いいや、隠してなんかいない」と言おうものなら、「隠していないということは、まだどこかに持っているんだろう。まあ盗んだことには間違いないんだな！」ということになってしまうのです。この質問では「お金を盗んだのか？」というまず最初に問われるべき質問と「もしそうならお金を隠したのか？」という質問がひとまとめにされて尋ねられているわけです。「はい、か、いいえ、か？　はっきり答えるんだ！　盗んだお金は隠したんだな!?」「いいえ」「じゃあどこに持っているんだ！」という風に持っていかれたら相手の思うつぼなのです。「ハイ」でも「イイエ」でも「お金を盗んだ」ことを認めることになってしまうからです。「君は今でも自己中心的な女の子なのかね？」などと聞かれて、「ハイ／イイエ」で答えたらとんでもないことを認めてしまったことになりますよ。

17) ad Ignorantiam (argument from ignorance)（無知につけこむ詭弁）

　この詭弁はある結論が正しい、ということを単純にそれがいまだかつて間違っていると証明されたことがないから、という理由から主張しようとする時、起きます。例えば、「今まで誰も幽霊が存在しないという証明をしたことがな

いじゃないか、だから幽霊は存在するんだよ」という議論がこれにあたります。私達がどのように、ある主張を証明するか、あるいは反駁するか知らないということは決して、その主張が真である、あるいは偽であるということを確定しはしないのです。このように相手が知らない、という事実につけこんで、論証の労をとろうとせずに、「結論で主張されていることが間違いであることを知らないんだから真実なんだ」とか「結論で主張されていることが真であることを知らないんだから偽に違いない」という飛躍した結論を持ってくる詭弁なのです。いくつか例を挙げてみましょう。例えば「彼は自分の無実を証明できないでいる。だから奴は有罪に決まっているよ」というのもこのファラシーに分類できるでしょう。

かつてアメリカで赤狩りがさかんであった時に、「この男についてはあまり情報がありませんが、この男がコミュニストではない、ということを証明した情報もありません。ですからこの男は間違いなく赤のシンパです」などという議論によって、危うく刑罰を受けそうになった人がいたのです。

要約すると、この詭弁は、「この主張は正しいんだ、なぜなら間違っているって証明されたことがないからね」という形式を採るのです。間違っていると証明されたことがない、というだけで、正しいとも証明されていないのだ、ということに気付いて下さい。プレミスでは結論にあたる主張が正しいということを、証拠や理由を示すことによって述べなければいけない、ということを念頭に置いておいて下さい。そうすればアド・イグノランティアムにはだまされずにすむことでしょう。

18) False cause（間違った原因に関する詭弁）

ある人が、XがYの原因であるという主張をする時、ただXがYよりも時間的に先に起こり、YがXに続いて起こったという事実のみを指摘してXをYの原因と考えてしまう場合、この詭弁が起きるのです。例えば、ある部族の酋長が雨を降らせて下さいと頼まれて、たまたま太鼓を打った時雨が降ってきたのをみて、「私が太鼓を叩けばいつでも雨が降るのだ」と言うような場合がこれなのです。2つの事象XとYが、ただ単に時間系列において先後関係にあるか

らといって、すぐさまそこから性急にも「原因／結果」の関係を読み取ることはできません。私達は、あまりにも偶然が続くと、不安になるからでしょうか、いとも簡単に超自然的な力を信じてしまったり、自分勝手に何か運命的な力を読み込んでしまったりする心理的傾向があります。詭弁を使う論者はこうした心理的傾向につけ込むわけです。「酋長が太鼓を叩くと雨が降る」ことを何回か経験させられた人達は、酋長に超自然的な力を帰することになるでしょう。けれども、「酋長が太鼓を叩くと雨が降る」ということが、あるいは、「私が椅子に座ると雷がなる」ということが何回か起きようと、それはただ単に偶然のなせる業であり、「酋長が太鼓を叩くこと」が「雨降り」の原因であるとか、「私が椅子に座ること」が「雷の鳴る」原因であるといったように、そこに因果関係を読み取ることはあまりにも短絡的過ぎるのです。

　この詭弁はラテン語で Post Hoc, Ergo Propter Hoc という名前が付けられていますが、その名前の意味を英語で訳せば、"After this, therefore because of this" ということになるでしょう。これは「これの後だ、従って、これのせいだ」といった意味なのです。つまり、ある出来事が「これの後」に起きたから、「従って、これのせいだ」と即断してしまう詭弁というわけです。ラテン語だから、取っ付きにくいけれども、意味が分かればとても分かりやすい命名ですよね。それでは、この詭弁の例をもう1つ。

　　ユタ州では、ついに銃器の規制に関する法案が通った。だがその結果どうなっただろ
　　う？　同じ年、犯罪率が増加している。だから、もし犯罪を減らそうというのなら、
　　銃器の規制を試みるという選択肢は考慮外に置いた方が賢明ですよ。

「銃器の規制に関する法案が通過した」ということが「犯罪率」を増加させる原因である、と言うこと自体が奇妙ですし、犯罪率が、ただただ増加傾向にあった時に法案が通過したと考える方が自然でしょう。ある出来事がただ単に時間的に先に起きて、他のある出来事がたまたまその後で起きたからといって、2つの出来事の間に因果関係を読み取ってしまうのは性急過ぎるのだ、ということをお分かりいただけたと思います。

　さて「原因を指摘する議論」もいくつかのルールがありますがこれも後の章

で詳しく触れることになるでしょう。

19) Downplay（重要視しないで軽くいなす詭弁）
　"Downplay"という単語は口語英語で「重要視しない／軽く見る」といった意味の動詞です。この名前の通り、「重要視しないで軽くいなす」という戦術に訴える詭弁なのです。私達の用語法の中には、何かの価値をおとしめるよう暗示できる言葉を使った用語法があります。例えば、「いわゆる～」「たかが～」などがそうした言葉なのです。これらの言葉を使って、例えば、

　　いわゆる権威者のY氏は～と結論しているようですが、本当のところどうでしょうか？

　　いろいろとこうるさいことを言っていますが、たかが野球のことではありませんか。

などと言うことによって、過小評価を与え、聞き手に疑惑の念や軽蔑の念を引き起こすことができるのです。最初の例ですと、この論者は「いわゆる」という言葉を差し挟むことによって、Y氏が権威者であることに疑念を抱くように、聞き手を誘っています。2番目の例では、「たかが」という言葉を使用することによって、論じられている内容が本当は真剣に論じる価値のないものなのだ、ということをほのめかしています。このように言われれば、真剣な討議を中途で放棄してしまうかもしれません。

20) Red Herring（はぐらかし戦術の詭弁）
　Red herring とは薫製にしんのことで、狐狩りの猟犬を惑わすのに、狐の通った跡を、わざと薫製にしんを引いて歩き、狐のにおいを消してしまうといったことから、「注意を逸らしてしまうもの」のことを言うようになりました。つまり、議論の論点とは無関係なことを持ち出して議論の相手や聞き手の注意を他へ逸らしてしまう詭弁です。相手の注意を逸らすわけですから、忍者の使う煙幕に喩えることもできるでしょう。つまり、この詭弁は、ちょうど忍者が煙幕を張って姿をくらますように、相手や聴衆に混乱を引き起こし、直接論争をすること自体を回避してしまう戦略として使われるのです。例えば、

「この前のお話ですと、国が脳死を認めさせようと、脳死の基準をあまりにも早急に決めようとし過ぎた、ということでしたが、どのような点にまだ論議の余地が残されているのでしょうか？」「そうねえ……ああ、君、もう昼食すませた？　ぼくはまだなの。だからまた今度ね」

といった単純なものもありますし、

「やはり原子炉の増設を進めていかなければならないとお考えでしょうか？　私としては、環境主義者の議論はもはや無視できないものがあると思いますが、いかがでしょうか？」「そうですねェ、私達は原子炉を増設すべきなんですよ。それにいいですか、環境主義者の執拗なことといったら。そういう執拗さで見れば、ちょっとのことでも皆悪いってことになってしまうんだ。騒ぎを起こしたいだけなのかもしれないね。学者でも一流になり損ねた連中とか、そうそう、あんたも関心を持っている芸能界からもいたな、確か……。まあ芸能人なんかで参加してる輩もいるが、最近はさっぱり売れなくって、マスコミに騒がれたい連中なんだろうな、ああいった輩。あの俳優名前を度忘れしたんだがね、何ていったっけね、あんた？」

といった多少複雑なものもあります。2番目の例ですと、原子炉の増設に関する見解を求められているにもかかわらず、この論者は環境主義を盾に反対運動を展開している人達がどういうタイプの人間か、などといった話題にすり替え、本道を外れ横道の方へ逃げ道を作ってしまっているのです。この論者の場合は相手が関心を持つだろう領域（芸能界について）を心得ており、巧みにそちらのほうへ逃げ道を作っています。こうして直接投げかけられた質問を巧みにかわし、そもそも何の話をしていたのかさえ分からなくさせてしまうのです。まさに忍者の煙幕の効果ですね。

21) Tu Quoque（「おまえだってそうじゃないか、よく言うよ」：しっぺ返し論法）

Tu quoque は "You also"（おまえも）という意味のラテン語ですが、その意味は英語で言う "Look who's talking"（よく言うよ！）という感じに近いでしょう。例えば、

第 2 章　非理性的議論のイメージからの脱却　71

　　お酒控えた方がいいだって？　よく言うよ、あんたの方がアルコール摂取量は多いんだろう。

　　もしあなたが郊外に住むのがいいんだって主張しているのなら、そう言っているあなたが住んだらいいじゃないの？

というように、「そう言うあなたもやってるじゃない、よく言うよ」に類する切り返しはよく耳にします。私達は自然な傾向として、相手に対して有言実行を望みます。相手が主張していることを相手が実践していることを望むのです。けれども実際に実践しているかどうかという点は、議論そのものの評価ということには無関係ゆえ、不適切な要因なのです。これは、相手の置かれている状況を攻撃する間接的人格攻撃の詭弁に分類してもいいようなタイプの詭弁です。つまり、この詭弁も人格攻撃の詭弁同様に、相手への信頼を失わせるに十分な効果を発揮するでしょう。同様な心理的効果を狙っている点で、両者は確かに似ていますね。けれども、「あなただってそうじゃないの」という日常よく耳にする論法は、切り返し戦術ですので、ここで独立したものとして扱うことにします。

　最初の例ですと、お酒の摂取量と健康の関係は個人差があるという事実を指摘してもいいかもしれませんし、2 番目の例ですと、何らかの事情で論者は郊外に住めないのかもしれません。けれども、たとえそれがどんな事情であれ、論者が主張していることを実践していないという事実が、議論で主張されていることを無効にはしないのです。「あなただってそうじゃないか」式の切り返しが、仮定法の形をとって、「もしあなたが同じ立場に置かれたとしたら、やっぱりあなただってしたに違いない」という風に変形される場合もあります。例えば、

　　盗みは悪いことだって言うのかい？　もしあんたが同じような状況に置かれたとしたら、きっとあんたもしていたことだろうよ。

この手の詭弁がこの例で示したように反事実的条件法にまで拡大していけば、とんでもない言い逃れが可能となるでしょう。

このように、相手への不信感を抱かせるこの種の詭弁が相殺論法の形態を採ることもあります。相殺論法とは、簡単に言うと、「あなたがXするのなら、私はYをする」といった形の取引を持ち出す論法です。ですから、プレミスを提供して、結論を導出しているのではなく、お互いに実行して欲しい行為の交換をするだけですから、厳密に言えばこれは議論ではなく、取引なのです。交換条件のバランスを図るということは、以下の例で示すように純粋に当事者間の気持ちの問題なのです。ですから、ここで取り上げる必要もないのですが、この種の疑似議論が日常茶飯事となっていることも事実ですので、簡単に触れておく価値はあるでしょう。

さてここで皆さんに考えていただきたいことは、取引の対象になっているXとYが釣り合いが取れていると感じられる時だけ、相殺論法が成立する、ということです。皆さんも正義の女神の絵を見たことがあると思いますが、正義の女神は天秤を持っています。このことからも分かるように、西欧社会では「正義」をイメージする時、「バランスの取れている天秤」のメタファーを使います。この天秤のイメージを使えば、Xという条件とYという条件が天秤に掛けられてバランスの取れている状態こそ、「正義」が成されていることになり、「相殺論法」が正当なものとして成立していることになるのです。つまりXという条件とYという条件が相殺し合って「貸し借りなし」の当事者同士互いに公平なバランスのとれた状態になる時、相殺論法は成立するのです。

例えば、生ゴミを出す日が月に2回ある、としましょう。そこで私が妻に「今回僕がゴミを出すから、次回は君が出してくれ」と提案したとしましょう。この場合、私のすることと妻のすることは、内容が同じですので釣り合いが取れているわけです。ですから正当な取引と言えましょう。もっとも妻の方は、「私は女で力が弱いから、ゴミ捨てを交代でやることは不公平よ」とか「炊事、洗濯は私がしているのだから、ゴミ当番はあなたが2回やってもばちが当たらないわ」とか言って、見かけの釣り合いを否定することができるわけです。この場合、夫である私の方は、「フム、確かに釣り合いが取れていないかな？」と考え直すか、「確かに炊事、洗濯は君がしているが、掃除と子どもの送り迎えは僕がしているということで帳消しだよ。ゴミのことにしぼって考えたら、

交代制が公平じゃあないか」と言い返すことができるわけです。ともかく妻の方が釣り合いが取れている、と感じれば、「相殺論法」は正当なものとして成立するのです。ところが「相殺論法」が悪用されることが頻繁にあるので気を付けねばなりません。皆さんも次に挙げるような例を耳にしたことがあるでしょう。

> あら、奥さん、真夜中のピアノ練習がうるさくって止めて欲しいっておっしゃるんでしたら、お宅の方こそ、夜中のトイレ頻繁過ぎはしませんこと。トイレ行くのやめて下されば、ピアノもやめてあげてもいいわよ。

> 「あのお、ここはゴミ捨て場じゃああ00ませんよ。こう頻繁に生ゴミ捨てられたんじゃあ、この暑いのに窓も開けられませんよ」「あらそう？ お宅の双子のぼっちゃんの遊園地でもないわよね。本当にうるさいことったら。お友達も大勢引き連れちゃって、いやがらせのつもり？ いいこと、防音壁でも作っていただけない？ それがだめならせめてお宅の家の窓皆締め切って音がもれないようにしてよね。そうしたらゴミは持って行ってやるわ！」

トイレに行くという生理現象と真夜中のピアノ演奏、自分の家で子ども達が遊ぶ際に発する声とゴミの不法投棄。以上の例では、正義の女神の天秤のバランスが決して釣り合うことがないような不当な取引を持ち出してきています。これが悪用されれば、こんなこともできるのです。

> 象牙の飾りは顰蹙(ひんしゅく)ものですって？ あの人は、象の保護を訴える議論をしているけれど、この前、肉屋で肉買ってたわ。あの人が菜食主義者になるっていうんだったら、私だってもう二度と象牙買わないわ。

議論と関連付けてコメントをするのならば、このような切り返しは、提出されている議論そのものを直接吟味することを避け、「あんただってそんなこと言える立場にはないのよ」という形で、相手に心理的動揺を与え反論を封じてしまうことを目的としているのですから、十分に悪用が可能なのです。こうした切り返しがあるところごまかしあり、と考えて、冷静に対処して下さい。

22) Subjectivist Fallacy（主観主義者の詭弁）
「好みは人それぞれ、ぼくはコーヒー党、君は紅茶党」「私の部屋何で赤なん

かにしたのよ。青系統の色が好きなの知っているくせに。」「マーラー？　1番、2番、4番、6番、8番それに大地の歌くらいかな、好きなのは。……後は部分的に好きなのもあるけれど、何かこうネチネチした感じっていうのかな。凄いなって思うこともある反面どうもちょっと受け付けないようなところもあるんだな」。こういった好みの問題は人それぞれ主観的です。好みを巡って論争が生じたとしても「確かにそう言えるかもしれないけれど、好きなものは好き、嫌いなものは嫌い」という切り札をお互いに突きつけることができるでしょう。それゆえ、好みに関して言えば、「それは君にとって真かもしれないよ。でも僕にとってはそうじゃあないんだ」と言って、無意味な論争を中断することができるでしょう。好みの問題以外でも生理学上の限界が問題にされるような場合も、同じ切り札が使えるでしょう。例えば、「えっ？　5時間睡眠で十分やっていけるって？　そいつは君にとって真かもしれないけれど、僕にとってはそうじゃないよ。最低でも9時間寝たい方なんだよ、僕は」「あの坂の上の家まで5分でいけるのはあなたくらいなのよ。私はだめ、倍以上かかるもの」などということが可能です。

　このように明らかに身体上、生理学上の制約から個人差があると考えられる領域でも、個人差を考慮した相対的な評価が可能なのです。以上説明したような問題に使用範囲を限定しさえすれば、この切り札は有効に使えるわけです。ところが、好みを巡って生じた論争などに終止符を打つこの同じ切り札が、このような使用範囲を超えて使われてしまう時、「主観主義者の詭弁」が起きるのです。事実問題に関する主張については、このような切り札は使えません。客観的に主張されていることを事実と照らし合わせて考えることができるからです。例を挙げてみましょう。

　　君の見解が素晴しいと思ってくれる人を探すことができるかもしれないね。でもそう感じない人もいるんだよ、かく言う僕もその1人だけどね。君みたいな人にとっては、そうかもしれないけど、ぼくのような人間にとってはそうじゃないんだ。

　この例では、相手の議論で述べられている主張の真偽を問題にすることなしに、結論として述べられている見解が素晴しいと感じられるかどうか、という次元

に話をすり替えて、あたかも好みの問題であるかのようにしています。主張の真偽に関する客観性を否定するというより、ただ単に理性的な討論に関わりたくないような時に、人はこの詭弁を乱用する、といった方が実際に起きていることに近いのかもしれません。つまり、面倒臭い論証の義務を背負い込むことになるくらいなら、会話を中断させてしまおう、といった感じでこの詭弁を使ってしまうのです。主観主義者の詭弁は、好みや個人差の相対主義との似非アナロジーを利用して、「あなたも正しい、私も正しい。これで双方丸く収まるぞ」式の実際にはありえぬ妥協点を提出することで逃げをうつ詭弁なのです。

23) Appeal to Spite or Indignation（遺恨や憤りに訴える詭弁）
「私もその見解には賛成します」「(小声で)ちょっと待って下さいよ。そんなに簡単に賛成しちゃっていいんですか？ 3年前に、あなたに昇進のチャンスがあった時、あの男がちょっとでも口添えしてくれていれば、今のあなたは常務でいられたわけですよ。そのことをもうお忘れになったんですか？」「そう言われてみればその通りだな。(議長に)すいません、賛成票は取り下げます。ちょっと考えたいのでね」

「君はまだ生まれていなかったので知らなかっただろうけど、君のお父さんを自主退職に追い込んだのは、皮肉なことに君がサポートしているあのY氏なのだよ。今回のキャンペーンの様子を天国で君のお父さんが何を感じて見守っているだろうね」「本当ですか……なぜもっと早く教えて下さらなかったんです。何てことしてるんだろう、僕は！」

論者が、聞き手が遺恨に思っていることや聞き手の憤りを引き起こすことで、自分の都合の良い方向へ聞き手を心理的に操作する時、この詭弁が使われていることになります。

24) Two Wrongs Make a Right（1つの過ちは別の過ちで打ち消される）
「おや？ 何かつり銭多くもらっちゃったみたいだな。返しに行こうか？」「まあ、いいじゃないの。あの店員さんだって、間違って他のお客さんからさ、多めにお金取っちゃうことってあるんだからさ。プラス・マイナスの0で損得なしなのよ」「そうだね、それじゃ、まあいいか」
自分の犯した過ちから来る良心の呵責をなだめるのに、相手の犯しているか

もしれない他の過ちを持ち出してくることによって慰め、バランスをとろうとする時、この詭弁が使われていることになります。これも一種の手前勝手な相殺論法なのです。

25) False Dilemma（似非ジレンマに相手を追い込む詭弁）

　この詭弁は Fallacy of Bifurcation という名前でも知られています。英語の"Bifurcation"はラテン語の"bifurcus"から来ています。"bi-"は「2つ」を意味し"furca"は「枝」とか「フォーク」ですので、"bifurcus"は「二股に突起したもの」といった感じの意味になります。本当は他にも考慮に入れるべき選択の可能性があるにもかかわらず、選択の可能性が「あれかこれか」の二者択一しかあり得ないように錯覚させる戦略です。選択肢として残された2つの事柄は「あれかこれか」であって決して両立はしないのだ、と両者の相容れない性格を強調し、二者択一を迫るのです。「私達はロシアが原爆を所有する前にロシアと戦争をするか、さもなければ、ロシアが私達を支配するだろう日が来るのを寝て待とう」というバートランド・ラッセルの言葉が残されていますが、もちろん「ロシアと戦争するしか道はない」ことを主張したがっているのです。これなど、あたかもロシアと平和共存していく第3の選択肢があり得ないかのような印象を与えることに成功しています。他にもいくつか例を挙げてみましょう。

　　平凡な人生を送るのが嫌なあなた。それなら幸福な結婚をするしかない。幸福な結婚に向けて確実な出会いをお約束する我が社に今すぐお電話を！

　　私の政策を採用していただけるか、それともバブル崩壊後の不況の苦しみをこのままずっと生きていくのか、どうでしょう？　現状を喜んでいる人は1人としておりますまい。それなら何をしたらいいのか？　答えは明白です。

　　あなたは私に反対しようっていうんですか？　そうですか、あなたが民衆の敵だとは知らなかった。

　　ユダヤ人によるナチのガス室に関する証言は嘘っぱちか作り話かどちらかだ。

ねえパパ、ママから聞いたんだけど、私の誕生日のために何かしたいんですって？じゃあ、パパにどれか一つ選ばせてあげるわ。①私のためにグッチのバッグを買う、②この前付き合い始めたばかりの彼と北海道1週間のバイクの旅に行かせてくれる、③右の腕にバラの入れ墨を入れることを許可する、さあ、どれ、選んで！

最初の例は「平凡な人生を送る」かそれが嫌なら「幸福な結婚をする」かという二者択一の問題にしてしまっていますが、初めから「幸福な結婚をする」以外の選択（例えば、冒険の旅をするなど）を排除してしまっています。2番目の例では、「私の政策」以外の政策を選択する可能性を初めから無視し、あたかも二者択一の問題であるかのように選択を迫っているのです。3番目の例では、「私に賛成する」かさもなければ「民衆の敵の汚名を着るか」といった脅迫にも似た偽りの二者択一が提出されているのです。4番目の例では、一見したところ選択肢が提供されているように見えますが、「嘘っぱち」も「作り話」も同じことを言っているわけですので、結局何も選択肢を与えていないのです。最後の例では、お分かりのように、選択肢が開かれているかのように見えるのは見せかけに過ぎず、相手が当然選ばないだろう選択肢をわざと入れることによって自分の願望を達成しようとしています。この例のように選択肢が多数である場合も考えられるのです。

　この詭弁に丸め込まれないためにも、相手が二者択一を迫る時、私達は、相手から提出されている選択肢に選択を制限してしまう前に、他の選択肢が開けていないか考えてみる必要があるでしょう。

26) Slippery Slope（滑りやすい坂道論法）
　滑りやすい坂道に、いったん何か物を置けば止まることなく麓まで滑り落ちて行ってしまいます。このイメージは、いったん何かを始めたら、最悪の事態に至るまで止まることなく悪化していく、ということの比喩なのです。このように滑りやすい坂道をイメージしたこの詭弁が意味することは、「もし私達がXが起きることを許容するのならば、それを許容した瞬間に私達はYという好ましからぬ事態が続けざまに起きてしまうことを知るだろう」ということなのです。例えば、

> もし安楽死を合法化するのなら、その瞬間私達は、どんな形態の自殺も許されるようになっていくだろうことを知るだろうし、挙句の果てには殺人も許容されることにもなりかねないだろう。

ここで論者は、安楽死と自殺の表面的な類似性に頼って、聞き手を心理的に丸め込むことをやめて、実際に不可避的に最悪の事態になっていくのであることを論証する義務があるのです。

　このイメージはいったんコミットしてしまったらもう後へは引けなくなるということの比喩としても使われますので、例えば、

> 私達はベトナム戦争にコミットして最初の軍隊を送ってしまったのだ。今や最初の軍隊が陥った難局を打開するために、私達は第2陣、第3陣を援軍として送り続けるべきである。

といった詭弁にも活用されるのです。

27) The Fallacy of Special Pleading （二重基準の詭弁）

　"Special pleading" とは「自分に有利なことだけを述べる一方的な陳述」という意味です。まず、なぜこの詭弁がこのような名前で呼ばれているのか説明しましょう。この詭弁は二重基準を適用します——特別な立場にある自分用の基準と相手用の基準（こちらの方が厳しかったり、歪められていたりしており、ともかく相手に不利な印象を与えるのです）。それでは、例を見てみましょう。

> 勇気ある我が軍隊の自己犠牲的で不屈の進軍には賞賛すべきものがある。見事なまでに徹底的な奇襲、何という戦術だろう！　敵のむこうみずで自殺行為的な頑強さを退けたのだ。情け容赦のない不意打ちを企んだ敵の謀略は斥けられたのだ。

この例文を熟読して下さい。どうでしょうか？　戦闘中の同じような行動が、味方の行為と敵の行為をそれぞれ記述するために使用されている言葉によっていかに違って聞こえるか考えてみて下さい。違いが分かるように味方の行為を記述する言葉と敵の行為を記述する言葉を対照させてみましょう。「味方の行為の記述」vs.「敵の行為の記述」、という風にリストアップしていきましょう。

「勇気ある」vs.「むこうみずの」
「自己犠牲的」vs.「自殺行為的」
「不屈」vs.「頑強」
「徹底的な」vs.「情け容赦のない」
「奇襲」vs.「不意打ち」
「戦術」vs.「謀略」

いかがでしょうか？ 同じような行為を記述するのに、こうも対照的な言葉が存在しているということに気付いていただけたでしょうか？ この詭弁は、同じ内容の事柄を記述するのに、否定的な印象を与える用語と肯定的な印象を与える言葉を巧みに使い分けることにその本質があるのです。このように味方と敵によって言葉を巧みに使い分けることで、味方には好印象を、敵には悪印象を与えるのに成功しているのです。自分達に有利な印象を与えるために、二重基準が採用される、しかもその二重基準は、一見気付かれない仕方で、言葉の巧みな使い分けに隠されているのだということをお分かりいただけたでしょうか？

このように、同じ事象を指し示しているはずの表現でも、与える印象がかなり違ってくる場合があるのです。例えば、「売春」「買春」「援助交際」はどうでしょうか？ どれを使うかによって印象が変わってきます。「私は売春はしていないよ、あれは援助交際なんだから。あの男は買春した気でいるかもしれないけどサァ」などと言うことは、本当は表現の与えるだろう印象の問題に過ぎないはずなのに。同一の事象を指し示しているのに、言葉の言い換えということだけで不思議な効果をもたらします。あるいは、「我が中学校では『いじめ』はなかったんです。あれはまあ『ごっこ遊び』というところで、単なる『悪ふざけ』です」はどうでしょうか？ 「社長は彼を『酒も飲まない真面目な男』と評価されている御様子ですが、『酒も飲めない付き合い嫌いな男』なのですよ」「私が『不倫』ですってェ？ 誤解しないでよ、ちょっと『失楽園』しちゃっただけなんだからァ！」。このように例を引いていると二重基準の詭弁はごく日常的なレヴェルで使われている詭弁のような気がしてきます。クロアチア、ボスニア・ヘルツェゴビナの惨劇の際に、セルビア軍が、自分達の残

虐行為を「民族浄化」と呼び正当化していたことを考えてみていただきたい。人間の普遍的善性をそれでも信じるのならば、言葉のもたらす一時的催眠効果だったのだろうかとでも思わずにはいられないようなこの悲惨な例を、最後に指摘しておきます。

28) Proof Surrogate（論証の代理物で丸め込む詭弁）

"Surrogate" という言葉は、"Surrogate mother"（代理母）という言葉が知られるようになって、「代理」という意味で皆さんにもお馴染みになった言葉です。この詭弁は、結論で述べられている主張を支えるための証拠や権威があるということを、実際には証拠を提供したり、権威を引用したりすることなく印象付けようとする詭弁なのです。こうして実際に論証には手を染めずに、論証されたような印象を与えてしまうわけですね。例えば、

> 十分に信頼するにたるある消息筋によると、天安門の虐殺に憤りを感じ、学生達のデモを支持する人民軍が反撃の準備を進めているようです。

> このことを十分に信じるにたるだけの証拠があるのですが、日本経済は回復するという兆しが見られるのです。

> ほら、よくあるじゃない、「7年目の浮気」ってやつ。

これらの例の中で使われている、「十分に信頼するにたるある消息筋によると」とか「このことを十分に信じるにたるだけの証拠があるのですが」あるいは「ほら、よくあるじゃない」などといった言い回しに注目して下さい。「十分に信頼するにたるある消息筋」が本当にそのように言ったのかもしれませんし、「十分に信じるにたるだけの証拠」が本当にあるのかもしれません。けれども、「〜かもしれない」といった憶測の次元を出ない情報しか与えられていません。なぜならば、最初の例の論者は、その「信頼するにたる消息筋」が誰でどうしてそれが信頼できる情報なのか、といった肝心な情報を聞き手に与えておらず、それゆえ聞き手は、論者が本当に権威を引用しているのかどうか、ということを確信するためのチェック機能を与えられずに憶測の域にとどまざるをえなく

なるからです。そして2番目の例では、この論者が言う「十分に信じるにたる証拠」を実際に提供されぬまま、聞き手はやはり憶測の次元に放置されてしまうのです。3番目の例では、本当に「よくあること」なのかどうかは論証もされずに、曖昧なまま放置されてしまっています。

　他にも例を挙げると、例えば、「～という人を知っている」「～という話を聞いたことがある」といった形で、信ぴょう性の薄い単なる伝聞を権威にしてしまう議論があります。

> この指輪をはめて3キロ痩せたっていう人を知っているよ。だから、これってきっとダイエットに効果的だよ。

> 運のいい人の宝くじを1枚譲ってもらって100万円当てたっていう話を聞いたことがあるよ。俺のおじさんは、この前のトンネル事故で奇蹟的に生還した1人なんだ。だから、おじさんの宝くじを1枚もらったらいいよ。

　以上見てきたように、このような言い回しは、結局は憶測と何ら変わりのないことに、あたかも論証によって確定されたかのような外観を与えてしまうのです。論証済みの外観を与えるだけのこれら論証の代理物ではなく、論証そのものを要求しなければなりません。

29) The Fallacy of False Analogy（誤ったアナロジー（類比）による詭弁）

　アナロジーを正しく使うために、後の章で「類比による議論」を学びますが、ここでは、アナロジーが悪用される場合を見ておくことにしましょう。

　私達がアナロジーを使う場合とは、私達が論証を試みようとしている事象が曖昧であったり、複雑であったり、直接経験しにくかったりするような場合なのですが、そのような場合、私達は、既によく知られていたり、理解しやすい他の事象になぞらえることによって、両事象が重要な点において似ているということから推論していきます。アナロジーによる議論が十全なものであるためには、この際に比較されている両者が論点を支えるのに重要な点で類似していることが必要となってきます。誤ったアナロジーによる詭弁は、両者を比較し類似点を指摘する際に、両者を冷静に比較してみれば、結論を導出するのに重

要な点で両者が異なっていることに気付くはずなのですが、両者が、些細であまり重要でない点において類似していることに注意を逸らし、正当な手続きからは得られないはずの結論を捏造(ねつぞう)してしまうのです。例えば、

> ねえママ、今度幼稚園にね、新しいお友達が来たのよ。伸治君がねえ、こんなこと言うのよ。その子ね、糸切り歯がちょっと長くってドラキュラみたいだって。だからきっと怖い子だから、お友達にならない方がいいわよね。

この例では、他と少し違った1つの特徴にのみ注意を向けて、そこから類比関係をでっちあげてしまっています。それでは次の例はどうでしょうか。

> アメリカが他と比較しえないような偉大な文明を築いた際に犠牲になった数十万のアメリカン・インディアンに対して、そんなにおセンチになる必要はないだろう。彼等/彼女らが不正の犠牲になったことは真実であろうが、それでも2、3の卵を割らずして、オムレツを作ることはできなかったのだ。

一読すれば直感的に、あまりにも単純化された無神経な比較に対する警戒心が起きることでしょう。この例では、「人間の命」を「オムレツ用の卵」に比較しているのですから。「人間の命」と「オムレツ用の卵」、この両者には、列挙すればきりがないほど似ていない点が多く存在します。そうした似ていない点のうち、結論を導出するのに致命的な相違点のことをディスアナロジーと呼びますが、この議論の結論を成立しがたくさせる決定的なディスアナロジーが指摘できます。たとえ文明を築くためとはいえ、人間の命を奪えば、それに必然的に伴う痛みがあります。当人の被っただろう痛みは当然のこと、遺族やそうした受難の記憶からくる未来の世代にまで及ぶ痛みがそれです。ところが、「卵を割る」ということにはそのような痛みは伴いません。私達はオムレツを作るのに、良心の呵責もなくいとも簡単に何も考えずに必要なだけいくつでも卵を割るでしょうが、「人間の命」となると、いくら偉大な文明を築くためとはいえ、そうはいきません。

また、別の角度から考察を進めますと、決定的なディスアナロジーを明るみに出すことができます。オムレツを作るのに卵が必要なことは事実ですし、確かに卵を割らねばならないということも事実でしょう。卵を割ることは、オム

レツを作るための必要条件の一つでさえあるわけなのです。けれども、偉大な文明を築き上げるのに、必ずしも人命という犠牲が必要なのでしょうか？　人命という犠牲なしに偉大な文明を築くことは可能でしょう。オムレツを作るための必要条件の1つである「卵を割ること」が、偉大な文明を築き上げるための必要条件に比較されているのであれば、類比による議論として適切なアナロジーを指摘しているということになりましょう。しかしながら、ここでは、偉大な文明を築く必要条件とはみなし難い「数十万の人命の犠牲」が引き合いに出されています。このことは、結論を支える上で、致命的なディスアナロジーになるでしょう。アナロジーは使い方次第で強烈な印象を聞き手に与えます。それゆえ、悪用される場合も劇的な効果を及ぼすことになる可能性が強いのです。オムレツを作るための必要条件の1つである「卵を割ること」に比較されることによって、偉大な文明を築き上げるための必要条件とは到底みなされ難い「人命という犠牲」が、あたかも偉大な文明を築く必要条件であるかのごとき錯覚を聞き手に与えてしまっている、という点に、悪用された類比による議論の怖さがあるのです。

30) Poisoning the well（「井戸に毒を入れる」詭弁）

"Poisoning the well" を素直に訳すと「井戸に毒を入れる」という意味になります。この表現の由来は、中世ヨーロッパにおいて、反ユダヤ主義の潮流の中でペストが流行し、当時の知識では原因の解明ができず、ユダヤ人が井戸水に毒を入れているからだ、ということにされて、ユダヤ人迫害が強化されていったということにあるのです。それが詭弁の名前として使われるようになったのは19世紀イギリスでのことなのです。牧師で著述家としても知られていたチャールズ・キングズレーが論敵と本格的な論争を始める前に、「この男はカソリックの信者のくせに、真理に最も高い価値をおいていない」と前置きしたのが始まりです。このような前置きを聞けば、「真理を疎んじるような男の口から何が期待できるだろう」と考えてしまうでしょう。実際にこの時の論敵であったヘンリー・ニューマンは、キングズレーに抗議し、「真理を疎んずる者などという言いがかりをつけられれば、私が何を申し立てようともう聴衆は聞く

耳を持たないだろう」と反論を試みたのでした。そしてこのヘンリー・ニューマンによって、キングズレーがしたような聞き手のマインドコントロールに対して「井戸に毒を入れる」という名前が与えられたわけです。井戸水がおいしいかどうか飲んで試してみる前にもう既に井戸には毒が入れられてしまっていた、といった状況をイメージしてみて下さい。つまり、議論を開始する前に、心理的操作によって既に結論を受け入れるよう態度を決定させられてしまっている、というわけなのです。これはどのような詭弁かというと、何らかの肯定的あるいは否定的価値を盛り込んだ言葉を巧みに使って、議論をする以前に相手を感情的に操作し相手の態度を決定させてしまう戦略なのです。本格的に議論を開始する以前にもう既に毒の効力によって、あなたは相手の術策にはまってしまっている、というわけです。

　例えば、このような論法がこれに当たります。巧みに、否定的な感情を引き起こす言葉を使ったり、肯定的な感情を引き起こす言葉を使って、相手をおだてたりして感情を操作してる点に注目して下さい。「あなたもそうだと思うのですが、<u>良識を備え賢明で繊細な人々</u>なら、きっと私の言うことを分かって下さるでしょうし、本当に<u>冷酷なタイプの人間</u>ですら、Y氏の議論には顔を背けるでしょう」。このように前置きされれば、賛成しないわけにはいかなくなるでしょう。もし反対したら、自分は「良識を備えていない上、賢明でも繊細でもない人間」に思われてしまうかもしれないし、Y氏に賛成しようものなら、「冷酷な人間以下の人間」だと思われてしまうかもしれません。アンダーラインを引っぱって強調した箇所のような価値をふんだんに織り込んだ言葉によって、議論が本格的に行われる以前に聞き手の態度をこちらに有利になるように感情的に操作してしまうのですね。価値を含んだ言葉を巧みに操ることによって、議論の相手への信頼を失わせたり、こちらの立場を優位に見せたりする戦略こそが「井戸に毒を入れる」操作なのです。井戸で清い水を汲む前にもう既に水は毒され濁ってしまっている、というわけですね。この詭弁も日常よくお目にかかるものです。例えば、「こんなことは馬鹿でも分かることですが」とか「こんなのは世間一般の常識なんですけど」とか「こういう手のことは、いちいち言葉にして言わなくても、最近のナウい洗練された若者はビビンと直感

的に分かっちゃうんだけどね」といった前置きによって、相手の感情を操作してしまうのです。このように言われれば、「そうか、これを認めないと馬鹿や常識外れや流行遅れに思われてしまうのか？」と思ってしまい、相手の主張を簡単に受け入れてしまうでしょう。皆さんも話の相手から「こんなの馬鹿でも知っているよね」などと言われれば、「馬鹿と言われようが分からないものは分からないんだ」などと開き直って敢えて質問をする、ということはついつい差し控えてしまうでしょう。デパートなどで「奥様のように洗練されたご趣味のお方には、多少お高いですけども、こちらのネックレスの方がお似合いですわ」といったこちらの感情をくすぐる言葉に乗せられてついつい高い買い物をしてしまったりすることもあるでしょう。

　他にも、例えば、「私がこれから述べる事柄に強いて反論を試みる者がいるとしたら、その男はそうすることによって自分自身が民主主義の敵であることを暴露してしまうでしょう」とか「この男の弁舌に共感し瞳を輝かすような人間がいたら、そのような人達の瞳を覗いてみたらいい。それは野心の炎なのだ。そして連中の瞳に浮かぶ野心の炎こそが私達に一体誰が民衆の敵なのかを教えてくれるだろう」などと前置きされたら、あらぬ嫌疑を避けるために、人々は強いて反論の声を上げることを差し控えてしまうでしょう。

　テレビ・コマーシャルなどでも、この詭弁術はよく見受けられます。「都会派でナウい君ならこの違い分っかるよね〜」とか「時代の最先端をいくヤングのための」とか「違いの分かる男の云々」とか、こちらの気持ちをくすぐる形容詞によって、議論以前に既に態度決定をさせてしまうような殺し文句がふんだんに使われています。コマーシャルなども、詭弁を指摘してやろうという態度で注意深く見るととても面白い側面が見えてくるものです。私達はこうしたうっとりさせられるような前置きの言葉などに決して騙されずに議論そのものを公正に吟味していく態度を身に付けねばならないのです。さて皆さん「この詭弁についてもう説明する必要はありませんね？　こんなのは猿でも理解できることですから」

　以上、言語のエクスプレッシヴ・ファンクションを利用して、相手の感情を巧みに操作し、こちらの主張を受け入れさせてしまう、といった詭弁を見てき

たわけです。相手の感情を言葉巧みに操作し、相手がろくに考えてもみないで、提示された見解に同調してしまうようにしてしまうのです。いったんこの種の詭弁の罠にはまると、議論を吟味するために必要な冷静さという要因が、詭弁によって引き起こされた感情の渦の中にまみれて消えてしまうのです。議論の中にエクスプレッシヴ・ファンクションが使われている時、私達は気をつけなければなりません。議論の際に必要なのはインフォーマティヴ・ファンクションだけなのです。

さて、もしエクスプレッシヴ・ファンクションの使用を完全に封じ、感情操作の詭弁が起こらないようにしたとしても、それでもなおかつ詭弁が生じる場合があるのです。それは文章表現の曖昧さに起因する詭弁なのです。それでは次に、「曖昧さの詭弁」に分類される詭弁を見ていきましょう。

(2) Fallacies of ambiguity（曖昧さの詭弁）

私がアメリカ滞在中に、当時のガールフレンドとフロリダのディズニー・ワールドを訪れた時、彼女がしきりに私の服の袖をひっぱりながら、「嫌だ、あの人のシャツ、変な日本語が書いてある！」と言うので、彼女の注意を促す方向を見てみますと、1人のアメリカ人青年が、「おれのはでかい」と書いてあるシャツを着ていました。そこで私は彼女に「嫌だなあ。嫌らしいこと、想像しただろう、君？ あのシャツの日本語はね。『俺の、ハデかい』とも読めるし、『俺の歯、でかい』とも読めるのにね」と言ったところ、妙に納得してしきりに頷いていましたが。

家の息子が連れて行って欲しいとせがんでいた漫画映画の題名も「クレヨンしんちゃん、うんこくさいの野望」というもので、二重の解釈をあてにしている作者の意図が見え見えですよね。

いきなり変な例で恐縮なのですが、私達の使用する単語や文章には、曖昧で多義的な解釈を許したり、多義的な意味を持っていたりするものが使われることがよくあるわけです。

ファラシー・オブ・アンビギュイティー、つまり、「曖昧さによる詭弁」とは、こうした単語や文章にまつわる多義性や曖昧さを利用した詭弁術なのです。

私達は、「曖昧さの詭弁」の中から、代表格である、Amphiboly, Equivocation, Accent, Hypostatization, Division, それから Composition の6つの詭弁を学びます。『弁論術』の中でアリストテレスが述べているように、曖昧な語を意図的に用いる時は、「中味のあることは何も言うことができないのに、ひとかどのことを言っているふりをする場合」[12] なのです。ゲーテの『ファウスト』の中で、悪魔メフィストーフェレスが魔女の矛盾に満ちた呪文にコメントして述べているように、曖昧な言葉だからこそ、「賢者にも愚者にも、等しく神秘的に聞こえる」[13] というわけなのです。私達は曖昧で多義的な解釈を許容してしまう語句や文章、あるいは多義的な意味を持つ語句や文章が、詭弁としてどのように使われてしまうのかを知り、そのような語句や文章に対して注意深く振る舞えるようになりましょう。

１）Amphiboly（曖昧な語句による詭弁）

"Amphiboly" という言葉はギリシャ語に由来しています。ギリシャ語の "ampho" は「二重の」とか「両方の」と意味で、文章構成がまずく曖昧ゆえ、論者の意図せぬ意味が生じてしまうような時、"Amphiboly"（曖昧な語句による詭弁）が起きるのです。

まず、曖昧な文章を使った、簡単で分かりやすい笑い話を見てみましょう。

> あなたがある理髪店の前を通った時、その店の看板には、
> 　ヘヤーカット、50％オフ

と書かれていました。「ハハァ、いいぞ、いいぞ、この店、半額になってるぞ！　そんならちょっと寄っていくか」と喜び勇んで店に入ったまではよかったのですが、仕上がり具合を鏡で見てこれはびっくり！　何と頭の中央から後ろ半分がばっさり刈り取られてしまっていたのです！　しまった。「50％オフ」って「値段が半額になること」じゃなくって「髪の毛を半分刈り取られてしまうこと」だったんだァ〜！　アハハハハ〜ッ、アァァ〜！

まあ、こういうことは冗談の世界の話で、現実にはあり得ませんが、同じ言語表現が何を指示するかによって２つ以上の意味を持ち得るということには注意を向けていただけたことと思います。これは単なる笑い話ですが、今度は、ヘ

ロドトスの『歴史』に記録されており、アリストテレスも彼の『弁論術』において言及している嘘のような本当の話[14]。

　ギリシア時代に、人々は重大な決定をしたい時、神々のお告げに頼っていました。この神のお告げは、神に仕える巫女が神の代理として人々に与えていました。ある時、リディアという国の王様、クロイソスが、ペルシャ帝国との戦いに参戦するかしないか思い悩んでいました。そこで王は、太陽神アポロンの神殿のあるデルフォイに赴き、アポロンの神託に頼ることにしたのです。さて、ひざまずく王の前で、デルフォイの巫女は厳かに神託を告げました。「クロイソスよ、あなたはハリュス河を渡りて、大いなる国を滅ぼすであろう」と。喜び勇んだ王は即座に大軍をペルシャに送りました。ところがリディア軍は簡単に破れ去り、王は捕えられ今にも火あぶりの刑に処せられるという時に、ペルシャ王のキュロスに最後の望みを託したのです。その望みとは、アポロンの巫女に「よく奉仕した者をだますのが神の慣わしなのか」と使いの者に尋ねさせて欲しいということでした。こうして神託を信じ込んでいた王は怒りのやり場もなく、神託を下したデルフォイの巫女に使いの者の口を通して文句を言ったのです。けれども巫女は涼しい顔をして言ったのです。「王よ、神託に偽りはございません。神託は告げました。あなたは大いなる国を滅ぼすであろう、と。大いなる国とは、王よ、あなたご自身の国、リディアのことだったのです」。自分の過ちを悟ったクロイソスは、死に際して、かのギリシャ7賢者の1人のソロンが彼に与えた言葉の意味をようやく悟り、ソロンの名前を3度呼びつつ死地についたということです。「王よ、1日として全く同じことが起こるということはございません。人間の生涯はすべてこれ偶然なのでございます。ですから何人も幸福を手に入れたなどと断言できないのです。」

　このお話でお分かりの通り、神託の類は、2通り以上の解釈を許すような大変曖昧な表現が多かったのです。当然ながら、リディア王は、神託の言っている「大いなる国」をペルシャのことと解釈したのでしたが、巫女はこの神託の曖昧さを利用してうまく言い逃れができたのです。さて以上は、曖昧な表現は国をも滅ぼすという教訓でした。
　子どものなぞなぞでもこんなものがあります。

　　Q：「今の首相は小渕。では50年前の首相は？」
　　A：「やっぱり小渕。名字は50年前も変わっていないから」

　ついつい「50年前の首相は誰だったっけな？」と考えてしまいますが、曖昧な

言い方が他の解釈を可能にしているのです。

　上記のような例を検討した際に得られる教訓は、曖昧な指示語があるような文章の場合、聞き手が解釈のために補うだろう文脈によって、指示対象が変わってしまい、それとともに文章全体の意味も変わってしまう、ということなのです。さて皆さん、私は犬を譲りたく思い、次のような新聞広告を出そうと考えています。

　　「大きな土佐犬で、何でも食べます。子どもが大好きです」
　　もらっていただけないでしょうか（子どものいる家はご用心！）。

　私達は、「甘えのコミュニケーション」と題した項目において、「私の言いたいことを聞き手も分かってくれるだろう」といった形の、聞き手の好意的解釈への依存を「甘えのコミュニケーション」と名付けたわけですが、「曖昧な語句による詭弁」を避けるためにも、私達は、「甘えのコミュニケーション」を避けねばなりません。「私の言いたいことを聞き手も分かってくれるだろう」と自分勝手に前提してしまわずに、表現したいことを明瞭に述べるよう心がけることが大切なのです。

　　2）Equivocation（多義性による詭弁）
　"Equivocation"はラテン語に由来する単語で"equi"（等しい）という接頭語と"vox"（声）という語幹から成り立っているのです。もし1つの文脈を通して一貫して同じ意味を使用するのなら、言葉を"univocally"に（1つの意味しか持たせないで一義的に）使っているのですが、もし同じ文脈内で1つの単語の持ついくつかの意味を読者に断わることなしに使うとすれば、その時、言葉を"equivocally"に使ってしまっているということになります。
　言葉の多義性によって生じる誤解は日常頻繁に生じます。

　　「奥さんの車、私のと一緒だったわ。奥さん、車を買い換えたのね？」
　　「ええ、私が当てちゃったもんでね」
　　「アラ、それはまたくじ運が強いこと。奥さん孝行ね。今度、宝くじでも買っちゃったら？」

「いや、あのォ〜……。当てちゃったってそういう意味じゃなくって、ぶつけちゃったってことですよ。ぼくが妻の車をぶつけて壊しちゃったってことなんです。ハハハッ」

「アラ、やだ、そうなの〜。私てっきり宝くじか何かに当たって賞品の車を手に入れたのかと...。ハハハッ」

　言葉は1つ以上の意味を持っている場合があります。1つの言葉が一貫して同じ意味を持つように使用されていれば、何も問題は生じないわけですが、1つの言葉の持っている2つ以上の意味を私達が混乱して使用し始めれば当然問題が生じますし、ましてや言葉の多義性を弄んで相手を騙そうなんてとんでもないことです。この手の単語は、1つの単語であるという外見にもかかわらず意味は多義的なのだから始末におえないのです。1つの単語を使っていると見せかけて、実はその単語にまつわる2つ以上の意味を上手に利用して相手を欺く詭弁術が"Equivocation"なのです。

　多義性による詭弁を分かりやすく図式化して説明してみましょう。ここで仮にX＝Y、Y＝Z、であれば、この2つの等式からX＝Zということが帰結します。だがもしYが実は2つの異なった意味を持っていて、最初の等式に現れるYと2番目の等式に現れるYが違った意味を持っているのだとしたら、私達はX＝Zという結論を出すわけにはいきません。そのような場合は、外見は同じYなのですが、本当は異なった意味を持っているのですから、厳密に言えばYとYダッシュのように別の記号を導入せねばならないでしょう。けれどもいったん別の記号が導入されれば、X＝Zは成立しなくなるのは一目瞭然です。これと同様なことが多義性による詭弁の場合にも起きるのです。

　例えば、英語のEndという単語には、goal、即ち「目的」という意味とlast event、即ち「最後の出来事」という異なった意味があるのですが、こうした異なった意味を利用した詭弁の例としてこのようなものがあります。

① The end of a thing is its perfection.（物事のエンドはそれの完成である）
② Death is the end of life.（死は人生のエンドである）
③ Therefore, death is the perfection of life.（従って、死は人生の完成である）

エンドという言葉の曖昧さを残すために、わざと翻訳しておりませんが、こうして翻訳せずにエンドという言葉を残すと、2番目のプレミスを受け入れれば「死は人生のエンドである」し、人生が物事の集合に含まれるとすれば、最初のプレミスから「物事のエンドはそれの完成である」わけだから、すんなりと結論の「死は人生の完成である」というのが導き出されるわけです。ですが先に挙げたようにエンドには2つの意味があるのですから、その2つの意味を知った上で最初のプレミスを検討してみると、最初のプレミスは"The goal of a thing is its perfection"（物事の目標はそれの完成である）という意味であることが分かるし、2番目のプレミスで言われていることは"Death is the last event of life"、即ち、「死は人生の最後の出来事である」ということであって決して「死は人生の目標である」ということを言っているのではないことが分かるのです。エンドという外見上1つである単語にもかかわらず実はエンドにまつわる2つの意味が同じ議論の中で使用されていたのですね。だから厳密に言えば、最初のプレミスと2番目のプレミスのエンドの意味は異なるのだから、End1とEnd2といった具合に違った記号が用いられてしかるべきなのです。

　同じ議論の中では1つの単語には決して2つ以上の意味を持たせてはいけない、ということ、これを原則として下さい。にもかかわらず、この詭弁術は「外見上1つの単語を使っている」という見せかけを利用して、聞き手を騙すのです。私達は、議論を検討する際、言葉や文章が多義的で曖昧なものでないかどうか、ということにも十分注意を払わねばならないでしょう。そして自分自身も常に簡潔で明確な言い回しをするように心掛けねばならないでしょう。

　次に挙げる例では、「奇蹟」という単語の隠喩的に拡張された意味といわゆる字義通りの意味との巧みな使い分けが読者に混乱をもたらす結果になっています。

> 戦後日本経済の驚異的発展の奇蹟を目のあたりにした皆さん、そんな皆さんは、我が教祖様がお示しになられた偉大なる奇蹟を信じる下準備がもうできているのです。

「日本経済の驚異的発展の奇蹟」という語句に使われている「奇蹟」は、「偉大なる達成」という意味で使われているのであって、「宗教的奇蹟」の意味する

ような「超自然的な行い」を意味しているのではありません。

しかし時には、別に相手を騙そうとしてというより、本当に知らず知らずのうちに多義性による詭弁を使ってしまっているということがあります。その例がこれから挙げるアメリカにおける妊娠中絶論争の際に大変問題になったものなのです。

アボーション、即ち、妊娠中絶の問題を巡る論争は、アメリカの世論を、いわゆる妊婦の選択権尊重派で女性開放運動家を先鋒に持つ Pro-choice 派と人命尊重論を盾に論陣をはるカソリック系を中核に持つ Pro-life 派に二極分裂させてしまっているほど凄まじいものがあります。プロチョイス系のクリニックが、「人殺し」などのプラカードを掲げる中絶反対派によって包囲され、中絶を希望する妊婦の病院入りを阻んだり、場合によっては襲撃を受けたりする事件が全米規模で日常茶飯事になっており、妊婦の身の安全を保証するため警察が介入したりするほどで、そこには何か理性的な論議の成立を許さぬような感情的な渾沌をさえ感じさせるものがあります。こうした世論の高まりの中で、大統領選がある度に、大統領候補者達は、プロチョイスかプロライフかの態度を明確に打ちだす必要に迫られるほどで、まさに政治的社会的規模の大論争なのです。かくて中絶問題を巡って、倫理的、哲学的、法的、宗教的、政治社会的な各立場が入り乱れる激論を展開しているのがアメリカの現状なのです。

ここでいわゆる保守派と呼ばれているプロライフ派による、あらゆるケースのアボーションを反駁する際に使われる最も一般的な議論を見ていきましょう。この議論は「汝、殺人を犯すなかれ」という倫理的大前提に基づくもので、「人間」というものの定義に深く関わる類のものであることは一見すれば容易に分かるでしょう。この議論の論理的骨子を示せば次の通りです。"person" の訳語である「人間」にはわざと括弧をつけておきますので注目して下さい。

① The fetus is a person from the moment of conception.（胎児は受胎の瞬間から「人間 [person]」である）
② To kill a person is morally impermissible.（「人間」を殺すことは道徳的に許し難い）
③ Therefore, abortion is morally impermissible since it is morally impermissibleto kill the fetus.（従って、中絶は道徳的に許し難い、なぜならば胎児を殺すことは道徳的に

許し難いからである)

　この議論は一見したところでは論理的には問題点のない議論のように見えます。ところがプロチョイス派はこの議論に多義性による詭弁が使われていると言うのです。先に定義を与えたように、このファラシーは二つ以上の異なった意味を持つある1つの単語があたかも1つしか意味を負っていないかのように使用される時に起きる混乱を利用した詭弁でした。即ち、ある議論において、見かけの上では同じ単語を使っているけれど、実はその単語が現れる度に異なる意味を持たされている時、その議論が多義性による詭弁を犯しているということになるのでした。

　上記の保守派の議論の中で、問題となる単語は、日本語の「人間」にあたる"person"なのだと言うのです。つまり2番目のプレミスにおいて言われている"person"という単語は"the moral sense of 'person'"、即ち「道徳的意味合いにおける権利を有するものとしての人」という意味で使用されているのですが、最初のプレミス中では、単に"the genetic or biological sense of 'person'"、要するに「遺伝学的な、あるいは生物学的な意味合いでの人」つまり「生物学的な種に属するという限りで人」という意味で使用されているというのです[15]。もしこの指摘が正しいとしたら、これら2つのプレミスから上記の議論に見られるような結論を引き出すことは不可能となるでしょう。

　さて皆さん、私達が多義性の詭弁に注意深くならねばならない理由がお分かりいただけたでしょうか？　多義性の詭弁の怖いところは、1つ1つプレミスを検討していくという、議論を点検するための通常の作業によっては見過ごされてしまいやすい、ということなのです。プレミスを個別に調べていくだけでは、1つの言葉が使われる度に意味を変えていく様を捉えそこなってしまうでしょう。なぜならば、1つ1つのプレミスはそれで十分意味が通るからです。もし皆さんが、与えられた議論を一読した際に、キーワードにあたる単語が使われる度に意味上の転換をしている、と直感した時は、疑わしき単語の意味を一定のものに固定してしまった上で、もう一度その議論を再読してみて下さい。そうすれば、多義性の詭弁を突き止めることができるようになるでしょう。私

達は外見上同じ単語のように見えても、意味の上で首尾一貫して使われているかどうかにも注意を払わなければならないのです。

3）Accent（アクセントによる詭弁）

　航海中に、毎日のように酔っ払ってろくに仕事をしない船員がいました。その船員にすっかり手を焼いていた船長は、航海日誌に毎日毎日「今日も船員Xは酔っ払っていた」という記録を残し続けました。ところがある日、この船員に航海日誌を盗み読みされてしまったのです。こんな日誌を雇い主が読んだら、自分はたちどころに解雇されてしまう、そう考えた船員は、船長の航海日誌の一番最後の箇所に復讐の意を込めて、次のように記入したのでした。「今日は船長は酔っ払っていなかった」。このように記入し終えると、「ハハハ、どうだ俺は決して嘘を書いたわけじゃあないぞ！事実を記述したんだからな」。そう独り言を言って彼は船長室を出たのでした。

　さて、かの船員が残した「今日は船長は酔っ払っていなかった」という記述は、「今日は」にアクセントを置いて読んだとしたら、どうでしょうか？「いつもは酔っ払っているのに、今日は例外的に酔っ払っていなかったんだな」といった具合に解釈されてしまうことでしょう。この例に見られるように、アクセントの置き方によって、話者の意図する意味合いが変わってくるような文章があります。確かに、話者は、皮肉や嘲笑の意を、アクセントの置き方によって伝達することができるのです。アクセントの置き方によって文意が変化する時、私達はアクセントの詭弁を警戒しなければなりません。

　実際の会話では、話者のアクセントが明瞭に伝わる上に、話し手のジェスチャーなどがヒントになったりしますので、話者が皮肉や嘲笑の意を持っているかどうかということを聞き分けることは簡単な場合が多いのです。従って、会話体では、アクセントによる詭弁は起こりにくいと言っていいでしょう。けれども、問題は書かれた文章の場合なのです。書かれた文章は、どこにアクセントを置いて読むかによって文意が変化してしまうような場合でも、どのようなアクセントの置き方が意図されたものかを見分けるヒントがありません。むしろそうしたヒントがないことをいいことにわざと多義的な解釈の余地を残した形で使う時、アクセントの詭弁が生じるのです。例えば、「学生の皆さん、毎日新聞を読みましょう」のように、「毎日」にアクセントを置けば、「新聞を毎

日読む」という意味にも取れますし、読み方によっては「毎日新聞社の新聞を読む」という意味にも取れます。

　新聞の話が出ましたので、今度は新聞の見出し語を引用しましょう。

　　マンデラの5年、白人の「頭脳流出」急増[16]

新聞の見出しは簡潔な表現によって印象付けねばなりませんので、とても難しいのですが、今引用したこの見出しは括弧を使うことによってアクセントを置くべき語群を指定し、誤読を防いでいます。もし括弧がなかったとしたらどうでしょう？　そしてどちらかと言うと「白人の頭脳」にアクセントを置いて読んだとしたらどうでしょうか？　あたかも南アフリカは「白人の頭脳」のみで運営されてきたかの印象を与えてしまうでしょう。このようにしますと、人種偏見的なニュアンスを含ませることが可能になってくるのです。

　またアクセントの置き方で、それが皮肉の意味に早変わりするような場合もあるのです。例えば、「ハリウッドのみがこのようなフィルムを制作できる」という文章を読む際に、「このような」に置くアクセントを工夫すれば、皮肉の意味を持たせて「こんなに馬鹿らしい」とか「ナンセンスな」とか「無駄に金を使う」といったような意味合いを付加させることができるのです。同様に「どんなに褒めても君は美しすぎるってことはない」という文では、「君は美しすぎる」と「ない」にアクセントを置けば、皮肉を込めることが可能になるでしょう。「お客様が当店のケーキは他の店のものとはとても比較することができないと申しておりました」。この例においても、アクセントの置き方1つで、「その店のケーキはまずいので他と比較できない」とも、「他と比較できないくらい美味しい」とも解釈され得るのです。読み手がアクセントの置き所を誤り意図せぬ結果を招くこともあるでしょうし、アクセントの置き方によって文意が変化することをわざと狙って皮肉や嘲笑の意を込めることもあるのです。

　アクセントの詭弁が、故意に歪曲した引用をすることで生じる場合があります。歪曲といっても、オリジナルの文章に使用されている単語を変えてしまうのではなく、引用する際に自分の都合のいい箇所のみをわざと切り取って引用するのです。例えば、ある有名な批評家が「コッポラは駄作を制作することが

あるけれど、駄作を恐れぬチャレンジングな精神があるからこそ傑作が輝き出るのだ」と言ったとしましょう。この批評家の言葉のうち、自分に都合のいい箇所のみを抜き出して、他の批評家がこのように言ったとしたらどうでしょう。「著名な映画評論家のY氏も言っているように、『コッポラは駄作を制作することがある』第二流の監督なのだ」。この例では、引用箇所が元々の文脈から無理やり切り離されて、引用者にとって都合のいい意味のみを持つようにされてしまっています。このような強引な引用によって、アクセントを与えられた語句は、オリジナルにはなかった意味を持たされてしまうのです。

　以上、アクセントの詭弁の例をいくつか検討してきましたが、アクセントによる詭弁が起きる場合を分類してみましょう。

① 話者が文中の誤った箇所にアクセントを置いたために文意が変化してしまい意図せぬ結果を招いてしまう場合。
② 話者が故意に皮肉や軽蔑の意味を込めてアクセントを置き意味の変化を聞き手にそれとなく悟らせようとする場合。
③ ある文章や語句などを、それらが元々使用された文脈からわざと切り離して引用することによって強調し、オリジナルの持っていた意味を歪曲してしまう場合。

　4）Hypostatization（実体化することの詭弁）

　"Hypostatization" という言葉は、ギリシャ語の "hypostatos" に由来する言葉で、"hypostatos" は、"hypo" 即ち「下」を意味する接頭語と "statis" 即ち「存続していること」を意味する語幹を持つことから、「下にあって変わることなく現象するものを支えるもの」を意味する「基体」あるいは「実体」という意味があるのです。英語の "hypostatization" は、「実体化すること」を意味するのです。

　私達は、素朴にもあらゆる言葉は、その言葉が指示する対象を持つと思い込んでいます。つまり、ある言葉があるとそれに対応する指示対象を実体化することによって作り上げてしまうのです。例えば、「美」という言葉があれば、

「美」という言葉が指し示している何かが実体を持って存在していると思ってしまうのです。個々の美しい物はいくらでも存在しているでしょうが、「美そのもの」が実体化された上で存在していると主張することはできません。けれども私達は「美」という抽象名詞に対して、それに対応する何かが実体として存在しているなどと、あまり深く考えずに信じてしまうことがあるのです。こうした傾向が、抽象名詞あるいは一般名詞に対して適応され、本来は存在していないようなものがあたかも実体を持つものとして存在しているように語られる時、私達は、「実体化することの詭弁」の一歩手前まで来ていることになるのです。例えば、

> 自然は適者にのみ生存を許し、適者の遺伝子のみが子孫に伝えられるよう、無力な不適者達を淘汰していく。つまり自然は己の進歩改善を望んでるのだ。従って、私達は自然の代理人として、自然に代わって、不適者達の抹消を図るべきであろう。

これは日本にも明治初期に入ってきた「社会ダーウィニズム」を下敷きにした「優生学」の思想を正当化した議論です。「社会ダーウィニズム」は、ダーウィニズムの名前の通り、かのダーウィンの進化論から派生した思想で、その思想の発展には、事実ダーウィンの弟子にあたるフランシス・ゴルトンが関わっていました。「適者生存が進化の原則であるのなら、愚者、怠け者、貧民、犯罪者、病者、狂人、身体障害者などの肉体的・精神的弱者は、進化論的に見て、不適者であるゆえ、元々生存競争に適さないのだから、淘汰され滅びていく」ということになるというのです。これが「社会ダーウィニズム」の主張なのですが、「優生学」の方は、「自然状態で不適者が淘汰されるのなら、一歩進んで、人間はこうした自然の摂理を意識的に推し進めるべきであり、不適者とみなされる者を排除し優秀な適者を残していくよう努めよう」という発想の下に成立した学問だったのです。これはナチス・ドイツに深い影響を与えた思想なのです。さて前置きはこのくらいにして、議論そのものを検討していきましょう。ここで注目すべきは結論で述べられている「自然の代理人」としての人間ということです。こうした言い方が可能であるわけは、実は、「自然」という言葉が何かを指し示しているに違いないと信じられ、「自然」という言葉の指示対

象が実体化された上、しかも人格化を被ってさえいるからなのです。プレミス中に見られる「自然が〜を許す」とか「自然が〜を望む」といったような言い方に注目して下さい。「自然」があたかも人格を持って存在する何かのように取り扱われています。あたかも「自然」が「何を自分が望み、何が改善であるのか知識を備えている」かのように語られているのです。このように実体化が擬人化に繋がる場合が多いのですが、いったん擬人化され、あたかも「自然」が行為主体であるかのように語られ始めると、結論で言われているように、人間を「自然」の代理として取り扱うことも可能となってくるのです。ですから、そもそも「自然」のようなものを実体化することに疑義を差し挟めば、この議論は成立し難いものとなるのです。こうした実体化に伴う擬人化が使われる時、「実体化することの詭弁」を犯してしまいやすくなるのです。

　　　父は戦時中人を殺してはいないんです。戦争が父を唆したのですから。結局戦争が悪かったんですよ。

この例では、実体化され擬人化された「戦争」に責任を転嫁してしまっています。
　抽象名詞や一般名詞の実体化やそれに伴う擬人化が、詩を創作するためという目的や、新聞の見出しなどの簡略化に役立てるという目的のためになされるのであれば、何も実害はありません。けれども、そのような実体化が議論する際に使われる場合、私達は警戒が必要なのです。

　5）Division（分割の詭弁）
　全体に関して真であることが、必ずしもその部分に関して真であると言えない場合があります。全体に関して真であるような性質や特徴を、それがただ単に全体に関して真であるという理由から、その部分にも等しく適用し、全体に関して真であることが、部分に関してもそのまま真であるとされる時、私達は「分割の詭弁」を警戒しなければなりません。簡単な例を見ていきましょう。

　　　水をかければ火が消えるよね。だったら、水の分子の構成要素たる酸素をスプレーし

たらどうだろう？　やっぱり火が消えるんじゃない。

そんなことをすれば、どうなるかはご承知の通りです。全体に関して真なること、必ずしも部分に関して真ならず、ということがはっきりと分かる例だと思います。ベルリン・フィルが世界でも最高のオーケストラであるからといって、そのメンバー1人1人が世界で最高であるとは言えません。

6）Composition（複合の詭弁）

　複合の詭弁は、ちょうどDivision分割の詭弁の反対です。即ち、部分に関して真であることは、必ずしもそのまま全体に関して真であることにはなりません。選手1人1人が皆金メダリストの超一流の豪華メンバーを揃えたアメリカのリレー・チームだからといって、リレー・チームとしても世界最高というわけにはいきません。例えば、このような議論はどうでしょうか。

　　人は皆死ぬ運命にある。従って、人類も滅びる運命にある。

人間1人1人に関して言えば、人は死すべき運命である、という命題に異議を唱える人はいないでしょう。けれども、この個々の人間に当てはまる真理を全体に拡張し、だから人類も滅びる、という議論には読者の皆さんも強引さを感じるでしょう。この例で使われている詭弁こそ、複合の詭弁なのです。部分について真であることを、ただ単に全体に及ぼす時、私達が注意すべきがこの詭弁なのです。

(3) 詭弁術：まとめ

　こうして詭弁に分類される悪い議論を検討してみると、それが①言葉のインフォーマティヴ・ファンクション以外の機能、特にエクスプレッシヴ・ファンクションに頼っており、聞き手の感情をいたずらに喚起してしまい、冷静に議論する基盤を奪っている、ということ、そして②たとえ、インフォーマティヴ・ファンクションのみが使用されている場合でも、多義的な解釈を許してしまうような曖昧な単語や言い回しによって、本来のインフォメーションが伝達

されてない場合があるということがあるのです。それならば、良い議論を駆使できるためには、言語のインフォーマティヴ・ファンクションを上手に使いこなせねばならないことになるわけです。

練習問題

この章で紹介した詭弁の例をあなたも探してみよう。

[注]

1) Lakoff, George&Johnson Mark, Metaphors We Live By, The Univ. of Chicago, Chicago, 1980. p.3.
2) Ibid., p.4. 邦訳『レトリックと人生』渡部昇一他訳、大修館書店、1986、pp.4-5を参考にして「議論は戦争である」の例を日本語の実情に合うように考えて例文を作ってみた。「議論は旅である」、「議論は容器である」、「議論は建築物である」の例文もジョンソン達の揚げている例文を参考にして自分なりに考えてみた。
3) G. レイコフ& M. ジョンソン、前掲書、pp.102-103.
4) G. レイコフ& M. ジョンソン、前掲書、pp.104-105.
5) G. レイコフ& M. ジョンソン、前掲書、p.125.を参考に作成。
6) I. カント、『判断力批判（上）』篠田英雄訳、岩波文庫、1964、p.336.
7) G. レイコフ&M. ジョンソン、前掲書、p.135.を参考に作成。
8) Copi, Irving M., Introduction to Logic 4th edition, Macmillan Publishing Co., New York, 1968, p.45.
9) 詭弁の例文は自分で考えたものが多いが、以下の文献を参考にした。Copi, Irving M., Introduction to Logic 4th edition, Macmillan Publishing Co., 1968, Ch.3, "Informal Fallacies" 及び Moore, Brooke M. & Paker, R.,Critical Thinking, Mayfield Publishing Co., California, 1986, Ch.5, "PseudoreasoningI" & Ch.6, "PseudoreasoningII" なお詭弁の分類はCopiに従った。
10) S. キーン、『敵の顔』佐藤卓己訳、柏書房、1994、p.197.
11) 江原由美子編、『性の商品化』勁草書房、1995、p.171.
12) アリストテレス、『弁論術』戸塚七郎訳、岩波文庫、1992、1407a30.
13) ゲーテ、『ファウスト』高橋義孝訳、新潮文庫、1996、p.171.
14) ヘロドトス、『歴史（上）』松平千秋訳、岩波文庫、1971、pp.26-77.特に p.76を参照。および、アリストテレス、前掲書、pp.325-326.
15) この種の議論は、例えば、Warren, Mary A., "On the Moral and Legal Status of Abortion"

in Ethics in Practice, pp.79-90. LaFollette, H., ed., Blackwell Publishers, Cambridge, 1997. pp.84-86. に見受けられる。
16) 読売新聞、平成11年5月15日、第6面

第3章
議論を指摘し分析する

　この章では、議論の評価の仕方を学んでいきます。第4章、第5章と続けて読んでいくことで、議論を評価する力がついていくことを期待しています。特に、議論の構造を見通しやすい形にダイヤグラム化する方法は、議論の論理的な展開の仕方を身につけていく上で役に立つことでしょう。

1．主張（claim）の評価

　「真か偽か」という基準で評価できる主張（claim）からのみ、議論は構成されています。そして主張をするのに必要なのは、情報伝達機能のみなのでした。
　「真か偽か」という基準で議論を評価する、ということは、ただたまたま結論が「真」であった、というのではなくて、その結論がどのようにして、そしてどの程度まで、プレミスとして提出されている根拠によって正当化されているのか、を吟味するということなのです。そこで、議論を評価する際には、次に挙げる2つのことが重要になってきます。

　1）あなたはプレミスを受け入れることができるか？　つまり、根拠として
　　　与えられているプレミスで主張されていることは、正しいのか？　簡単に
　　　言えば、プレミスは真か？

2）プレミスは結論を支えているだろうか？　つまり、結論の導出の仕方は正しいのか？

後で詳しく説明していきますが、最初の質問は truth の問題に、2番目の質問は inference に、それぞれ関係しているのだ、ということを予め述べておきましょう。

　そこでまず、最初の質問から考えていきましょう。「根拠として与えられているプレミスで主張されていることは正しいのか？」というのですが、まず、根拠となる主張には、どのような種類のものがあるのか、考えてみましょう。根拠となる主張は、大きく分けて、(1) 意味の定義に関わるものと (2) 事実認識に関わるものとがあります。

（1）意味の定義に関わる主張の真偽を調べる。
　1）レトリックとは、「言葉をたくみに用い、効果的に表現する技術」のことである。
　2）議論とは、一連の主張の集合であり、その中の1つが「結論」と呼ばれ、その結論は「プレミス」と呼ばれる残りの主張によって理由や根拠、証拠を与えられることによって支えられている。

以上、2つの主張は、言葉の意味について主張しているものです。これらは、一般的に認められている辞書的な定義を与えたものであり、これらの真偽を確認したい場合は、実際に辞書や辞典などで、その言葉の用法を確認したらいいのです。定義の善し悪しの見分け方は既に勉強しましたので繰り返しません。辞書や辞典を引いてみる、という簡単な作業によって、主張の真偽を確認できるわけです。皆さんが、定義に関わる主張をされる場合は、出典を必ず明記するようにしましょう。そうすることによって、読者が再確認できるように配慮しましょう。

（2）事実認識に関わる主張の真偽を調べる。
　1）プラトンは『ソクラテスの弁明』の著者である。
　2）インディアンは嘘は言わない。

　最初の例文は個別的な事実を述べている主張であり、真偽の程は、実際にプラトンが『ソクラテスの弁明』を著したとされているかどうか調べてみればいいわけです。2番目のものは、最初の例と違って、一般化を含んでいます。もし2の例文で述べられていることが、真実であるということを調べたいのなら、厳密に言えば、すべてのインディアンについて調査しなければならないでしょう。たとえ、これが「ほとんどのインディアンは嘘をつかない」と弱められた形の主張であったとしても、それでも何らかの統計的な調査による裏付けが必要になってくるでしょう。このような一般化された主張に反論するには、反対例を探せばいいわけです。これについては、のちほど「例による議論」についてお話しする際に詳しく説明する機会があると思います。

　主張されていることが真であるのか偽であるのかをいかに確認するのか知っていることは、例えば、無駄な口論を避ける場合にも役に立ちます。さて、そこで、あなたがあなたの恋人と以下のような口論をしていると考えて下さい。このまま口論を続けるとやがては激論になり、喧嘩になりかねない雰囲気です。そこで1）口論の争点になっている問題が何であり、2）それを解決するには、何を知ることができたらいいのか、考えてみて下さい。

　1．
　　X：あなたが最初のデートの時にプレゼントと一緒にくれたのは、赤い薔薇の花たばだったわ。私がもらったんだから絶対確かです〜！
　　Y：い〜や、違うね。馬鹿だなァ。あんな大切な日のこと、お前もう忘れたのか！これだからO型ののうてんき女は嫌だよ。赤い薔薇なんてありふれたプレゼントを、よりによってこの俺がだよ、するわけね〜ちゅ〜の！　黄色だよ、黄色！黄色い薔薇！

　2．
　　X：ねぇねぇ、息子の夏休みの宿題なんだけどさ〜。『硝子戸の中』って夏目漱石が

書いたのよね〜？
Y：ば〜か、お前、安田の秘書科で何勉強してきたんだ？　ありゃあ、森鴎外だろう？

3．
ねえ、「左袒」て何なの？
X：中国って外来語に漢字で当て字するじゃない？　だから悪魔を意味する「サタン」の当て字じゃないの？
Y：そうかなァ？　違うかもしれないけど、「味方をする」って意味だってどっかで聞いたことがあるけれど……。

4．
X：誰が何と言おうが、絶対にテキーラ・サンライズよりグラスホッパーの方がおいしいね。だから女の子を口説く時も皆がおいしいと認めるグラスホッパー、これっきゃない。
Y：何言ってるのォ。テキーラ・サンライズの方がずう〜ッとおいしいわよ。女の子を代表して私が言うんだから間違いないわ！

5．
X：地球は1999年に滅びるわよ。人類滅亡ね。ノストラダムスが言っているもの。
Y：そんな馬鹿なことはあり得ないよ。くだらん！

　1番目の争点は「プレゼントに添えられていたのが赤い薔薇であったかどうか」ということです。これは事実認識に関わる主張ですので、最善の解決方法は、当時の写真がある場合や当時のことを知っている友人に確かめることです。こうした証拠がない場合は、解決策が見当たらないからといって早々に論争を切り上げましょう。特にこんな論争に勝ったところで得られる利益は何もないのですから、この種の論争は解決策がない場合は打ち切るのが賢明です。
　さて2番目もやはり事実認識に関する主張が争点になっています。つまり、「『硝子戸の中』の著者が夏目漱石かどうか」ということです。これも事実認識に関する主張ですので、人名事典や伝記、百科事典などで調べて、真偽のほどを確認してみればいいわけです。ちなみに『硝子戸の中』の著者は夏目漱石です。
　3番目は、意味の定義に関する争いですので、辞書を確認するのが最善です。ちなみに、「左袒」という言葉は、文字通りには「左肩を肌脱ぎにする」とい

う意味で、「味方をする」という意味です。これは、司馬遷の『史記』に出てくる話なのですが、あの漢の女傑呂大后が崩御した後、クーデターが起き、その時、「呂氏に味方をする者は右肩を、劉氏に味方する者は左肩を、肌脱ぎにするんだ」と言って味方を募ったという故事に由来しているのです。

さて4番目のものですが、ここで、matters of fact（事実問題）と matters of opinion（単なる意見の問題）の2つを区別しておきましょう。

matters of opinion は純粋に主観的な趣味や好みを表現したものであって、その人物にとって真であるかもしれない「主観的な意見の問題」なのだけれども、プライヴェートなもので決して公共性をもたないのです。それに対して、matters of fact の方はまだ客観的に確認しようがあるゆえ、まさに名前の通り「事実問題」なのです。

この4番目の口論の争点は「テキーラ・サンライズよりグラスホッパーの方がおいしいかどうか」ということです。一般化した形にして偽装されていますが、これは明らかに主観的な好みの問題ですので、matters of opinion に分類されるべき事柄が争われているわけです。このような場合、純粋に主観的な好き嫌いの問題ですので、相手に実際に飲み比べてもらって妥協点を探るか、それでもだめなら「結局、個人的な好みの問題なのよね」と言って早々論争を中断するのが賢明な態度である、と言えるでしょう。

同様に5番目も事実問題ではなく、結局は信仰するかしないかという問題であって、論争が行われている時点で客観的に検証する術はありません。主観的な好みや趣味の問題だけではなく、「神から啓示があった」とか「死者と交霊した」「ノストラダムスが予言した」とか、客観的に検証できないような信仰上の見解も matters of opinion（単なる意見の問題）に入れておくことにしましょう。

それでは、「結論の導出の仕方は正しいのか？」という2番目の問題に移ることにしましょう。この問題は第4章、第5章の中心課題になっていきます。ここではそのために、まず、議論の構造分析の仕方を勉強しましょう。そうした上で、結論をサポートするために使われる主要な議論の展開の仕方と正しく結論を導出していくためのルールについてお話ししましょう。

2．議論の構造分析のための準備：プレミスの目印、結論の目印

　さて、いよいよ本格的に議論の構造を分析する手段を勉強していくことにしましょう。ここでもう一度、議論の定義をおさらいしておきましょう。議論はconclusion（結論）と1つ以上のpremiss（前提）から成っており、議論を与えること（To give an argument）は結論を支持するために一連の理由や証拠を提供すること（to offer a set of reasons or evidence in support of a conclusion）なのです。議論は、プレミスで提供された理由や証拠でもって結論をサポートするのですから、プレミスと結論の間には、何らかの論理的な繋がりがあります。この論理的な繋がりのことを inference（以下、英語のまま残しますので、「インファレンス」と読んで下さい）と呼びます。議論は結論で述べられていることが「真」であることを理由や証拠を述べたプレミスによって確立しようとすることですから、この inference の持つ、プレミスと結論を結び付ける力を言葉で表現するのならば、「プレミスは結論のために論拠を提供している」といった暗黙の主張を顕在化することになるでしょう。いやしくも議論をしている限りにおいて、論者は「自分の使っているプレミスは結論のために論拠を提供しているのだ」という暗黙の主張を前提として議論していなければなりません。この暗黙の主張こそ inference と呼ばれている「プレミスと結論の繋がり」を語っています。後で見ていくように、今明瞭に文章化した暗黙の主張である inference が強いか弱いかによって、議論を2つの種類に分けることができるのです。これについてはのちほど、詳しくお話しすることにしましょう。

　今、議論は、ただ単に主張に当たる文章を羅列するのではなくて、inferenceという「プレミスと結論の繋がり」によって構成されているのだ、ということを述べました。一体プレミスと結論はどのような繋がりを持っているのだろう、と思われるでしょうが、幸いなことに、「プレミスと結論の繋がり」が分かるように、目印になっている言葉がいくつかあります。Premiss indicators（「プレミス・インディケーター」と読みます）と conclusion indicators（「コンクルージョン・インディケーター」と読みます）として知られる言葉がそれです。こ

うした言葉を使うことによって、論者は、議論を構成している結論やプレミスといった主張の間にinferenceという名前で知られている結び付きを持たせることができるのです。それでは、premiss indicators と conclusion indicators とは何か説明することにしましょう。

　議論を展開するにあたって理由や根拠を述べている箇所には、時々目印になる言葉が使われています。例えば、「なぜならば〜」とか、「〜だからです」とか、「〜という理由で」、「〜というのも」、「〜なので」、「第1に〜、第2に〜」、「例えば〜」、「例を挙げると〜」などの言葉がそれです。こうした目印を含んだ文章は理由や根拠を示すために使われていますが、それによって結論を支えているわけです。ですから、このような目印を使うことによって、理由や根拠を提供する役目を担ったプレミスがどの文章に当たるかがはっきりするわけです。こうした目印を私達は、"premiss indicators" と呼びたいと思います[1]。

　同様に、結論がどれかを示す目印になる言葉もあります。例えば、「従って〜」「結論は〜」「だから〜です」「ですから〜」「それゆえ〜」などがこれにあたります。これらの他にも、結論を述べている主張には、「〜しなければならない」「〜すべきである」「必然的に〜である」「おそらく〜であろう」「〜である可能性が高い」などの言葉が使われている場合があります。これらの言葉はどれも、どの文章が結論に当たるのかを分からせてくれる目印になるので上記のような結論の目印になる言葉を総称して、"conclusion indicators" と呼ぶことにしましょう。こうした目印がある場合、議論の構造を見通しやすいわけです。

　ですから皆さんも "premiss indicators" や "conclusion indicators" を積極的に使用するようにお勧めします。こうした目印になる言葉を使うことによって、「プレミスは結論のために論拠を提供している」といった主張間の緊密な関係が見通せるようになり、単なる羅列ではなく構成されているのだ、ということが分かるようになるのです。

　主張間の関係を見通しやすくするためには、他にもいろいろな接続詞があります。それでは、つなぎのための接続詞を列挙しておきましょう。

　1）付加：「そして」「しかも」「他にも」「それに加えて」このような接続詞

によって、主張を付け加えていくことができます。
2）転換：「しかし」「けれども」「だが」などの接続詞は、先に述べた主張と対立する主張を述べる時使います。
3）解説：「すなわち」「つまり」「言い換えれば」「要約すれば」「簡単に言えば」「定義をしてみるならば」「これは〜と定義できる」「いわば〜」「言ってみれば〜」「以上のように〜」これらの接続詞を使うことによって、読み手の理解を助けるために、主張されていることを解説したり、やさしい言葉で言い換えたり、まとめたり、要点を取り出したりできるのです。
4）比較／対照：「同様に」「〜と似て」「それに比べると」「一方では〜、他方では〜」「それに対して〜」などは2つの対照的な主張を並べて紹介する時、これらの接続詞が使われます。
5）時間関係：「その後」「以前は」「やがて」などの接続詞は文章間の時間的な関係を明らかにします。
6）位置関係：「前方には」「背後には」「反対側に」などの接続詞は、空間的な位置関係を説明するのに使われます。
7）目的関係：「このために」「この目的のために」などは、目的を明示し、目的関係によって文章間の配置をするのに使われます。
8）因果関係：「その結果」などは、因果関係による文章の配置を可能とします。

以上、列挙したような接続詞を使うことによって、主張間の関係を常に考慮するようにしましょう。

3．議論と説明

　議論の定義を確認しましたので、ここで議論と説明の違いについてお話ししておくことにしましょう。この本ではあまり厳格な区別を導入せず、議論の構造から説明を批判するということもしますが、厳密に言えば、議論と説明は違うのです。

議論は情報伝達機能によって、真か偽かで評価され得る主張から構成されています。主張から構成されている、ということは、議論であるための必要条件なのですが、それだけでは、議論であるための十分条件ではありません。議論であるためには、inference が指摘できなければならないのでした。Inference とはプレミスと結論の間にある論理的な繋がりのことでした。いやしくも議論をしている限りにおいて、論者は「自分の使っているプレミスは結論のために論拠を提供しているのだ」という暗黙の主張を前提として議論していなければなりません。この暗黙の主張こそ inference と呼ばれている「プレミスと結論の繋がり」なのだ、という説明を思い出して下さい。「自分の使っているプレミスは結論のために論拠を提供しているのだ」という暗黙の主張の下に私達は議論を組み立てていくわけなのです。「自分の使っているプレミスは結論のために論拠を提供しているのだ」という暗黙の主張、「プレミスと結論の論理的繋がり」、を inference と呼んだのですが、議論は、それゆえ、提供したプレミスから結論へと向かうのです。もしあなたがプレミスを提供することによって、結論で述べている主張が真であることを確立しようとしているとしたら、あなたは議論しているのです。

　説明は、大抵の場合は、特に理性的な説明の場合は、やはり主張から構成されていて、構造上、議論と見分けるのが難しい場合があります。議論と説明は、正反対の観点から眺められた同じような構造を持った過程と考えてもいいでしょう。議論は、プレミスがまず与えられ、そうした上で、結論をそのプレミスに基づいて導出していく過程です。他方、説明の方は、まず説明されるべき事実が結論として与えられて、それからなぜそうであるのかプレミスを探り当てるのです。ですから、一般化して言えば、議論も説明も構造上、

　　　　Xなぜならば Y

という形式を採るのです。もし私達が結論であるXが真であることを確立することに関心があり、Yというプレミスを提供したとしたら、私達は議論していることになります。けれども、もう既にXが事実として与えられており、なぜXということになったのかということに関心がある場合は、私達はXの原因を

探り当てようとし、例えばYという要因から説明しようとします。このように説明と議論は、重点の置かれる関心の違いからも区別され得るのです。例えば、あなたが大学の講義に30分も遅刻してきた、としましょう。その場合、私は「あなたが大学の講義に30分も遅刻してきた」という事実に関して説明を求めるでしょう。「なぜあなたは30分も遅刻してきたの？」と問われたあなたは、遅れることとなった原因を述べるはずです。「バス会社でストがあって電車を乗り継いで来たからです」という風に。こうして提供された説明の中には、その真偽を追認し客観的に検証できるものとそうでないものがあります。例えば、「なぜあなたは30分も遅刻してきたの？」と問われたあなたが、「バス会社でストがあって電車を乗り継いで来たからです」と説明したとしたら、私は、例えば、バス会社に問い合わせたり、テレビや新聞のニュースを見たりして、ストの事実を確認することができますし、また列車のダイヤに照らし合わせて電車を乗り継いだ際の所要時間を計算してみる、といった手段によって、あなたの説明の真偽を確認できるわけです。けれどもあなたが「今朝、ノストラダムスから私にお告げがあったからです」と言ったとしたら、私は、その説明の真偽を客観的に検証できないでしょう。このように客観的に検証できない言説を私達は先ほど、matters of opinion（単なる意見の問題）に分類しました。客観的に検証し得ないような説明は、Ad hoc の、つまり、その場しのぎの、「独断的な理由に拠る説明」なのです。

ここでしばらく、説明の様式としてどのようなものがあるのかということについて考えてみましょう。私達は、説明を試みる際、原因を指摘しようとするわけですが、説明の様式としては、原因というものをどのレベルで捉えるかによって、①物理的なレベルの説明、②行動心理学的なレベルの説明、③機能論的なレベルの説明、の3種類の説明が考えられます。

（1）物理的なレベルの説明

物理的な原因の究明をもって説明とする場合があります。例えば、「なぜマッチを擦れば火がつくのか」ということを説明するために、摩擦熱についてと、リンの性質と比較的低い発火温度について説明すればいいわけです。「発火温

度の低いリンが、マッチを擦る際に生じる摩擦熱で発火するからだ」といった具合にです。問題となっている物事が結果した物理的背景を探り、原因を指摘することで説明とするわけです。もちろん、原因・結果の連鎖が単純ではなく複雑である場合もあるわけですが、物理的レベルの説明は、出来事の物理的背景の中に原因を探るという基本路線で説明をしていくのです。

（2）行動心理学的レベルの説明

　私達は、人がなぜそのような行動をするのか／したのか、ということを説明しようとする場合があります。その場合、次に挙げる2種類の説明が考えられます。まず、ある行動をする、あるいは、してしまった人物の動機や目的、理由に注目して説明を加えることがあります。この場合は、原因を過去に遡って考えるのではなくて、ある目的を達成しようと行動するという形で「未来志向的」な説明をするでしょう。「なぜあの女は、眠り薬を飲ませた息子を防波堤の上から突き落とし、事故死に見せかけたのか？」「それは、息子にかけた多額の保険金を手に入れたかったからだ」といった具合に。あるいは、その人物があまり意識していない、その人物の行動パターンや習慣、癖などに見られる規則性を使って説明する場合もあります。こちらの方は、物理的レベルの説明に似てきますが、傾向性を取り扱った理論のバックアップが必要となるでしょう。「なぜ彼はネクタイをしようとすると嘔吐感に見舞われるのか？」「それは、子どもの時、目の前で実の父親が絞殺されるのを目のあたりにしてしまい、そのトラウマの所為でネクタイをしようとすると嘔吐感に見舞われるのだ」といったような場合、トラウマに関する理論的バックアップが必要となるでしょう。

（3）機能論的レベルの説明

　ある全体の中のある物の機能やある文脈の中でのある人物などの役割を述べることによって説明をすることがあります。「これがXの役割だからだ」とか「これがXの機能だからだ」といったような説明がこれにあたります。例えば、「抗生物質はよそから侵入した生命体を攻撃し、感染を防ぐ役割がある」、「学生部委員は、大学生活の面で学生を指導する役割がある」といった具合に説明

をすることがあります。これは、ある文脈の中にどのように位置付けられているのかということから説明をしようとするのです。「Xはこれこれしかじかの機能があるから」とか「Xはこれこれしかじかの役割があるから」と言うことは、どちらもある文脈の中でXが位置付けられている受動的な立場をもって説明をしようとしているという点に特色があります。社会的文脈、生物学的文脈、経済学的文脈、歴史的文脈、政治的文脈などの文脈の中での役割、機能といった面に注目して説明をしていく場合があるのです。

複雑な出来事の説明においては、以上3つのレベルの説明が組み合わされた形で使われることがあります。これから説明する仮説演繹法でも、以上3つのレベルの説明様式がいろいろな形で姿を表します。

4．探偵の仕事を通して仮説による説明ということを考える

ある事実が与えられており、そこから遡って原因を指摘したり、行動の動機を推測したりして仮説を立て、さらにこうして仮説で指摘された原因や動機からその事実を説明しようとする推論形式は、仮説演繹法という名前で知られています。仮説演繹法は科学的思考のモデルとされてきた説明様式ですので、第5章の仮説について述べた箇所と「原因を指摘する議論」の項目で詳しく取り扱いますが、ここではこうした説明様式の典型として、仮説を立てて説明する推理を生業とする探偵のような仕事を考えてみることにします。探偵による推理の過程を考えることは、第5章で見ていくことになる「科学的な説明」ということを考える上で役に立つことでしょう。探偵と言えば、シャーロック・ホームズと相場が決まっていて、実際彼をモデルケースにした研究が多い上、最近の学生さんに話をする際、漫画を扱うことが多くなっていますので、ホームズを例に採らず、漫画文化日本の産み出した探偵、『金田一少年の事件簿』の金田一少年を例に採って考えていきましょう。特にファイル3「雪夜叉伝説殺人事件」[2]を中心にして、金田一探偵の足取りを追ってみましょう。

(1) 問題が生じる

　探偵もので「問題」と言えば、皆さんは「殺人事件発生」ということをすぐに思い浮かべるでしょう。説明は何かについての説明ですので、探偵ものでは、何らかの発生した事件についての説明ということになります。それゆえ、まず何らかの形で事件が発生しなければ、事件解決を告げる探偵の口から説明を聞くこともなくなるでしょう。説明をしなければならない必要性は、ある問題が生じたからこそ生まれるのです。そこで、「問題」という言葉を「説明」との関連が分かるように定義すれば、「それに関して承諾され得る説明をまだ持っていないような事実」と特徴付けることができそうです。

　さて、「雪夜叉伝説殺人事件」の場合は、北海道大雪山系にある背氷村という過疎地の山荘にドッキリカメラを企画している撮影班が吹雪のため外部との交通を断たれた中で、番組の収録を遂行していくのですが、たまたまバイトとして雇われていた金田一が殺人事件に巻き込まれるという設定になっています。吹雪の夜、撮影の最中に、隠しカメラを設置した川向こうの別館にて、この過疎村に伝わる雪夜叉伝説に出てくる夜叉の面を被り、同じ装束を身に着けた何者かによって、元の企画ではただドッキリカメラの鴨にされるだけであった加納りえという名の女優が、ドッキリカメラの鴨になるという企画を通り越して、殺害されてしまうのです。

(2) 探偵は一時的な仮説を立てる

　探偵の関心事はただ単に発生した事件を説明することにあるのではなく、その説明の中で、誰が犯人であり、どこでどのように犯人を捕えることができるかという実践的課題を解決していかなければならないのです。犯行の動機、犯行の手段や方法、状況証拠や物的証拠などの証拠探し、そういった実践的な文脈の中で無関係な原因を無視し、実践に関連性のある原因に注意を払う、といった「物の見方」を、人はその実践を共有する共同体の中で自然に身につけるのですが、探偵という実践も例外ではありません。探偵は、犯人を割り出すという実践的課題に導かれているからこそ、一体何に注目し何を観察したらいいのかが分かっているのです。探偵のイメージと言えば、虫眼鏡を片手に証拠探

しをしているイメージを思い浮かべますが、探偵はただむやみに観察を始めるのではありません。殺人事件発生を機に、探偵は手掛かりを探すわけですが、手掛かりは常に何かの手掛かりであるわけですから、探偵は一時的な仮説に基づいて手掛かりを探さねばならないのです。つまり、探偵は全くの無から観察を始めるのではなく、犯人を逮捕するといったような、探偵という職業特有の実践的課題によって何に注目したらよいか知った上で観察をしているのです。「他殺か自殺か」「故意か事故か」という次元で、既に仮説が立てられており、それに基づいた観察が始まっているのです。この段階で既に、考えられる限り可能な仮説が立てられているのです。例えば、元祖金田一である横溝正史の金田一耕助は『悪魔の手毬唄』の中で、殺人事件を考えられ得るいろいろな可能的見地から考え箇条書きにしてメモをとっています。例えば、

　二．おりんさんは生きているのか死んでいるのか。
　三．以下はおりんさんが死んでいるとして。おりんさんが死んでいるとして、放庵さんがそれをしっていたか、いなかったか。……
　七．八月十日の夜、おりんと名乗って仙人峠をこえてやってきたのはいったいだれか。
　八．放庵さんは二時間以上もにせのおりんと対座していて、それに気がつかなかったのであろうか。気がつかなかったとすればそれはなぜか。...
　十．放庵さんは山椒魚をいつ入手したか、またなんのために。[3]

彼はこのように10箇条のメモを記しているのです。この10番目のメモにある山椒魚への興味はさすがにこのメモをのぞき込んでいた警部をぎょっとさせるようなものでしたが、そのようなものまで含めて決しておろそかにしないのです。金田一耕助の捜査方法は、あらゆる可能性を追及していくやり方なのだとされ、著者によれば、この金田一の流儀によって「事件をいろどる謎の複雑な可能性のいろいろが諒解されて」[4]いくのです。実際、金田一耕助は十番目の謎としてメモにしたためられていた殺人現場に残されていた山椒魚の謎まですべて解決していくのです。即ち、山椒魚は放庵さんが鳥目に悩んでおり、その特効薬として入手していたもので、鳥目ゆえに偽物のおりんさんが分からなかったのだ、すると放庵さんは本物のおりんさんが死んでしまっていたことには気付いていなかったのだ、といった具合に。探偵は、このように、いろいろな

可能性を考慮して、それぞれに対して一応仮説を立ててみることを怠らないのです。この可能性の網の目を通して現実を観察するゆえ、常人が見落としてしまう事柄も観察でき証拠として集積されていくのです。そして証拠として集積された事実が、今度は多くの可能性を真実である1本の糸へとしぼり込んでいくのです。金田一耕助もそうなのですが、金田一少年もいろいろな可能性を考え、それらすべてに納得のいく解答が与えられるまでは、結論を下すことは控えます。後で詳しく見ていきますが、「雪夜叉伝説殺人事件」の場合は、金田一少年は、殺人事件が起きた時に、隠しカメラが捉えた「鬼火」の謎が解けるまでは、最終的な結論を下しませんでした。

　それから重要なことなのですが、大抵の場合、「通常は人はこのように行動するはずだ」「ある行動の結果は通常はこのようになっているはずだ」といった心理学上の仮説や通常の行動に関する仮説を探偵は豊富に持っており、そうした仮説に照らし合わせて通常とは違う異常な点を鋭く観察していくのです。探偵は「あのような状況で、あのように発言／行動するのはおかしい」「あのような状況では、普通はあのようにはなっていないはずだ」といったようなセリフをよく口にします。例えば、「タロット山荘殺人事件」[5]では、灰皿を凶器に殺人を犯してしまった犯人が、掃除機を使って部屋に散乱したたばこの灰を掃除してしまうことで証拠の隠滅を図るのですが、犯行後、現場の灰皿を見た金田一少年は灰皿のたばこの量の割には灰が全く灰皿の中に見つからないという点を捉え、灰皿が凶行に使われたことを見抜いてしまうのです。

　また、探偵は、「通常は人はこのように行動するはずだ」「ある行動の結果は通常はこのようになっているはずだ」といった心理学上の仮説や通常の行動に関する仮説を豊富に持っているからこそ、常識という名の下に暗黙の前提になってしまっている仮説や一般人の思い込みを、明示し、批判的に吟味することができるのです。暗黙の前提や思い込みを明るみに出すことのできる能力は重要です。暗黙の前提や思い込みを明るみに出すことができるからこそ、それらを疑うことも可能になるからです。そうした暗黙の前提や思い込みは、推理をしていく上で、推理を妨げる盲点になっている場合があるのです。「仏蘭西銀貨殺人事件」[6]では、ホテルのキーホルダーに付いている鍵はそのホテルの

ルームキーであるという一般人の思い込みを犯人が利用していたことを金田一少年は見抜くのです。

「雪夜叉殺人事件」では、犯人が廊下の隠しカメラのみを壊して逃走するのですが、金田一探偵の観察は、その事実を単に「犯人が廊下の隠しカメラを壊した」と記述する程度の観察に終わっていないのです。金田一探偵は、犯人が加納りえを殺害した後、部外者なら知るよしもない隠しカメラを壊して逃げたということから、「犯人が今回の撮影の関係者である」という仮説を立てた上で、その仮説に基づいて証拠集めを開始するのです。通常は人がするはずのない行動を鋭く捉えて仮説を組み立てていくわけです。これは言わば暫定的な「作業仮説」で、これに基づいて、事件に関連があるとみなされる注目すべき事実をそうでない事実から取捨選択していくことができるのです。例えば、この仮説によって少なくとも犯人を内部の者に絞り込むことができるわけで、捜査の方針も違ったものになっていくわけです。「犯人が内部の者であるのなら、誰にいつどのような方法で犯行の機会があったのか、そして動機は何か」といった具合にです。これはあくまで作業仮説ですので、そこから即事件解決が導き出されるような完全な仮説である必要はなく、証拠集めを導いてくれる働きをしてくれていれば断片的であってもいいし、相互に矛盾しない限りそのような仮説がいくつあってもいいような、そんな一時的な仮説なのです。つまり、このような暫定的な仮説は事件の全体像を捉えている必要はなく、相互に矛盾のない限り、事件の部分的な事柄に対する説明にはなっている仮説群という形で提出されて構わないわけです。ちょうどジグソーパズルを初めて手懸けた時のように、「この部分は恐らく"犬の顔"になるんだな」「この部分は恐らく"家の屋根"の一部になるんだろうな」といった具合にいくつか暫定的な仮説を作るのと同じなのです。たとえ暫定的であろうとも、"犬の顔"仮説、"家の屋根"仮説に基づいてパズルの断片を眺めていけば、何を観察し、何を集めるべきかが分かってくるのです。探偵も暫定的な仮説に導かれて、観察し、証拠集めを開始するのです。金田一は、先ほど述べた仮説に基づいて、もし撮影関係者が関与しているのなら、不可能殺人が起きたことになる、という結論を導き出していくのです。

（3）作業仮説によって、仮説を裏付けるさらなる証拠を求める

　作業仮説を暫定的に設定することによって、今後の操作の路線が敷かれるのです。探偵は作業仮説を立てることによって、証拠として注目すべき事実を照らし出す照明を手にしたことになるのです。作業仮説はあくまでも一時的なものですから、改変可能なのです。探偵は、作業仮説を通して見えてくる事実を証拠として収集していくのです。もちろん、ある新事実が、作業仮説の放棄を決定付けるということもあり得るのです。新事実によって、あたかもパズルの1ピースが増えたかのように作業仮説を改変していく場合もありますし、パズルの1ピースが初めの仮説にぴったり収まることもあるでしょう。まだ事件の全体像が見えていないわけですので、ともかくこのようにして最終的解決を導き出す手掛かりを加えていくわけです。

　「雪夜叉殺人事件」では、前もって隠しカメラを設置した別館に誘き出され、ドッキリカメラの鴨にされた加納りえが撮影スタッフの用意したトリックに驚いている姿を、本館のテレビモニターで撮影スタッフが見ている中、加納りえ殺害が行われるのです。凶行を遂げた犯人は撮影スタッフの見守る中、室内の隠しカメラを壊して吹雪の中を悠然と去っていくのです。吹雪のため、この村に向かうすべての交通は遮断されてしまっており、この村は言わば大きな密室の状態になっているのです。別館と本館の間にはとても越えられない深い谷間があり、しかも流れの急な川が流れているので、別館へは、橋を渡って行かねばならず、橋を経由して別館へ行けば、車でも20分かかってしまうのです。けれども車は1台しかなく、事件の5分前に、スタッフの綾辻真理奈がその車で別館に向かって出発しているため、車という手段では誰も別館へ行くことはできないのです。彼女以外のスタッフは、行方不明になっている明石という男を除いては皆本館のテレビモニターでドッキリカメラの鴨にされている加納りえが慌てふためく様子を抱腹絶倒しながら見ていたのですから、誰にもアリバイがあるということになるのです。

　こうして、初めの作業仮説によってスタッフを疑うと完全なる密室殺人が行われたことになってしまうのです。するとこの作業仮説によれば、犯人は唯一アリバイのない行方不明の明石ということになるのですが、そんな矢先、庭先

の雪だるまの中から、行方不明だった明石の死体が発見されるのです。死後硬直から、加納りえの死亡時刻より以前に明石が殺されていることが判明します。しかも雪だるまに埋められた明石の手には牛や馬の餌に使われる飼い葉が握られているのです。この新事実によって、先の暫定的仮説から考えれば、唯一可能な容疑者になるはずの人物が可能性から外されることになり、事件は不可能犯罪という形で謎を帯びていくことになるのです。

　こうなりますと、最初の作業仮説をそのままにして不可能犯罪のトリックを見破る手掛かりを探すか、最初の作業仮説を捨て、撮影関係者以外で唯一この別荘に住んでいて、事件時のアリバイもあやふやな氷室一聖画伯を新容疑者として立てるか、ということになっていくのです。たまたま撮影に協力していたことから、事件に関わり、金田一と張り合うことになる、本庁の明智健吾警視は、後者の仮説を採用していくことになるのです。そして不可能犯罪のトリックとして、犯人が、逆にスタッフを驚かしてやろう、と加納に持ち掛け、事件の前日に、雪夜叉に殺されるシーンを加納に演技させ、それを前もって録画しておき、ドッキリカメラ撮影当日、犯人はすきをみて予め撮っておいた録画シーンに切り替えて、あたかも加納がスタッフ一同の目の前で殺害されたように錯覚させ、そうした騒ぎに紛れて後で加納殺害を実行する、という仮説が提示されるのです。

　一方、金田一達は、谷が一番狭くなっている箇所で谷川に降り、そこでロープを発見します。犯人がロープを使ったという可能性は、先の「不可能犯罪のトリックに関する仮説」と合わせれば、スタッフの誰にも殺人が可能ということになり、こうして仮説は強化されるのですが、かえって犯人の特定が難しくなり、捜査は振り出しに戻ります。さらに犯人の動機に関する証拠も全く出てきません。謎は深まるばかりです。そんな時、第3の殺人が起きます。ディレクターの比留田雅志が万札の積まれた机にうつ伏せになって息絶えていたのです。

（4）新たに発見された新事実を考慮し、事件解決の方向を示す本格的な
　　 仮説を提示する

　捜査がある段階に達した時、探偵は事件の全体像を説明する本格的な仮説を

提示します。ジグソーパズルの全体像が分かるそんな瞬間が訪れたのです。

　新たに発見された事実の中には、探偵に新しい可能性をかいま見させる類のものがあるでしょう。そのような新事実は暫定的な作業仮説を強化するか改変を迫るかのどちらかになるでしょう。「雪夜叉殺人事件」では、殺人事件が起きた頃、村人の背氷川の谷間の方面に鬼火が見えた、という証言が、隠しカメラの捉えた映像にも確認でき立証されますが、明智警視が提示した「不可能犯罪のトリックに関する仮説」によっては、なぜ鬼火が燃え立ったのか、ということまでは説明できません。明智警視と違って金田一は、この事実にこだわり、この事実を説明できないことを明智警視の提出した仮説の重大な欠陥とみなします。また、雪夜叉の装束を身にまとった犯人が隠しカメラを壊した後、廊下に飾ってあった氷室画伯の自画像が別の絵にすり替わっていた事実を先の仮説は説明していないのです。そんな時、殺害された被害者達がすべて、10年前に、墜落した旅客機から氷室一聖画伯を救出したTVスタッフであったという新事実が明るみに出るのです。この時点で明智健吾警視が本格的な仮説を提示し犯人を推理します。

　まず、彼は隠しカメラの捉えていた氷室画伯の自画像の服に注目します。男性である氷室氏が右前でボタンをかけているのは、この自画像が鏡に逆に映った自分の姿を見て描かれたということであり、鏡の中で筆を持っている右手は実際には左手になるはずであるから、本物の氷室画伯は左利きだということになるのだ、というのです。ところが、山荘にいる氷室画伯は右利きであったことから、彼はニセモノである、と推理します。先ほど紹介した「不可能犯罪のトリックに関する仮説」通りにロープで谷間を渡ったニセ氷室が雪夜叉に化けて殺害を実行し、その際に廊下の自画像に目を留めたニセ氷室は自分がニセモノと悟られないようその自画像を持ち出すという不自然な行為をしてしまうというのです。殺害の動機は、10年前の墜落事故の際に氷室画伯の資産金に目が眩んだTVスタッフが実はその墜落事故で死んでいた氷室画伯の身代わりを立てることを思いつき、資産を巡る仲間割れが原因で今回の殺人事件が起こったのだ、というのです。そして当時のTVスタッフの1人であった水沼がニセ氷

室として二重生活を送ることになるのです。こうして10年前の飛行機墜落事件当時のTVスタッフの1人、水沼が犯人である、という線で推理をまとめるのです。

こうしてこの推理の正しさを裏付けようと直接本人に会おうとしますが、鍵のかかった部屋を打ち破ってニセ氷室の部屋に入るとニセ氷室は遺書を残して死んでおり、しかも部屋の鍵が室内で発見されたことから、自殺という線が濃厚になります。遺書は明智警視の推理を裏付けるものでした。氷室画伯の資産の独占を企んだニセ氷室である水沼がドッキリカメラの企画をかつての仲間に持ち込んで今回の殺人劇を実行したのだ、と。けれども、明智警視の推理によって逃げ場のないことを悟った犯人は自殺をしたのだ、といったことが遺書に記されていたのです。さらに部屋からは雪夜叉の装束も発見されるのです。

(5) 仮説から帰結し得る未発見のさらなる事実を演繹していく

こうして提出された最終的な仮説は未発見の事実を演繹し得るものでなければなりません。「演繹」ということについては第4章で詳しく説明しますが、ここでは、プレミスで述べられていることを認めれば、必然的に結論も認めざるを得ないような厳格な推論のことだと考えておいて下さい。実り豊かな仮説は、ただ単に仮説を作り上げるきっかけとなった初めに発見された諸事実を説明するだけではなく、いまだ知られざる事実を予測し得るものなのです。「この推理が正しければ、これこれしかじかのことが言えるはずだ」という形で、探偵の口から発見されるべき真事実が明らかにされていくのです。こうして仮説から演繹的に推論されて知られていく事実というものが出てくるのです。「雪夜叉殺人事件」では、明智警視は、自分の提出した最終的な仮説から、真犯人の水沼がTVの小道具に熟達しており、メイクによって氷室に変装していたことを推論します。実際、飛行機事故でできたという火傷の痕もすべてメイクであることが判明するのです。既存の事実を説明するだけではなく、未知の事実の存在に対して指針を与えるのが仮説の役割でもあるのです。

（6）仮説を事実に照らし合わせテストする

　仮説をテストする方法はいくつか考えられます。もちろん、仮説の備えている最低条件として、最終的な仮説は今まで分かっている事実を説明できるかどうかによってテストされるわけです。つまり、提出されている仮説が今までに判明している事実を矛盾することなくきちんと説明しているかどうかということが、仮説を検証する鍵になるのです。それから先ほど述べたように、仮説から演繹された事実がその通りであるかどうかを調べることも仮説を検証するためのテストとなります。その場合、仮説から導き出される事実を単に観察によって確認するということが行われるかもしれません。また、時と場合によっては、仮説をテストするために実験を行わねばならない場合も出てくるのです。

　「雪夜叉伝説殺人事件」では、先ほど紹介した「不可能犯罪のトリックに関する仮説」を説明した明智警視は、犯人が谷川を渡る際に使ったと考えられる方法を実験してみせるのです。仮説を証拠立てるために彼が行った実験とは、次のような実験でした。本館と別館は深い谷川に隔てられているのですが、唯一荷物専用のロープウェイが通じているということに、明智警視は目をつけ、30キロ制限のロープウェイなのですが、子どものように体重の軽い人間なら渡ることが可能であろう、ということを実際に何キログラムまでロープウェイが耐えられるか実験してみせたのです。実験の結果、体重が38キログラムくらいまでなら、谷川を渡ることが可能であろう、ということになり、職業柄、ダイエットして40キログラム以下に体重を保っていた女優の速水玲香に嫌疑がかかるのです。けれども、夜の12時から朝6時までは電気の供給がストップしていることを調べ上げた金田一によって、朝6時まではロープウェイが使えないことが判明し、朝6時5分に加納の死体を確認したこの事件においては、明智警視の考え出した方法が不可能であることが分かるのです。明智警視の方法は実験結果としては可能な方法であることが分かるのですが、犯行時間や電気の供給時間を考慮した場合、実行不可能であることが分かるのです。これから紹介する金田一もなぜ鬼火が谷間に燃え立ったのかを説明する自分の仮説の正しさを証明するために実験を行ってみせるのです。観察による検証、実験による検証など、仮説を検証する手段はいろいろですが、探偵はただ単に仮説を

提出するのではなく、その可能性をテストするのです。実験が成功すれば、仮説の確からしさが高まりますし、実験の結果が仮説の予想するのとは違う場合は、仮説全体の見直しを迫られるわけです。

(7) 可能な他の仮説と比べる

最後に仮説をテストする重要なステップとして、可能な他の仮説と比較し、他の仮説では説明できない事実があることを証明する、ということも重要になってきます。仮説間の優劣を競う場合、以下の点に注意して比較します。

1) 優れた仮説は、少なくとも、ライヴァルである他の可能的仮説が成功裡に説明し得る事柄を説明することができ、ライヴァルの仮説が説明できなかった事柄をも説明できる。
2) 優れた仮説は、他の可能的仮説が犯している誤りを犯さないし、それらが備えていた欠陥を乗り越えている。
3) 優れた仮説は、他の可能的仮説が予測し得なかった事柄を予測することができる。

「雪夜叉殺人事件」では、金田一が最終的な仮説を提出する前に、明智警視による謎解きが行われるのです。ですから、金田一の仮説のライヴァルとなる他の可能的仮説が明智警視の仮説であると考えていいでしょう。金田一の仮説のライヴァル仮説、即ち、明智警視の提起した最終仮説はほぼ完璧でした。犯人の動機も不可能犯罪のトリックもなぜ廊下に飾ってあった氷室画伯の自画像が別の絵にすり替わっていたのかも上手に説明していたからです。ですから、金田一の仮説の方が優れていると判断するためには、少なくとも金田一の仮説も明智警視の仮説が説明できている事柄に関しては十分に納得のいく説明をし得るのでなくてはなりません。

さらに、金田一の仮説が、明智警視の仮説では説明できなかった事柄を説明できているかどうかということが重要になってきます。この点に関して、金田一は背氷川の谷間の方面に鬼火が燃え立ったという事実が、明智警視の仮説で

は説明できない、ということを問題にするのです。

　そんな矢先に、死んだ水沼の机の中から左利き用のハサミが発見されるのです。この新事実が明智警視の推理を崩してしまうのです。金田一の推理に耳を傾けてみましょう。明晰な論理の流れを感じとって下さい。

① この左利き用のハサミのケースの裏には、消費税のついたラベルが張ってある。
② 消費税が施行されたのは、1989年4月以降だ。
③ だが本物の氷室一聖は、消費税の施行される6年前に飛行機事故で死んでいる。
④ だから、このハサミを本物の氷室一聖が買えたはずがない。
⑤ ハサミは氷室のものか水沼のものかだ。
⑥ 従って、この左利き用ハサミは偽氷室の水沼自身が買ったとしか考えられない。

もしこの推理通りだとしたら、本当は左利きの水沼が、氷室画伯の肖像画を見て、本物の画伯が右利きであると思い込んでしまい人前では右利きの振りをしていたことになります。こうなりますと元々右利きではなかった水沼が犯行の際に肖像画を隠さねばならない理由が分からなくなってしまいます。こうして明智警視の最終推理には、欠陥があることが判明するのです。金田一の仮説がより優れていると言えるためには、彼の仮説が明智警視の犯した誤りを乗り越えているのでなければなりません。以上説明した欠陥や明智警視の最終的な推理が見落としている点を考慮して、金田一の推理が始まるのです。

　真犯人はわざと氷室画伯の自画像をすり替え、むしろ自画像から窺い知ることのできる真実（氷室画伯が左利きであること）に注意を向け、ニセ氷室犯人説を誘い出した、と金田一は考えます。こうして真犯人の誘いに乗せられ、真犯人の片棒を担いでしまうような推理を明智警視が提出し、真犯人の計略通り、ニセ氷室である水沼が犯人とされ事件は落着ということになってしまうのです。ニセ氷室の水沼も実は自殺したのではなく、真犯人に殺害され、真犯人の残した遺書と共に発見される、という筋書だったのです。水沼が自殺したと思われていた部屋も実は密室ではなく、水沼犯人説を採った明智警視の思い込みを利用して、密室であるという心理的効果を生み出したのだというのです。鍵

は本当は部屋の外から掛けられており、あたかも内側から鍵を掛けた部屋で水沼が自殺したように見せかけるために、鍵の発見者を装った犯人によって、皆がドアを破って部屋に入った後で、あたかも初めからそこにあったかのごとく見せるために部屋のじゅうたんに放り投げられたのだ、というのです。そしてそのようなことは、明智警視と剣持警部それから金田一に続いて部屋に一番最後に入り、鍵をじゅうたんの上で発見した人物、綾辻真理奈にしか可能ではないというのです。また、金田一が調査させた結果、10年前の飛行機事故の生存者リストには「クゼ　マリナ」という10歳の少女の名前があり、彼女が養女として引き取られた先が綾辻家だったのです。さらに、車で20分かかるという別館に殺人事件が起きる5分前に車で出発していた綾辻には犯行は不可能なのだけれども、犯人の綾辻は、犯行の前日、谷が一番狭まっている箇所に氷の橋を作っていたのです。川に綱を何本も渡し、その上に飼い葉や木の枝を乗せ、川から汲み上げた水を掛ければマイナス20度の気温が手伝って一瞬のうちに凍り付いて氷の橋ができあがる、というわけなのです。明石は綾辻の橋作りを目撃してしまい殺され、ダイイングメッセージとして藁屑を握って死んだというわけです。こうして氷の橋を車で渡れば、川向こうの別館までは3分くらいで行くことができるのです。犯行を済ませた後、証拠の氷の橋にガソリンを掛け、火を付ければ、融けた氷は谷底に崩れ落ち、その際にロープや飼い葉や木の枝なども燃え落ち、激流に流され証拠は消えてしまうのです。村人が目撃した鬼火の正体は証拠隠滅のために、綾辻が仕組んだ、燃え立つガソリンの炎だったのです。以上のトリックを金田一は、実験してみせるわけです。「氷橋（すがばし）」と土地の人達が呼ぶ氷の橋は2トン近くあるワゴンの重みに十分耐えたばかりか、ガソリンを使った氷橋の後始末も金田一の説明した通り、遠目からは確かに鬼火に見えただろう炎を残して跡形もなく消えていったのでした。実験は成功し、仮説は裏付けられるのです。

　こうして不可能犯罪のトリックをも説明した金田一は、今度は犯行の動機が、10年前の飛行機墜落事故に関係がある、と推論するのです。こうして、もはや観念した綾辻本人の口から真相が告げられることになるのです。当時まだ10歳だった綾辻は飛行機墜落時、機体に挟まって今にも圧し潰されんばかりにな

っている母親を助けようと、ちょうどやってきたTVスタッフに懸命に助けを求めるのですが、氷室画伯の資産を山分けする話に夢中になっている4人から無視され過酷に扱われた上、目の前で母親を失ってしまうのでした。その後、このTVスタッフは、事故現場から氷室画伯を救出した英雄と報道されるわけです。犯行の動機がこうして明らかになります。欲に目が眩み、母親を見殺しにしたTVスタッフへの復讐だったのです。このように、明智警視の仮説より、金田一の仮説がずっと優れているということが実証されていくのです。

　もちろん、必ずこのパターンをたどるとは言えませんが、以上述べてきたことを一般化した形でまとめておきましょう。

　　1）説明されるべき問題が生じる。
　　2）いろいろな可能性を網羅し問題解決に役立つ暫定的な仮説を幾つか立て、証拠を集めをする。
　　3）収集された証拠によって場合によっては仮説を改変する。
　　4）事件の全体像を描いた最終的な仮説を立て既存の事実を説明する。
　　5）最終的な仮説から検証可能な具体的な結果を演繹し、観察や実験によって事実と照らし合わせる。
　　6）可能な他の仮説と比較してみる。

今まとめた探偵による説明様式は、ジグソーパズルの組み立てにたとえれば、①先ずいくつかの断片が与えられ、そこから全体像を推測する段階があり、そうした上で②その全体像から先に与えられた断片を含めて部分的に提示されていた事件を改めて説明をしていく段階があるということになります。つまり①与えられている部分から全体を推論し、そして②推測された全体から与えられた部分を導き出すという二段構えの過程があるのです。こうした説明様式はギリシアの昔から存在していました。アリストテレスは、彼の『ニコマコス倫理学』の中で、「私達にとって先なるもの」と「本性上先なるもの」を区別して、「私達にとって先なるもの」から「本性上先なるもの」を推論していく議論を「端初へ向かう議論」とし、逆に「本性上先なるもの」から「私達にとって先

なるもの」を説明する議論を「端初からの議論」とし、両者を区別しています[7]。アリストテレスの言っていることを理解するために、「本性上先なるもの」と「端初」を「原因」と、「私達にとって先なるもの」を「結果」と、それぞれ置き換えて考えてみたらいいでしょう。探偵は与えられた結果から原因を推理していくわけです。ですから、探偵の目の前にはまず結果が与えられているわけであり、まず結果が与えられているといった意味合いにおいて、結果こそ「その探偵にとって先なるもの」であると考えられるのです。けれども、結果から可能な原因に遡って考えていかねばなりません。原因から結果へという流れは自然な流れですが、結果から原因へ向かってたどることは、自然な流れに逆行する動きなのです。結果から可能な原因を推理する過程こそ、アリストテレスが言う「私達にとって先なるもの」から「本性上先なるもの」を推論していく議論、即ち「端初へ向かう議論」なのです。自然な順番から見れば、まず原因があって結果がくるわけですから、原因の方が「本性上先なるもの」であるはずです。けれども探偵の立場からは、原因は隠されており、結果のみが事件としてその探偵に与えられているのです。そんなわけで、探偵はまず、可能な原因を結果から遡って推測しなければならないのです。

　こうして仮説では、「本性上先なるもの」である原因が指摘され、今度は、「もしこれこれしかじかが原因であるとすれば、何が結果していくか」が説明されていくのです。即ち、「本性上先なるもの」である原因から「私達にとって先なるもの」である結果を説明する議論がなされるのです。既に与えられている結果から、その結果を生み出した可能な原因を遡って推理し、今度はこうして推理された原因が本当に原因であるとしたら、どのような結果になるのか、原因から結果へという自然な順番のまま説明するといった二段構えの構造を持っているのです。原因が定まれば、結果はほぼ一義的に決まってきますが、結果が先に与えられた場合、様々な原因が考えられるでしょう。結果から一義的に原因を断定することが困難であるがゆえに、いくつかの仮説が可能となっていくのです。こうして仮説間の競合という事態が結果しますが、これについては、第5章で詳しく説明していくことにしましょう。与えられた結果から、様々な原因が考えられるゆえに、仮説で設定された原因によって、与えられた

結果が帰結するのだ、ということを再び論証しなければならなくなり、この論証の過程は、結論の真を確立しようとする議論の構造を持っているのです。仮説演繹法のような科学的説明が、議論の構造と密接に関わっているのは、仮説演繹法の持つ二段構えの構造によるのです。

5．議論の構造分析のための3つのステップ[8]

　それでは、"premiss indicators"や"conclusion indicators"に注目して、自分の展開している議論がどのような構造を持っているのかということが一瞥して理解できるような訓練を一緒にやってみましょう。そこで以下に挙げる子どもが言い出しそうなセリフを例に取りましょう。これは稚拙な外観を持っていますが、結論とそれを支えるプレミスが指摘できれば議論なのですから、議論なのです。その議論が良い議論か悪い議論かということは別の問題です。

　　　例．明日は雨だね。だって下駄を投げたら裏になったもの。

ステップ1：各文章にアンダーラインを引っぱって、文章ごとに番号をつけましょう。

　　この例の場合、2つの文章から成り立っていることは明白です。最初のものは、「明日は雨だね。」、2番目のものは、「だって下駄を投げたら裏になったもの。」です。それぞれに(1)、(2)と番号をふって下さい。ですから結果は以下のようになります。

　　(1) 明日は雨だね。(2) だって下駄を投げたら裏になったもの。

ステップ2："premiss indicators"や"conclusion indicators"に当たる言葉に丸印をつけましょう。"premiss indicators"や"conclusion indicators"に当たる言葉がない場合は、何らかの"premiss indicators"や"conclusion indicators"補いましょう。

この場合、「だって」という言葉が理由や根拠を示す文を導いています。「だって」の導いている文章に支えられている文、つまり、「明日は雨だね」という文章がコンクルージョン、即ち、この議論によって主張されていることに当たるのです。ですから、「だって」という言葉に丸印を付けて下さい。

　　(1) 明日は雨だね。(2) ⟨だって⟩下駄を投げたら裏になったもの。

ステップ3：最後に文章間の関係を見ます。この時、暗黙の了承といった感じではっきりと文章化されていないプレミスがある場合があります。そんな場合は、はっきりと書かれていないプレミスを文章化します。さらに、日常よく見受けられる議論の中には、結論がはっきり述べられていない場合さえあります。そのような場合は、結論を補って考えねばなりません。さて、この例の場合は、「下駄投げをして裏になったら、雨になる」という日本古来の迷信が前提にされて議論されているわけですから、括弧3'として、

　　(3') 下駄投げをして裏になったら、雨になる。

を補いましょう。これは確かに日本文化に育った者は分かってくれる暗黙の前提です。「(1) 明日は雨だね。(2) ⟨だって⟩下駄を投げたら裏になったもの。」という議論を、例えば、他の文化圏から来た人が聞いたり読んだりしたと仮定してみて下さい。恐らく、(2)のプレミスから結論が導き出されているのをみて、不思議に思うでしょう。けれども、他の文化圏から来たそんな人でも「(3') 下駄投げをして裏になったら、雨になる。」という日本古来の迷信を暗黙の前提に進められている議論なのだ、ということが分かれば、結論がなぜ導き出されたのか理解することでしょう。これが暗黙の前提であることが分かるように、数字の右肩にダッシュ・マークをふっておきましょう。そうすると、与えられた例文は、

　　(1) 明日は雨だね。(2) ⟨だって⟩下駄を投げたら裏になったもの。
　　(3') 下駄投げをして裏になったら、雨になる。

となります。そこでこの数字をつけた3つの文章の関係をダイヤグラムにしま

す。(2) は、暗黙の前提である (3') とともに結論である (1) を支えているわけですので、こうした関係を矢印を使ってダイヤグラムにします。

    (2) + (3') → (1)

これは (2) と (3') 2つのプレミスが組み合わさったものを1つの根拠に (1) の結論を導いている、ということです。「X→Y」は「X従ってY」つまり「XからYを導き出す」という意味で使うことにしましょう。「+」の記号は「二つのプレミスを結合したものを一つの論拠としている」ということを意味していますが、この記号については、後でさらに詳しく説明します。こうしてダイヤグラムにしてみると、議論の構造が見通しやすくなってきます。

　ダイヤグラムの作り方を説明するための準備段階として2つほど大事な訓練をしておきましょう。1つは、unstated premiss、つまりはっきり述べられていない暗黙のプレミスを指摘する練習です。それから、もう1つは、independent premiss と dependent premiss の区別についてです。これは先ほど導入した「+」の記号を使うべき時はどんな場合なのか、ということに関わってきますので、重要な区別なのです。

6．Unstated premiss（暗黙のプレミス）を指摘する練習

　日常生活という場面で行われている議論は、対話をしている者達同士の暗黙の了解に頼りながら展開されていくケースが多いわけです。このことは皆さんにしていただいた「ガーフィンケル・ゲーム」による日常のコミュニケーションの分析が如実に示していることでしょう。そんなわけで、私達としては、暗黙のうちに前提されており、決して、文章という形で、表立って表現されることのないプレミスを見極める訓練を積んでおくことも無駄にはならないでしょう。例えば、次のような議論をみてみましょう。どれがプレミスでどれが結論か分かりやすくするためにも、論理学上の慣習に従って、実線でプレミスと結論を隔てて書くことにします（分かりやすいように、conclusion-indicator である「だから」を使って結論がどれかをはっきりさせておきましょう）。

(1) あの毛虫は毒蛾の幼虫だよ。
(2) だから、かぶれるから触らない方がいいよ。

この議論は、目の前に観察されている毛虫が毒蛾の幼虫であることをプレミスにして、「かぶれるから触らない方がいい」という結論を出しています。ここで暗黙の前提になっていることは、勿論、「毒蛾の幼虫に触るとかぶれる」という一般化された知識です。ですから、暗黙の前提（Unstated）を補うならば、

(1) あの毛虫は毒蛾の幼虫だ。
(2) 毒蛾の幼虫に触るとかぶれる（Unstated）。
(3) だから、かぶれるから触らない方がいい。

という形の議論を取り出すことができます。

何を暗黙の前提（Unstated）と考えたら以下の議論が成立するか考えて暗黙の前提（Unstated）を補ってみましょう。

1）
(1) 3月も上旬だ。
(2) だから、桜も満開になっているだろう。

暗黙の前提（Unstated）：この論者の地方では、毎年大抵は3月の上旬に桜が満開になる。

この例ですと、3月の上旬で桜が満開になる、ということは、例えば私の住んでいる広島地方では、考えられません。ところがこの論者にとっては、今3月も上旬である、という事実から、桜が満開になっている、ということを推論し得るわけなのです。そこで(1)も(2)も真であるとした場合、この論者が何を前提にしていたら、このような結論が導き出せるのかを考えてみたらいいわけです。この論者の住んでいる地方では、大抵の場合は、毎年3月の上旬には桜が満開である、といった一般原則が暗黙の前提になっていなければ、この結論は導き出せないでしょうし、他の地方に住んでいる人達を納得させ得ないで

しょう。それでは、次の例はどうでしょうか？

2）
(1) あの人、カンニングで捕まったの今度で2度目よ。
(2) だから、絶対今度は許してやるべきじゃないわ。

暗黙の前提（Unstated）：2度もカンニングするような者は、誰でも許されるべきではない。

人によっては、2度ぐらいカンニングをしてもいいじゃないか、といったようなモラルの持ち主もいるわけです。この論者は、カンニングで2度捕まった人を目の当たりにして、「絶対今度は許してやるべきではない」と結論を下しています。この論者がカンニングぐらい2度3度やっても別にいいじゃないか、といったモラルの持ち主ではないことは確かですね。どのようなモラルを一般原則としてこの論者が持っているのか、ということが暗黙の前提として隠されているわけです。この論者の場合は、「2度もカンニングするような者は、誰でも許されるべきではない」といったモラルを一般原則として持っているわけです。それでないと、カンニングを2度した人物について、「絶対今度は許してやるべきではない」と結論を下すことはできないでしょう。

　暗黙の前提として省略されるプレミスは、先ず論者が当然と考えているため、敢えて口にしない、一般原則である場合が考えられます。目の前に観察されている具体例などを、暗黙の前提とされている一般原則に基づいて考えたら、結論が導き出せる、という形を採っている場合が多いのです。ですから与えられている具体例から、結論が生じるためには、何が一般原則として前提されているのか、という風に考えれば、暗黙の前提を探り当てることができるでしょう。ですから、

　　何を一般原則としてその論者は結論を導き出しているのか

を考えることによって暗黙の前提を割り出すことができるのです。
　また、一般原則に当てはまる具体例が目の前にある状態で議論をする場合、

わざわざ具体例に関して明文化しない場合があります。例えば、

3）
(1) 自然食ってどれも身体に良いそうよ。
(2) だから、このパンは身体にいいわ。

暗黙の前提（Unstated）：このパンは自然食である。

4）
(1) 子どもが好きな人は皆良い人だって言うわ。
(2) だから、あなたも良い人に決まっているわ。

暗黙の前提（Unstated）：あなたは子どもが好きである。

以上、2つの例では、一般原則は欠けてはいません。その一般原則が正しいか間違っているかはもちろん別問題ですのでここでは問わずにおきましょう。そうした上で、以上の問題を検討してみますと、3番では、「自然食ってどれも身体に良い」という一般原則が、4番では、「子どもが好きな人は皆良い人である」という一般原則が、はっきりと述べられており、それに基づいて議論が展開されています。それでは何が欠けているのでしょうか？ 欠けているものは、そうした一般原則に照らし合わせて判断されている具体的な事例や観察例なのです。指摘されれば、当たり前だと思われることでしょうが、日常見受けられる議論では、目の前に具体例があったりして、分かりきっている場合、いちいち言わない場合が多いのです。けれども、論理的に見た場合、論者の持つ一般原則から、どのように結論が導き出されているのかが分かるように、それがたとえ目の前にあって当然であろうと、話者の間で分かりきっていることであろうと、明文化しなければなりません。そこで、

議論がなされている文脈を考えた場合、何が当たり前とされて明文化されていないか考えてみよう

というルールを挙げておくことにしましょう。

7．Independent premiss（独立しているプレミス）と dependent premiss（依存しているプレミス）[9]

　Independent premiss（独立しているプレミス）と dependent premiss（依存しているプレミス）の区別は、後にダイヤグラムを書く際に、重要となってきます。ダイヤグラムを書くための準備段階として必要な区別ですので、違いをしっかりつかんでおいて下さい。まず、以下に示す2つの議論を読み比べてみて下さい。

1）
（Premiss 1）車を時速制限を超過して運転することは、道路の寿命を縮めてしまい、コンディションを悪くする原因となる。（Premiss 2）おまけに、時速制限を超過することで、交通事故における死亡率を高めているのだ。（Conclusion）従って、私達は時速制限を超過して運転すべきではない。

2）
（Premiss 1）車を時速制限を超過して運転することは、ガソリンの無駄使いをすることである。（Premiss 2）エネルギー危機をむかえている私達にとって、無駄にできるようなガソリンはない。（Conclusion）従って、私達は時速制限を超過して運転すべきではない。

　「従って」という conclusion indicator があることから、これらの議論の結論がどれに当たるのかは皆さんにもお分かりかと思います。これらの議論はどちらも、「私達は時速制限を超過して運転すべきではない」ことを結論として主張してます。けれどもそれぞれに与えられている2つのプレミスの関係に注目してみると、重大な違いが見えてきます。

　最初の例における2つのプレミスは、それぞれ独立した論拠によって、結論を支えています。つまり、Premiss 1 で主張されている「車を時速制限を超過して運転することは、道路の寿命を縮めてしまい、コンディションを悪くする原因となる」という理由は、Premiss 2 があろうとなかろうと、それ自身独立した形で結論を述べる根拠を与えています。また Premiss 2 で主張されている「おまけに、時速制限を超過することで、交通事故における死亡率を高めてい

るのだ」という主張も、同様に Premiss 1 があろうとなかろうと、それ自身独立した形で結論を述べる根拠を与えているのです。言い換えれば、この最初の例には、同じ結論を持ったそれぞれ独立した 2 つの議論があるのだ、と考えられるのです。この例における 2 つのプレミスは、それぞれが単独で扱われようが、独立した形で結論に論拠を与えています。

　個々に独立した 2 つの議論があるわけですから、たとえ仮に、Premiss 1 で述べられていることが間違っているとしても、Premiss 1 が「偽」であることは、Premiss 2 による結論の理由づけ根拠づけをも無効なものとしてキャンセルしてしまうことにはなりません。2 つのプレミスのどちらか一方が「偽」であることは、もう一方で述べられている結論の論拠づけには全く影響しないのです。1 つのプレミスが「偽」であることが、別のプレミスによる論拠づけに影響を与えない時、それぞれのプレミスは「独立している (Independent)」と言います。

　これに対して、1 つのプレミスが「偽」であることが、もう一方のプレミスが提供している論拠づけを自動的に無効にしてしまう場合、それぞれのプレミスはお互いに「依存している (Dependent)」と言います。お互いに「依存している (Dependent)」プレミスによって構成されている議論が、2 番目の例に示されている議論なのです。2 番目の例では、Premiss 1「車を時速制限を超過して運転することは、ガソリンの無駄使いをすることである」と Premiss 2「エネルギー危機をむかえている私達にとって、無駄にできるようなガソリンはない」の 2 つのプレミスによって、結論である「私達は時速制限を超過して運転すべきではない」を支えているわけですが、ここで最初のプレミスが「偽」であると仮定してみて下さい、即ち、「車を時速制限を超過して運転することは、ガソリンを無駄使いすることにはならない」のだと仮定してみて下さい。もしこの仮定の通りだとしたら、Premiss 2 の「エネルギー危機をむかえている私達にとって、無駄にできるようなガソリンはない」が真であるとしても、結論を導き出すことができなくなります。なぜならば、「車を時速制限を超過して運転することは、ガソリンを無駄使いすることにはならない」のだとしたら、いくら時速制限を超過した運転をしても、エネルギー危機には影響しないゆえ、

エネルギー危機ゆえに、ガソリンを無駄にすべきではなく、従って、時速超過運転はすべきではない、といった結論が導出できなくなるからです。同様に、Premiss 2 が仮に「偽」だとした場合も、Premiss 1 のみからは、結論を導き出すことができなくなります。このように、一方のプレミスが偽であることが、他方のプレミスで提供されている根拠づけを無効にしてしまうような場合、それぞれのプレミスが密接に関連しているという事態を指して、2 つのプレミスはお互いに「依存している（Dependent）」と言うのです。言い換えれば、2 つ以上のプレミスが組み合わさって初めて一つの論拠を結論に対して提供している場合、それらのプレミスはお互いに「依存している（Dependent）」ということになるのです。

Independent premiss と dependent premiss の見分け方

　与えられているプレミスのうちどれか 1 つを「偽」であると仮定してみましょう。そうした上で、そのプレミスを「偽」であると仮定したことが、他のプレミスが提供しようとしている論拠に影響をするかどうかみてみましょう。
　1）影響がある場合は、それらのプレミスはお互いに「依存している（Dependent）」ことになります。
　2）影響がない場合は、それらのプレミスは互いに「独立している（Independent）」わけで、それぞれが単独で別の議論を成しているわけです。

8．議論の構造分析：ダイヤグラムの作り方

　大体の説明が終わりましたので、ここで、議論の論理的な構造を表すダイヤグラムの作り方をもっと詳しくみていきましょう。ダイヤグラムのタイプは大きく分けて 5 つあります。

(1) 単純型

　単純型と仮に呼ぶことにする議論の構造は、1 つだけの根拠から結論を導き

出すものです。ダイヤグラムにすると、

X⟶Y

以下に示す例のように、たった 1 つのプレミスを根拠にして結論を導いているものが「単純型」に当たります。

　　例：(1) 水鳥の手には血塗られたナイフが握られている。(2) ⟨だから⟩ 彼が犯人だ。

「だから」という言葉は "conclusion indicators" に当たる言葉ですので 2) が結論であることが分かります。そしてこの結論は 1) の文章を根拠に述べられていますので、ダイヤグラムにすれば、

　　(1) ⟶ (2)

となります。

(2) 結合型

　2 つ以上のプレミスが組み合わさって 1 つの根拠となり、そこから結論を導出するような構造を持つ議論を「結合型」と呼びます。これはダイヤグラムに書くと、

　　X + Y → Z

となります。「結合型」の議論は、X と Y それぞれのプレミスはお互いに「依存している（Dependent）」関係になっています。どちらか一方が偽であると、全体の論証に影響が出て、議論そのものを無効にしてしまうほど、お互いの関係は密接なのです。「結合型」の議論の例として、例えば、

　　(1) もし女の子が皆グッチのハンドバッグをもって同じような格好をして歩いていたら、それは決まって日本人の一団だ。(2) あそこを歩いている女の子達はグッチのハンドバッグをもって同じような格好をして歩いている。(3) ⟨従って⟩、あそこを歩いている彼女達は日本人だ。

この例の場合、「従って」が "conclusion indicators" に当たる言葉ですので、3) が結論であることが分かりますが、「あそこを歩いている女の子達が日本人である」という結論を (1) と (2) の2つのプレミスを組み合わせた根拠から導いています。(1) では「もし〜ならば〜」という形で一般原理が述べられています。そして (2) は観察に基づいて目の前で起きていること、つまり、「実際にあそこを歩いている女の子達の格好」を描写しています。この仮説が正しければ、確かに目の前で起きていることの観察から、「あそこを歩いている彼女達は日本人だ」という結論が導き出されます。目の前で起きていることは、ちょうど仮説にぴったりあてはまるわけです。ですからこの場合、(1) の一般原理が欠けても (2) の観察が欠けても結論を導き出すことができませんので、(1) と (2) が2つ組み合わさって1つの根拠を成しているのだ、と考えるのが自然です。どちらか一方が「偽」であると仮定すれば、論証が成り立たなくなるほど、2つのプレミスはお互いに依存しています。これをダイヤグラムに書いて議論の構造を示せばこのようになります。

   (1) + (2) ⟶ (3)

(3) 合流型
 1つの結論を導き出すのに、それぞれが独立に考えられる根拠が複数提出されている場合、このような議論のタイプを「合流型」と呼びます。ダイヤグラムで示せば、

   X
    ⟩⟶Z
   Y

となりますが、この「合流型」の場合は、先ほどの「結合型」と違って、プレミスとして挙げられているXかYのどちらか一方がなくても十分議論として通用するのです。つまりXというプレミスのみでも十分にZという結論を導出できるし、Yというプレミスのみでも十分にZという結論を導出できるのだ、というわけです。結合型のように2つのプレミスを組み合わせたものが1つの根

拠となっていると考える必要がないのです。XとY、それぞれのプレミスは互いに「独立している（Independent）」わけで、それぞれが単独で別の議論を成しているのです。ですから、XとYのうち、たとえ仮にどちらか一方が「偽」であったとしても、もう一方が与えている議論は無効になりません。それでは「合流型」の例を挙げてみましょう。

　　(1) やっぱりセックスレスのカップルでいるのが一番いい。(2) ⓐなぜならばⓐ、セックスはすぐにマンネリ化して退屈になるからだ。(3) ⓐ第1ⓐ、時間の浪費だね、セックスってやつは。

この例を読んでみると、"premiss indicators"に当たる言葉である「なぜならば」や「第1」がそれぞれ2)の文章と3)の文章で使われています。すると(1)の文章が結論にあたるのではないか、と推論することができます。

　さて、(2)と(3)のプレミスですが、これらは2つ組み合わさって初めて1つの根拠を提供しているのでしょうか？　それともそれぞれが独立しても十分な根拠として結論を支え得るのでしょうか？　この例では、例えば(2)がなかったとしても、(3)のみを理由にして、「セックスは時間の浪費だ。だから、セックスレスカップルでいるのが一番いい」と結論に当たる文章を導出できますし、同様に(3)が無かったとしても、(2)のみを使って「セックスはすぐにマンネリ化して退屈になる。だからセックスレスカップルでいるのが一番いい」と結論を導き出すことができます。(2)と(3)2つのプレミスが組み合わさることによって協力して(1)の結論を導き出しているわけではないのです。つまり、それぞれのプレミスが独立した根拠によって結論を導き出しているのです。ダイヤグラムにしますと、

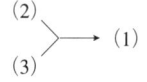

　　　(2)
　　　　＞── (1)
　　　(3)

となりますが、ここには結局、2)→1)という議論と3)→1)という議論の、それぞれ独立して考えられる2つの議論があるということです。

結合型か合流型か見分ける方法

1つの結論をサポートするプレミスがそれぞれ Independent premiss であれば、「合流型」、Dependent premiss の密接な関係があれば、「結合型」。

(4) 分岐型

1つのプレミスから2つ以上の結論を引き出すタイプの論証を「分岐型」論証と名付けることにしましょう。ダイヤグラムで示せば、

$$X \begin{cases} \longrightarrow Y \\ \longrightarrow Z \end{cases}$$

となります。これは、結局X→YとX→Zという2つの単純型によって成立している論証なのです。「分岐型」の例を挙げてみましょう。

(1) 君は無職だし父親の遺産ももう残っていないんだ。(2) だから土地の購入など夢物語なんだよ。(3) それにハワイに行って順子さんを養っていくなんて寝言に等しいね。

$$(1) \begin{cases} \longrightarrow (2) \\ \longrightarrow (3) \end{cases}$$

これは(1)のプレミスで提供されている理由によって、2つのことが結論されています。「無職だし父親の遺産ももう残っていない」という理由から、「土地の購入が不可能なこと」と「ハワイに行って順子さんを養うことが不可能なこと」の2つを結論付けています。

(5) Counterargument（反論）の導入

議論の中で、論者は自分の結論に対する「反論」を紹介することがあります。そうした上で、そのような反論にもかかわらず自分の立場の優位を論証していくわけなのです。そこで「反論」のために持ち出されているプレミスであることが分かるように、次のような記号を導入します。

X⟺Y

論者が反論を紹介して議論を進めていく例を見てみましょう。

(1) 私達はもっと多くのアフリカンアメリカンを教員として雇うべきです。(2) 議会で「多様性促進教育プログラム」が承認されたのですし、そのプログラムによってアメリカの文化の多様性を広く学ぶことがデモクラシーの発展に欠かせないのです。(3) 確かに、このプログラムの導入によって、アフリカンアメリカンを優先することは、白人の教員に対して公正ではない結果を招くかもしれません。(4) にもかかわらず、アフリカンアメリカンの教員を雇用することの社会的利益は不利益をはるかにしのぐのです。

この議論では、(1) が結論ということになりますが、(3) の箇所で結論に対する反論を導入しています。ですから、

(1) ⟺ (3)

の関係になります。そこでこの議論全体をダイヤグラムで書くと、

(2)
　　⟩⟶ (1) ⟺ (3)
(4)

となるでしょう。

　この議論で論じられている内容は恐らく皆さんにはあまり馴染みのないものでしょうから、少し解説をしておきましょう。アメリカでは、今までずっと不当な差別待遇によって社会的経済的に不利な立場に追い込まれたマイナリティーのグループが育んできた文化を尊重しようという動きがあります。特に黒人や女性が社会的に望ましい地位に参入できるよう、「優先的な政策」が採られることになったのです。そうした動きに対して、黒人や女性を優先的に考える政策は、「機会均等」ということで当然その地位への挑戦権を持つ白人に対する逆差別になるのでは、という議論がされています。これが上記の議論の背景なのですが、この例は、黒人に対する「優先的政策」をサポートする議論なのです。この議論において、当然予測される反論としてプレミス (3) が紹介さ

れています。(3) のような反論は、「反論」という性質上、結論をサポートする性質のものではないゆえ、「⇔」を使って、結論をサポートするのに貢献している他のプレミスと区別することにします。

　以上5つの型について説明し、それぞれダイヤグラムの作り方を示しました。特に合流型と結合型は混同しやすいので、与えられているプレミスが、Independent premiss か Dependent premiss かを見分けた上で、ダイヤグラムを作る必要があります。

　練習問題にいく前に、もう1つだけ、私達が注意すべき点を挙げておきましょう。皆さんは数学の証明問題を勉強した時、1つの証明をするのに、その証明の中でその証明に必要な別の証明をしなければならない場合というのを経験したのではないかと思います。1つの証明の中でその証明に必要なことを証明するために持ち出された別の証明のことを subproof と呼んだことと思います。

　議論の際にも、その議論で使われるプレミスを根拠づけるための別の議論がなされることがあるのです。つまり、ある結論を出すために挙げられたプレミスに対してさらにそのプレミスの論拠を提出する場合のことをお話ししているわけなのです。あるいは、ある議論の結論が、他の議論のプレミスとして使われる場合があるのです。そこで議論において最終的な結論を直接導くステップを main proof（主論証）と呼び、その議論において挙げられたプレミスにさらに論拠を示している部分を数学の証明の時と同様に subproof（副論証）と呼ぶことにしましょう。例えば、次のような議論を考えてみて下さい。「なぜこう言えるのかな？」「どうしてこう言えるのかな？」と自問しながら考え、「なぜ？」「どうして？」の答えに当たる文章があるかどうか調べていけば、簡単にできます。ステップ1からステップ3まではもう私の方でやっておりますので一緒に考えていきましょう。

　(1) 今回の犯罪は知能犯によるもので、犯行の手口から考えて犯人は木村か青木かどちらかだろう。(2) だが青木は知恵袋の木枯らしの茂次郎こと保田と組まないと何の仕事もできない無能な男だ。(3) そこで今回、保田の所在を確認したところ、奴はこの事件の5年前にとっくに死んでしまっていることが分かった。(4) だから保田には犯行は不可能だ。(5) 従って、青木もシロということになる。(6) ゆえに、木

<u>村が犯人だということになる。</u>

一見したところ複雑そうですが、まず先ほど紹介したように、ステップ1からステップ3までの過程を踏んでみると、"conclusion indicators" を指摘することができることと思います。実際、この議論の中にはいくつか "conclusion indicators" に当たる言葉があります。4番目の文章にある「だから」、5番目の文章にある「従って」、そして6番目の文章にある「ゆえに」です。このように複数個 "conclusion indicators" に当たる言葉が出てきている場合、私達は subproof が使われているな、と考えてまず間違いないでしょう。そこでまず、この論者が最終的に主張したい結論はどれなのか考えて下さい。それが main proof の結論ということになるのです。main proof の結論を見極めることは、全体の議論の構造を理解するためにとても重要なことですので、この論者が最終的に何を言いたいのかを考えてみましょう。全体を読んでみますと、この論者は恐らく探偵か警察官で犯人を推理しようとしているということが分かると思います。そしてこの論者が最終的に結論したいことは、6番の「ゆえに、木村が犯人だ」という箇所でしょう。その論拠として挙げられているのは、1番で言われている「犯人は木村か青木かどちらかだ」ということと、5番で挙げられている「青木ではない」ということでしょう。main proof では、基本的にはこの2つのプレミスから結論である「木村が犯人だ」が導き出されているのです。main proof の論理構造を分かりやすく書けば、

(1)：木村 or 青木（木村か青木）
(5)：Not 青木（青木ではない）
───────────────────
(6)：∴ 木村（従って木村）

となります。ご覧のように「木村か青木が犯人である」という仮説と「青木ではない」ということから、結論である「木村が犯人である」を導いているのです。ですから、これは結合型で、main proof のみをダイヤグラムにして抜き出せば、

main proof: [(1) ＋ (5)] ⟹ (6)

ということになるでしょう。これは結合型に分類できる議論ですので、プラスの記号を使います。これで main proof の箇所が取り出せたわけですが、混乱を防ぐために、main proof 中の導出を表す矢印を太文字で書いておくことにしましょう。

　そこで次に残りの (2)、(3)、(4) が一体 main proof 中の何番を根拠付けるために挙げられている subproof なのか、考えてみましょう。その際、4) のように、"conclusion indicators" に当たる言葉が明確に使われている箇所から考えていくのが分かりやすいでしょう。例えば、4番では、「だから」という "conclusion indicators" に当たる言葉が使われていますね。ですから「だから保田には犯行は不可能だ」という文章は結論を述べているわけですが、何を根拠としてそのように言っているのか考えてみて下さい。「保田に犯行が不可能な理由」を述べている文章があるでしょうか？　確かにあります。それは3番の文章です。「そこで今回保田の所在を確認したところ、奴はこの事件の5年前にとっくに死んでしまっていることが分かった」。死んでしまっていれば確かに犯行は不可能ですから、3番の文章は4番の結論に根拠を与えるプレミスなのだ、ということが分かります。分かったことをダイヤグラムの形でメモしておきましょう。つまり subproof として、

　　　subproof1: (3) ⟶ (4)

という関係を取り出すことができます。

　今度は5番目の文章にもう1つ残された "conclusion indicators" に当たる言葉「従って」を手がかりにして考えていきましょう。この箇所で「従って青木もシロである」と主張していますが、これは何を根拠に言われているのでしょうか？　それは、2番と4番の結合を根拠にして言われているのです。つまり、2番で言われているように「青木は知恵袋の保田と組まないと単独では何の仕事もできない」のですし、しかも4番で言われているように「保田には犯行が不可能だった」わけなのです。ですから2番と4番を組み合わせた根拠から、「青木がシロである」という5番の結論が導き出せるわけなのです。つまりダイヤグラムにすれば、

subproof2: (2) ＋ (4) ⟶ (5)

という subproof があることが分かったわけです。

　さて、ようやくそれぞれの関係があますことなく分かったわけです。ですから、main proof と 2 つの subproof との関係が分かるように、今まで分かったことを基にしてこの議論全体のダイヤグラムを作ってみましょう。

```
(3) ⟶ (4)
     ＋  ｜⟶ (5)
(2)      ＋  ｜⟹ (6)
             (1)
```

それぞれの subproof が全体にどのように貢献しているのかがこれで見渡せると思います。結合型の main proof の (1) と (5) の 2 つのプレミスのうち、5) の方のプレミスを根拠づけるために、結合型に分類できる subproof が与えられています。つまり、(4) と (2) の 2 つのプレミスで (5) を導き出しているのです。さらに、この subproof の中の (4) のプレミスを根拠づけるために、もう 1 つ別の subproof が与えられているのです。言わば、subproof の中にある subproof が (3) という根拠で (4) を導出している箇所なのです。お分かりいただけましたでしょうか？

9．複雑な文章構成の中に議論を見いだす

　第 2 章で、議論のイメージについてお話しした際、私達は「建築物」のメタファーを調べました。その折に、論理は「骨組み」とか「構造」といった用語で表現されているのだ、ということに触れたと思います。日常、私達が交わす議論は、プレミスや結論を欠いてしまっていたり、強調や言い換えなどの繰り返しが多く冗長であったり、感情表現や不適切な要素が混入してしまっていたり、記述や解説の中に埋もれてしまっていたり、などして、その「骨組み」や「構造」を見通せなくなってしまってる場合が多いのです。欠けているプレミスを補う練習は以前しましたので、今度は、植木職人が余計な枝葉を刈り取る

ように、議論を見通しにくくしてしまっている冗長さを「刈り取る」練習をしてみましょう。丹念に砂を濾し取って砂金を見いだすように、議論の骨組みの部分だけに注目できるように訓練するのです。

　与えられた文章がそもそも議論であるかないかを見極めるために、そしてもし議論であるのならば、プレミスと結論を正しく指摘するために、以下に挙げる 3 つの質問が役に立ちます。与えられた文章が議論であるかどうか判断したい時、自問自答してみて下さい。

　①　「真か偽か」という基準で評価できる主張が指摘できるかどうか？
　　——もし主張が指摘できない場合は、そこには議論はありません。指摘できる場合は次の質問へ、

　②　論者は何かを論証しようとしているだろうか？
　　——"premiss indicators" や "conclusion indicators" に注目して、主張間の関係を考えてみよう。論者は仮説を立てたり、理由や証拠を提供しようとしているだろうか？

この質問に対する答えが「いいえ」であるのならば、そこには議論はありません。もし「はい」ならば、次の質問へ、

　③　論者はそもそも一体何を論証しようとしているのだろうか？
　　——この質問に対する答えが、論者が最終的に主張したい結論になります。

くどいようですが、この結論を支えるための論拠を提供している主張がプレミスなのです。
　議論が指摘できない場合を以下のように 2 項目にまとめておきましょう。

（1）プレミスあるいは結論に当たる主張が欠けている場合
　　この場合、暗示されているプレミスや暗示されている結論を補えば済むのか、それともそのような補修作業以前の問題なのか見極めねばなりません。例えば、後者の場合は、情報伝達機能によって言語を使用していないような場合なのです。

第 3 章　議論を指摘し分析する　　147

（2）主張の存在は指摘できるのだけれども、主張間相互に論理的な繋がりが存在しない場合。

　つまり、主張相互の関係がプレミスと結論の関係ではないような場合、一言で言えば、Inference の欠如。

例えば、以下のような文章はどうでしょう。

> 例 1
> テレビドラマ「失楽園」が終了した。最初は面白く感じたが、不倫の末に心中する 2 人を見て、とても嫌な気持ちになった。「2 人の愛のためだから仕方がない」「愛しすぎると死ぬしかない」といったセリフが何度も出てきた。こんなセリフ言い訳にしか聞こえない。マスコミでは「失楽園」で不倫願望が高まったなどと言っているが、これを見て不倫に走る人がいるとは到底思えない。

この例には議論を指摘することはできません。最後の「これを見て不倫に走る人がいるとは到底思えない」というものが一見結論のように見えますが、この筆者が結論としてなぜそう主張しているのか、理由や根拠を挙げている箇所を調べてみても、主観的な感情（例えば、「面白く感じた」とか「嫌な気持ちになった」）の発露以外にはそれに相当するものがないのです。確かに、情報伝達機能として言語を使用している箇所も見受けられますが（例えば、「テレビドラマ『失楽園』が終了した。」など）、そうした箇所でさえ、結論を論証するのに貢献してはいません。つまり、この筆者が「なぜこれを見て到底不倫に走る人がいると思わないのか」を述べたプレミスに当たる箇所が指摘できないゆえ、これはただの感想文であり、議論ではありません。言語が感情表出機能として使用されている箇所は、議論とは無関係ですので抹消してしまって考えてみましょう。そこで最初のルールです。

R 1．言語が感情表出機能として使われている箇所は抹消しよう。

> 例 2
> 日本サッカー協会は 4 日、サッカーのワールドカップフランス大会アジア地区最終予選に出場している日本代表の加茂監督の更迭を発表した。後任は岡田武史ヘッドコー

チが昇格。11日、タシケントで行われるウズベキスタン戦から指揮をとる。

これは感想文ではありませんが、事実を述べているだけで、この事実に基づいて何かを結論するといったような議論の構造をとってはいません。これは情報伝達機能に基づいて言語を使用しています。確かに、真か偽かで判断され得る主張から構成されているということは、議論であるための必要条件です。けれどもそれだけではまだ議論ではありません。先ほど触れたように、情報伝達機能に従って言語を使っている場合でも、主張間相互に論理的な繋がりが存在しない場合、つまり、主張相互の関係がプレミスと結論の関係ではないような場合があるのです。例2のように、記述文で終わってしまっている場合がそれなのです。単なる記述文や序文などに見られる説明文（用語の説明や問題意識の説明など）は、議論を取り出すという目的のために、無視できますので、括弧に入れてしまいましょう。

R2．論者の結論を見いだし、プレミスはどれなのか考えよう。
R3．単なる記述文や説明文と思われる箇所は括弧に入れてしまおう。
R4．用語や言い回しの不統一が見られる場合は、統一するよう書き直そう。
　　主張の内容が同じ場合は、表現を統一してしまおう。

例えば、

① 青木は千葉氏にコーヒーをご馳走してもらった。
② 千葉氏は青木にコーヒーをご馳走した。

上記の2文は、同じ内容を一方は受動態で、他方は能動態で述べているだけですので、分析をする前にどちらかに統一しておきましょう。

　論者は、読者の便宜をはかるために、難しい箇所を分かりやすく説明したり、用語を定義したり、分かりやすく繰り返したり、念のために強調したりします。以前、解説の接続詞として、「即ち」「つまり」「言い換えれば」「要約すれば」「簡単に言えば」「定義をしてみるならば」「これは〜と定義できる」「言わば〜」「言ってみれば〜」「以上のように〜」などを挙げましたが、これらの接続詞に

第3章　議論を指摘し分析する　*149*

導かれている箇所や同じ主張が強調のために繰り返されている箇所は括弧に入れてしまいましょう。

R5．解説や強調などのための、同じ内容の繰り返し箇所はすべて括弧に入れてしまおう。

以上5つのルールを使って、冗長な箇所の削ぎ落とし作業がほぼ完了したら、

R6．文意を考え、文学的な修飾を取り除いてなるべく簡潔な表現に変えてしまおう。
R7．文意を考え、1つにまとめることのできる文章は1つにまとめてしまおう。
R8．暗黙の了承となっているプレミスがある場合はそれを補い、必要ならばプレミスと結論を論理的に自然な順序に並び換える。

　それでは、以上のルールに基づいて、複雑な文章構成の中に議論を見いだす練習をしてみましょう。まず、以下の文章を読んで下さい。

> 我々の住む世界においてはもとより、およそこの世界のそとでも、無制限に善と見なされ得るものは、善意志のほかにはまったく考えることができない。知力、才気、判断力等ばかりではなく一般に精神的才能と呼ばれるようなもの、——或いはまた気質の特性としての勇気、果断、目的の遂行における堅忍不抜等が、いろいろの点で善いものであり、望ましいことであることは疑いない。そこでこれらのものは自然の賜物と呼ばれるのである。しかしこれを使用するのは、ほかならぬ我々の意志である。それだから、この意志が善でないと、上記の精神的才能にせよ、或いは気質的特性にせよ、極めて悪性で有害なものになり兼ねないのである。事情は幸運の賜物——例えば、権力、富、名誉、健康など、についても同様である。[10]

これを以上のルールに従って、冗長な箇所を削ぎ落としてしまいましょう。文中の「そこでこれらのものは自然の賜物と呼ばれるのである。」のような解説は括弧に入れてしまいましょう。上記の議論の結論は冒頭の文章で述べられて

いることです。この最初の文章から修飾を落としてしまって、「善い意志だけが無制限に善である」と簡潔な表現にしてしまいましょう。そこで残った箇所に注目して一まとまりにできる文章は一まとまりにしてしまいましょう。上記の議論は、知力、才気、判断力などの精神的才能も勇気、果断、目的の遂行における堅忍不抜などの気質的特性も、権力、富、名誉、健康などの幸運の賜物も、悪い意志の持ち主によって悪用されれば、どれも皆有害なものになるのだから、無制限に善であるとは言えない、ということを論じているのです。(ヒトラー的な悪魔的人物が、優秀な頭脳を持ち、勇気もあり、富にも健康にも恵まれているといった場合を想像してください。最悪の事態が起きるでしょう)。だとしたら、知力も才気も勇気も権力も富も健康も無制限に善ではなく、善い意志のみが無制限に善いと結論しなければならない、と言うわけです。内容を理解した上で簡潔にまとめてみましょう。

(1) 一般に善いものとされている知力、才気、判断力などの精神的才能も勇気、果断、目的の遂行における堅忍不抜などの気質的特性も、権力、富、名誉、健康などの幸運の賜物も無制限に善であるとは言えない。
(2) これらを使用する人の意志が善くなければ、これらはどれも有害なものになり得るからである。
(3') (善い意志のみが上記のような制約を受けない)。
(4) 従って、善い意志だけが無制限に善である。

こうして冗長な箇所を削ぎ落として骨組みだけ残してしまえば、先に紹介した3つのステップを踏んで分析をすることができます。この場合は、

$$(2) \longrightarrow \begin{matrix} (1) \\ + \\ (3') \end{matrix} \Longrightarrow (4)$$

とダイヤグラム化することができるでしょう。それでは最後に皆さんと一緒に、分析例をいくつかみていくことにしましょう。

10. いくつかの分析例

　議論の骨組みである論理構造に着目できる力を養ったところで、最後に皆さんと一緒にいくつか分析例を見ていくことにしましょう。その際に、私達は、subproof があるのかどうか、ということや、議論の形は「単純型」なのか「結合型」なのか「合流型」なのか、ということを考えながらダイヤグラムを作っていきましょう。それぞれの文章間の関係を知るための手がかりは、やはり "premiss indicators" や "conclusion indicators" に当たる言葉です。ステップ1からステップ3までの作業をしていく際に、議論とは関係のない文章、即ち、真か偽かという判定基準で評価できる「主張（claim）」ではない文章を抹消することもお忘れなく。この章で紹介したダイヤグラム化の方法と第4章と第5章との繋がりを理解していただくためにも大切なセクションですので分析の方法をマスターして下さい。

分析例1『金田一少年の事件簿』[11] より

　まず、先ほど、探偵による説明についてお話しした際に出てきた金田一少年の推理を分析してみましょう。ステップ1とステップ2は既に仕上げた形にしてあります。合流型になるのか、結合型になるのかをプレミスが独立しているのか依存しているのかを考えながら決定し、ダイヤグラムを描いてみましょう。

　(1) この左利き用のハサミのケースの裏には、消費税のついたラベルが張ってある。(2) 消費税が施行されたのは、1989年4月以降だ。(3) だが本物の氷室一聖は、その6年前に飛行機事故ですでに死んでいる。(4) だから、このハサミを本物の氷室一聖が買えたはずがない。(5) ハサミは氷室のものか水沼のものかだ。(6) 従って、この左利き用ハサミは偽氷室の水沼自身が買ったとしか考えられないんだ。

```
(1)
 +
(2)  ⟩  ⟶  (4)
 +              +   ⟩  ⟹  (6)
(3)            (5)
```

この議論のmain proofは基本的に以下のようになります。

 (4)：氷室のハサミではない。
 (5)：氷室のハサミか水沼のハサミかどちらかである。
 (6)∴水沼のハサミである。

この議論の形式は、

 ① Xではない。
 ② XかYかである。
 ③ 従ってYである。

これは、どちらか一方のプレミスを偽であると仮定すると成り立たなくなるタイプの議論、即ち、結合型の議論になります。プレミス同士依存しあって結論を導出しているのです。この形の推論は"Disjunctive Syllogism"という名前で知られている推論形式で、第4章で演繹法について学ぶ時に出てきます。Disjunctive Syllogismは以下の形式を持っているのです。

 ① PあるいはQ。
 ② Pではない。
 ③ 従ってQ。

金田一少年の推理は、Disjunctive Syllogism の形式を main proof に採用しているのです。演繹法による議論の評価の仕方は、第4章で紹介します。演繹法による議論は、結合型のダイヤグラムになるのです。プレミス同士が密接に関わりあっているからなのです。結合型で分析するのではないのかな、と思ったら演繹法ではないのかと疑ってみて下さい。演繹法による議論の分析の方法は第4章で詳しく紹介しますので、第4章を読んで下さい。

 さて、この議論には subproof が1つ存在しています。「このハサミを本物の氷室一聖が買えたはずがない」ということを結論するために、(1)、(2)、そして(3)のプレミスが証拠として提供されていますが、どれか1つが欠けても（あるいは、偽でも）結論は成立しません。従って、subproof も結合型になっ

ています。

分析例2

1）順子には車は買ってやらんよ。2）(だって)あの子は無責任なんだから。3）(なぜなら)、あの子は小さい時から、自分の玩具でさえ大事にしなかったでしょう。4）それにあなた、(第1に)車を買うお金がないわ。5）(理由は)、あんたが転職してますます安月給になった上に長男の保男の医大の入学費が馬鹿にならなかったからよ。×こんなこと馬鹿だって分かるわ！　×こら、順子、何盗み喰いしてるの！　×お父ちゃん、たまには叱ってちょうだいよ！　×この馬鹿娘！　×お金ばっかり食って！

```
(3) ⟶ (2)  ⎫
              ⎬ ⟹ (1)
(5) ⟶ (4)  ⎭
```

この例では×印で記されている文章はどれも感情表出機能として言語が使われている場合ですので、議論には直接関係がありません。ですから抹消して考えます。この議論では、「順子に車を買ってやらない」という結論を、2つのプレミス、即ち、(2)のプレミスと(4)のプレミスによって導き出しています。プレミス(2)とプレミス(4)が独立しているのか依存しているのかを考えてみて下さい。お互いに依存しているのならば、ダイヤグラムは結合型に、独立しているのならば、合流型になります。さて、これを決定するために、どちらか一方を偽であると仮定しても、そう仮定したことがもう一方のプレミスには影響を与えません。あるいは、どちらか一方のプレミスが全くないとしても、片方のプレミスだけで十分に結論に対して根拠を提供しています。つまり、この場合、どちらか一方だけでも十分に結論を導き出すことができますので、議論の型は合流型なのです。

分析例3 [12]

(1)（例えば）、裁判において、通り魔に襲われて、殺された人の落度なるものは問題にならない。(2) また、うっかり物をとられた人の落度は問題にならない。(3) 同様

に、5歳の女の子が強制わいせつ行為にあったとしても、彼女の落度は問題にならない。(4) (従って)、一般的に言って、被害者の落度なるものは問題にされない。(5) それならば、強姦やセクハラの際に被害者の落度が問題にされるのは明らかにおかしい。(6) しかし、成人女性を対象にした強姦罪の場合は被害者の落度が問題にされている。(7) (例えば)、暗い夜道を1人で歩いていたのが悪いとか、服装や化粧や身のこなし方などが男をその気にさせるような雰囲気をつくっていたとかいった非難を被害者でありながらも逆に受けてしまう。(8) (だから)、強姦罪において、被害者の落度が問題にされるゆえ、告訴しにくい。(9) 強姦罪同様にセクハラ事件がある度に被害者の落度なるものが問題にされてしまうゆえに告訴しにくい。(10) (従って)、強姦やセクハラの際に限って、被害者の落度が問題にされるのはおかしいのであるならば、告訴しにくい社会環境の方こそが改善されるべきである。

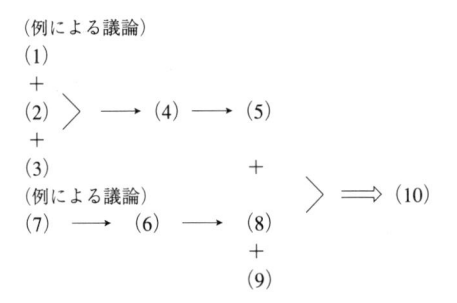

```
(例による議論)
(1)
 +
(2)  ⟩ ⟶ (4) ⟶ (5)
 +
(3)                    +
(例による議論)               ⟩ ⟹ (10)
(7) ⟶ (6) ⟶ (8)
                       +
                      (9)
```

　上記の議論は「例による議論」を使っています。「例による議論」に関しては、第5章で詳しく説明します。ここでは、「プレミスとして具体例をいくつか挙げることによって、結論において一般化を図る」議論である、と考えて下さい。具体例が多いほど、結論で述べられている一般化の確からしさが強化されますので、具体例がいくつか挙げられている場合は、"+"の記号を使って、結合型として取り扱い、傍らに"(例による議論)"と表記しておくようにしましょう。

分析例4 [13]

　(1) 原告女性に対して、「チビ・ブス」などと中傷記事を載せたことを名誉毀損であると認めた東京地裁は、30万円の慰謝料しか認めていない。(2) (さらに例を挙げれば、) 芸能プロダクションのオーナーがホテルで従業員を強姦したケースでさえ、東

京地裁は30万円程度の慰謝料しか認めていない。(3) (従って)、性犯罪に関する裁判は経済的にはあまり報われない。(4) 会社などを相手にセクハラを告訴したりすると、はっきりとは理由を出さないまでも隠密裏に解雇されてしまうケースがほとんどである。(5) (だから)セクハラにあった女性が告訴するケースは失職した直後であることが多い。(6) (従って)、失職した女性がセクハラを告訴しようとしたとしても、経済的に報われないゆえ、告訴することを躊躇してしまうことになる。

(例による議論)
(1) ＋ (2) ⟶ (3)
              ＋ ⟩ ⟹ (6)
(4) ⟶ (5)

分析例5 [14]

(1) 大阪地裁は「性的自由とは、自分の望まない性行為を他人から、強制されない権利で、憲法で認められている基本的人権の1つである」と言っている。(2) 夫婦間の関係も本質的には、互いに独立した人格同士、つまり他人同士の関係である。(3) (従って)、妻は夫から自分の望まない性行為を強制されない権利を持っている。

(権威による議論)
    (1) ＋ (2) ⟹ (3)

上記の議論は「権威による議論」を使っています。「権威による議論」に関しては、第5章で詳しく説明します。「権威による議論」は、ある権威者の発言を証拠に議論をしていく方法です。上記の議論では、大阪地裁が下した判決を権威として結論を導出しています。「権威による議論」は権威者の発言を引用し、その引用された発言を証拠に議論を展開していくわけですから、権威の発言はかぎ括弧に括っておきましょう。「権威による議論」の使用箇所にも"(権威による議論)"と記しておきましょう。

分析例6 [15]

(1) コロンブスのアメリカを発見したと宣言する権利は、ノードウエルがイタリアを発見したと宣言する権利に似ている。(2) (なぜなら)、ノードウエルがイタリア発見を宣言した時、イタリアに既にイタリア人という先住民がいたように、コロンブスが

宣言した時も、アメリカにはインディアンという先住民がいたからだ。(3) ノードウエルは、イタリアを発見したという権利から、イタリアを所有することはできない。(4) (従って)、コロンブスもアメリカを所有する権利はない。

(類比による議論)
(2) ⟶ (1)
          + ⟩ ⟹ (4)
      (3)

　上記の議論は、「アナロジー（類比）による議論」です。「アナロジーによる議論」は、ある具体的で分かりやすい例を示し、それが多くの点で論者がサポートしたい論点に類似しているということから論じていく議論です。「アナロジーによる議論」は、第5章で詳しく学びます。上記の議論では、「コロンブスがアメリカを発見したと宣言することによってアメリカを所有することはできない」という結論を、「ネイティヴ・アメリカンのノードウエルさんが初めてイタリアを訪問した際に、彼がイタリアを発見したことによって、イタリアを所有できることにはならない」ということから類比して導き出しています。「アナロジーによる議論」が使われている箇所は、"(類比による議論)"と記しておくことにしましょう。

分析例7 [16]

　(1) オウム真理教に、理性的と思われる若いエリートが幹部として参加した上、無批判に犯罪に荷担してしまった原因として、やはりここ2、30年の教育の特徴である偏差値の偏重ということを考えざるをえない。(2) その結果、ものを考える力より、ものを知ることを偏重するという弊害がつよまった。(3) 問題があると、暗記用に用意されているに過ぎない解答が与えられる。(4) 自分で物事を考え解答に至るまでプロセスを考え抜く力がしっかりとつくられないのである。(5) もし自分で物事を考え抜く力が養われていないとしたら、批判力は育たず、それは単なる妄信に繋がりがちである。(6) (だから) 批判をせずに、ただ与えられた解答を妄信するようになるのである。(言い換えれば、このような教育を経た者達は、批判力を欠き、妄信に陥りやすくなるのである。) (7) (それゆえ)、現代の教育システムの中でエリートとみなされている若い人達が、妄信に陥り、幹部となっても不思議はないわけだ。

第 3 章　議論を指摘し分析する　157

```
(原因を指摘する議論)
{(1) ⟶ (2) ⟶ (3) ⟶ (4)}
                        +      ⟩ ⟶ (6) ⟹ (7)
                       (5)
```

　これは「原因を指摘する議論」に当たります。「原因を指摘する議論」についても、詳しくは第 5 章でお話ししますが、実は、「仮説演繹法」という形で、探偵による推理を使って「説明」ということについてお話しした時に出てきた議論の方法なのです。仮説演繹法では、ある結果として生じてしまっている事象から可能な原因に遡って考えて、その可能な原因を原因と考えたら、結果として生じてしまっている事象をうまく説明することができる、という二段構えの方法を採るのだ、ということをお話ししました。ですから、まず 1) 結果から原因に遡り、可能な原因を指摘する段階と次に 2) こうして指摘された原因から今度は結果を説明していく段階があるわけです。上記の議論ですと、(1) で「オウム真理教に、理性的と思われる若いエリートが幹部として参加した上、無批判的に犯罪に荷担してしまった」ということの可能的な原因が指摘されています。即ち、「教育における偏差値の偏重」ということが可能的な原因として挙げられているのです。次に「教育における偏差値の偏重」ということを原因として考えたら、どうして「オウム真理教に、理性的と思われる若いエリートが幹部として参加した上、無批判的に犯罪に荷担してしまった」ということが結果として出てくるのかを納得がいくように説明しています。つまり、「教育における偏差値の偏重」ということが原因となって、「自分で物事を考え解答に至るまでプロセスを考え抜く力がしっかりとつくられない」ということが帰結することを順追って説明しているのです。この例では、1 番目で述べられている「教育における偏差値の偏重」ということを原因としたら、4 番目のプレミスで述べられている「自分で物事を考え解答に至るまでプロセスを考え抜く力がしっかりとつくられない」が帰結するというこの箇所全体が、「原因を指摘する議論」ということになります。ですから、この (1) から (4) までを括弧（{(1) → (2) → (3) → (4)} という風に）でくくり、"(原因を指摘する議論)" と明記しておきましょう。後は、4 番目のプレミスで述べられている「自

分で物事を考え解答に至るまでプロセスを考え抜く力がしっかりとつくられない」ということを仮にここで"Ｘ"と置けば、5番目のプレミスでは、「もしＸならば、Ｙ」という形の一般原則が述べられていますので、4番と5番の結合型で結論を導いていくという形になるのです。なお、「言い換えれば、このような教育を経た者達は、批判力を欠き、妄信に陥りやすくなるのである」の箇所は、前の文章の言い換えですので、「Ｒ5．解説や強調などのための、同じ内容の繰り返し箇所は全て括弧に入れてしまおう」というルールに従って括弧に入れてしまいましょう。

　第4章、第5章では、いよいよ議論の展開の仕方ということで、演繹と帰納を学んでいきます。これらの章を読んだ後、もう一度分析例に戻って考えてみて下さい。

練習問題

ステップ1からステップ3までの手順通りに以下の議論を分析してみよう。

1.
君は若くて魅力的だ。それにとても有能だ。だから彼氏を順子に譲ったって、君はもっと素敵な奴とやり直せる。でもそれに反して、順子は弱い人間だ。なぜって思い詰めたら自殺するタイプだよ。だから君が身を引くべきなんだ。悪いことは言わない。分かってくれるね？

2.
君は芝生に水をやりすぎるべきではないな。君の庭の松の木の根元に茸が生えていたよ。茸が生えたってことは、水のやりすぎってことさ。それに土を掘ったらミミズがいっぱいいたんだ。こいつも水のやりすぎが原因だね。

3.
人を殺すことは道徳的に許し難いことだ。どの国の法律を見ても殺人を許容しているものはないことからもこの見解は普遍なものと考えてよい。胎児は受胎の瞬間から、人間の子どもである以上人間である。妊娠中絶は胎児の命を断つことを意味する。従って、胎児が人であるならば、妊娠中絶をすることは、道徳的に許し難い。

4.
君は昼寝をしていたか、よっぽど不注意だったかのどちらかだ。君は昼寝する時、か

ならずよだれを垂らすが、よだれの形跡がない。だから、昼寝をしていなかった。従って、君は不注意だったんだ。

5.『名探偵コナン』[17] より
阿笠博士、博士はレストラン「コロンボ」から雨の中をかなり急いで帰ってきましたね。博士の服は前の方は濡れた跡があるけれど、後ろにはありません。雨の中を走って帰ってきたっていう証拠ですよ。それに博士のズボンに泥がはねている。この近辺でどろがはねる道路は工事中の「コロンボ」の前だけだ。おまけに髭には「コロンボ」特製のミートソースがついているしね。チッチッチッ……初歩的なことだよ、阿笠君！

[注]
1）Moore, Brooke M. & Paker, R.,Critical Thinking, Mayfield Publishing Co., California, 1986, p.244.
2）金成陽三郎、さとうふみや、『金田一少年の事件簿』、講談社、1993、第3巻、第4巻参照。
3）横溝正史、『悪魔の手毬唄』、角川文庫、1971、pp.120-121.
4）横溝正史、前掲書、p.123.
5）金成陽三郎、さとうふみや、『金田一少年の事件簿』、第14巻、1995.
6）金成陽三郎、さとうふみや、『金田一少年の事件簿』、第24巻、1997.
7）アリストテレス、『ニコマコス倫理学（上）』高田三郎訳、岩波文庫、1971、1095a30.
8）議論の構造分析の方法、特にダイヤグラム化の仕方は、Moore, Brooke M. & Paker, R., Ibid., pp244-247を参考にしている。草稿完了後、野矢茂樹氏が彼の『論理トレーニング』（産業図書、1997）に同様の方法を紹介されていることを知った。その本では「単純」「結合」「合流」の3つのダイヤグラムが紹介されている。野矢氏の実に独創的で素晴しい本を知る以前から、アメリカ留学中に強く影響されたムーアやパーカーの方法を使って1993年より安田女子短期大学、秘書科の学生を対象に講義をしていた。この第3章も1993年以来工夫してきた講義ノートに基づいている。けれどもムーアとパーカーの本には、5つのダイヤグラム化の方法が紹介されているが、それらのダイヤグラムには名前が与えられていない。そこで私も読者への便宜をはかり、ムーアとパーカーの初めの3つのダイヤグラムには野矢氏の命名した「単純」「結合」「合流」を使わせていただくことにし、残りの2つは「分岐」「反論の導入」という名前を付けておくことにした。
9）Moore, Brooke M. & Paker, R., Ibid., p.227.
10）I. カント、『道徳形而上学原論』篠田英雄訳、岩波文庫、1976、pp.22-23.

11) 金成陽三郎、さとうふみや、『金田一少年の事件簿』、第4巻、講談社、1993.
12) 加藤秀一他編、『フェミニズム・コレクションⅡ』、勁草書房、1993、pp.17-18. 福島瑞穂の議論を参考にし簡潔な議論の形に変えている。
13) 加藤秀一他編、前掲書、pp.39-41. 福島瑞穂の提供しているデータを参考にし簡潔な議論の形に変えた。
14) 加藤秀一他編、前掲書、pp.44-45. 福島瑞穂の提供しているデータを参考にし簡潔な議論の形に変えた。
15) Weston, Anthony, A Rulebook for Arguments, Hackett Publishing Co., Indianapolis, 1987, pp.24-25. に紹介されている議論を参考にした。訳は青木による。
16) 読売新聞、"日本の危機を直視する"石川忠雄著、1996年、5月を参考に簡潔な議論の形に変えた。
17) 青山剛昌、『名探偵コナン』、第1巻、小学館、1994. 参照。

第4章
演繹法による議論

　この章では、主に論理の要とも言える演繹法を学びます。また、演繹による議論の評価の仕方を、記号論理学で使われる形式的な証明を使うことなく行う独自の方法を紹介しますので、良い議論を見極めるための道具として活用して下さい。

1．Inference（インファレンス）の種類について

　さていよいよ、議論を組み立てていくために、いくつか代表的な方法を勉強していくのですが、その際に念頭に置いていただきたいことは、議論を展開していくにあたって、「何を根拠に、何を証拠に、このようなことが主張できるのか」絶えず自問自答することを習慣づけていただきたい、ということです。議論をするということは、自分の言論に責任を持つためにも、自己の言論に対して、第三者的な批判の眼差しを養うことでもあるわけです。

　それでは議論の展開の仕方を学んでいきましょう。つまり議論を進めていく上で、あなたの結論をどのように擁護していくか、ということをテーマにお話ししたいのです。言い換えれば、結論をサポートする方法ですね。結論をサポートするためには、いくつか素晴しい方法があります。それらは大きく分けると Inductive arguments（帰納法）と Deductive arguments（演繹法）の2種類に

大別できます。まずこの区別について簡単に説明しておくことにしましょう。

議論は、プレミスで提供された理由や証拠でもって結論をサポートするのですから、プレミスと結論の間には、何らかの論理的な繋がりがあります。この論理的な繋がりのことを inference（インファレンス）と呼びます。議論は結論で述べられていることが「真」であることを理由や証拠を述べたプレミスによって確立しようとすることですから、この inference の持つプレミスと結論を結び付ける力を言葉で表現するのならば、「プレミスは結論のために論拠を提供している」といった暗黙の主張を顕在化することになるでしょう。いやしくも議論をしている限りにおいて、論者は「自分の使っているプレミスは結論のために論拠を提供しているのだ」という暗黙の主張を前提として議論していなければなりません。この暗黙の主張こそinferenceと呼ばれている「プレミスと結論の繋がり」を語っています。たった今、私が明瞭に文章化してみせた、暗黙の主張である inference が strong（強い）か weak（弱い）かによって、議論を演繹と帰納の2つの種類に分けることができるのです。

ある種の議論は、「プレミスが結論のために、決定的な論拠を提供している」のです。このような種類に分類される議論を strong な議論と呼びます。演繹法こそ strong（強い）inference を持つ議論なのです。Strong（強い）議論は、次に示すような意味において絶対的な基準において評価されます。即ち、結論がプレミスから必然的に導出されるか、あるいはそうではないか、といった二者択一的な絶対性においてです。結論がプレミスから必然的に導出されるのか、あるいはそうでないのか、白か黒か、といった中間を許さない絶対的な評価を受けるのです。

それに対して、weak（弱い）議論とは、結論で主張されている事柄の蓋然性がプレミスによって「もっともらしさ、確からしさ」の度合を高められていく形でサポートされているような議論なのです。このような議論では、プレミスによって結論の「確からしさ」の度合が高められるかどうかが評価されるのです。Weak（弱い）議論では、良い議論は結論の確からしさが高く、悪い議論は確からしさが低くなるのです。プレミスで提供される、結論を支えるための論拠は、結論の確からしさの度合を高めるために提出されるのです。ですか

ら weak（弱い）議論においては、strong（強い）議論とは異なり、白か黒か、といったような絶対的な評価は与えられず、確からしさの度合がどれだけ高いかという形の評価を与えられるのです。このように確からしさの度合によって評価される weak（弱い）議論は、先の deductive arguments（演繹法）と区別され inductive arguments（帰納法）と呼ばれています。

Inductive areguments（帰納法）については次の章で詳しく説明することにして、ここではまず deductive arguments（演繹法）の方を説明しておくことにしましょう。

2．Deductive Arguments（演繹法）について[1]

Deductive arguments（演繹法）は、プレミスが結論のために、決定的な論拠を提供しているという風に、プレミスと結論の繋がりがとても強い議論なのです。このように強い inference を持つ議論ですので、プレミスと結論の間には、これから述べるような特徴が見られます。

そこでまず deductive arguments を特徴付ける soundness と validity という2つの概念から説明していくことにしましょう。

私達はよく「これは確かに論理的には違いないけれど、真実じゃあないぞ。」とか「論理的であるもの、必ずしも真ならず」に類した言い回しを耳にすることがあります。こうした言い方は、論理に関してある程度真実を述べていると言っていいかもしれません。けれども、論理が全く真実に関わっていないわけではありませんので、そうした意味においては、誤解を招く言い回しでもあるのです。恐らく、皆さんも validity という概念を勉強したすぐ後ならば、以上のような言い回しが可能な理由に思い至ることでしょう。ですが、これだけだとまだ論理学の一面をのぞいているに過ぎません。そこで論理学が真実にも関係している学問であるという証拠に、soundness という概念を持っており、validity と厳格に区別しているのだ、ということをここで強調しておきましょう。

議論を研究する学である論理学では validity と truth を区別して考えます。Truth の方は、プレミスや結論で述べられている主張が事実と照らし合わせて

みて、真実を述べているかどうかということを問題にする時に使われる概念なのです。つまり、プレミスや結論で述べられた主張が「真か偽か」ということです。それに対して、validity の方は、主張の「真偽」に関わるのではなく、プレミスや結論で述べられている諸々の主張の結び付き、即ち、inference に関わる概念で、結論がプレミスによって正しく導出されているかどうかを言うために使われる概念なのです。言い換えれば、諸々のプレミスと結論の結び付きが正しいものであるかどうかということを問題にする場合、validity という概念が重要な役割を演じるのです。こんな具合に考えたら分かりやすいかもしれません。プレミスや結論で述べられている主張が事実と照らし合わせて真か偽かといったことは、主張の中味に関することですので、truth という概念は議論の中味に関わるけれども、それ対して、プレミスや結論で述べられている主張相互の構造的な結び付きが正しいかどうか、を問題にする validity という概念の方は、議論の形式に関係しているのだ、と。ですから、形式が正しくても中味が伴わない場合とか、逆に中味はあっても、形式が全くでたらめである場合などが出てくるわけです。「論理的に正しいけれども真実じゃあない」といったような言い回しが可能なのは、形式が正しくても中味が伴わないような場合があるからなのです。さて、以上、概略的に述べたことをもっと詳しく追っていくことにしましょう。

　Valid（ヴァリッド）、即ち、形式的に妥当な議論とは、たとえてみれば、「冷蔵庫」のようなものなのです。「冷蔵庫」が鮮度のよい食べ物を鮮度のよいまま保つことができるように、valid な議論は「真理」をそのままの状態で保ってくれるのです。「冷蔵庫」だって初めから腐ったものを詰めれば役に立たないのと同じように、valid な議論だって、初めから「偽である主張」を詰めたとしたら、役に立たないのです。

　議論が valid であるということは、その議論のプレミスがすべて真であり、それと同時に結論が偽であると言うことが論理的に不可能である、と言うことと同じことなのです。「冷蔵庫」の比喩を使えば、初めに新鮮な食べ物を入れてさえおけば、次に取り出す時に腐っているということは絶対にない、そんな冷蔵庫なのですね。プレミスが「真」であれば、結論は必ず「真」、そんな素

敵な冷蔵庫が valid な議論なのです。ですから、valid な議論においては、次のことが言えるのです。

> もし議論のプレミスが仮にすべて真であると仮定した場合、結論も真でなければならない。

ということが。例えば、次に挙げる議論をみてみましょう。

① もし今洋一君がマリファナを持っていれば、彼は大学を除籍処分になるだろう。
② 今洋一君はマリファナを持っている。
③ 従って、洋一君は大学を除籍処分になるだろう。

この議論は①と②、二つのプレミスから結論である③を導き出しています。ここでもし仮に2つのプレミスが両方とも「真」であると仮定したら、結論も必然的に「真」になるでしょう。言い換えれば、プレミス①とプレミス②が「真」であると仮定した場合、結論が「偽」であることは、論理的に不可能となります。①と②のプレミスが両方とも正しい場合、それでも③が「偽」になるケースを想像することはできないでしょう。それゆえ、先ほど紹介した定義によって、上記の議論は valid である、ということになります。

このことは、先に truth と validty を区別した時にお話ししましたが、議論が valid であるということだけでは、決して結論が「真」であるということを証明しないのです。「冷蔵庫」の比喩を思い出して下さい。「もし新鮮な食べ物を入れたのなら、次に取り出す時も新鮮」なのでした。同様に「もしプレミスが皆『真』であれば、結論は必ず『真』である」ような冷蔵庫を validity ということが保証してくれるのです。「もしあなたがそもそも最初に新鮮な食べ物を入れたのなら、食べ物の新鮮さを保証できますよ」と言う仮定の下でのお話なのです。つまり「もしプレミスが『真』ならば、結論が『真』であることを保証しますよ」といった仮定の上でのお話ですから、validity は、いわば仮定法的、条件法的な性質なのです。議論が valid であるということは、私達に以下のことのみを確証してくれます。

もしプレミスが仮に「真」であると仮定したのならば、結論も「真」である。

ここで気を付けねばなばないことは、「プレミスがたとえ仮に『真』であると仮定した場合のこと」を言っているということで、プレミスが実際に「真」であるかどうかは別問題なのです。ですから、validであるかどうかは、純粋に議論の形式の問題である、というような言い方をする人もいるのです。そこで、「純粋に議論の形式の問題である」ということで何を言いたいのか説明していきましょう。私達は、前の章でダイヤグラムを作成した際に、既に与えられた主張を記号化してみることによって簡潔化し、議論の構造を見通しやすくする作業を経験しておりますので、皆さんは今の段階では、主張を記号化して、議論の形式にのみ注目するやり方にはあまり抵抗がないはずです。そこで先ほど挙げた議論を例にして、仮にアルファベットのPが「今洋一君はマリファナを持っている」という文章を表し、Qが「洋一君は大学を除籍処分になるだろう」という文章を表すとしたら、先ほどの議論は、

① もしPならばQ。
② P。
③ 従って、Q。

と置き換えることができます。こうしてPとQという記号に置き換えてしまえば、議論の骨組み、つまり形式だけを取り出すことができます。たった今取り出したこの形式は、Modus Ponens という名前で知られている形式で、この形式を持っている議論はすべてvalidなのです。Validであるかどうかを調べる方法はのちほどにして、いくつか代表的な valid な議論の形式と名前を挙げておきましょう。

Modus Tollens

① もしPならばQ。
② Qではない。
③ 従って、Pではない。

Disjunctive Syllogism

① PあるいはQ。
② Pではない。
③ 従ってQ。

Hypothetical Syllogism
① もしPならばQ。
② もしQならばR。
③ 従って、もしPならばR。

Contraposition
① もしPならば、Q。
② 従って、
もしQでないならば、Pでない。

　これらの形式に従ってさえいれば、どんなに見かけがナンセンスな議論であろうと、validなのです。例えば、次に挙げる例を一緒に読んでみましょう。

① もし木村の達ちゃんと高見の伸ちゃんが火星にて青木の指揮で「蛙の歌」を輪唱するならば、聡一郎は、日本全土を水没させるような大津波に乗ってサーフィンをするだろう。
② 木村の達ちゃんと高見の伸ちゃんが火星にて青木の指揮で「蛙の歌」を輪唱する。
③ 従って、聡一郎は、日本全土を水没させるような大津波に乗ってサーフィンをするだろう。

「木村の達ちゃんと高見の伸ちゃんが火星にて青木の指揮で『蛙の歌』を輪唱する」ということも「聡一郎は、日本全土を水没させるような大津波に乗ってサーフィンをする」ということもどちらもナンセンスなのですが、ここで「木村の達ちゃんと高見の伸ちゃんが火星にて青木の指揮で『蛙の歌』を輪唱する」をP、「聡一郎は、日本全土を水没させるような大津波に乗ってサーフィンをするだろう」をQと置くならば、

① もしPならばQ。
② P。
③ 従って、Q。

となり、この形式は、Modus Ponens ですので valid ということになるのです。このような例の議論でもvalidなのだ、と言われて、「形式上は正しいのに、内容が変なことがあるのね」と思われたことでしょうが、まさにその通りで、それだからこそ、validity という「形式上の正しさ」を truth、即ち「真理」という「内容の正しさ」から区別したのです。Validity ということは、「真理」とは直接関係がないのだ、と私が言った意味がこれでお分かりでしょう。

Validity という「冷蔵庫」に「真理」を入れておけば役に立つのですが、初めから腐った食べ物を入れておいたのではどうしようもないのだ、というわけです。入れ物が一級品でも入っているものが腐っている場合があるということです。「入れ物と中味の比喩」を使って、validity ということは、「入れ物が一級品かどうかを鑑定すること」に関係し、truth ということは、その入れ物に入っている中味がそもそも腐っていないかどうかを検査すること」に関係する、とでも言っておくことにしましょう。Validity が議論の形式に、truth が議論の内容に関係する概念なのだということ、お分かりいただけたでしょうか？

さてここで、とても重要な概念ですので、valid、sound、strong、そして weak という言い方をまとめておきましょう。

> Strong arguments は、演繹法と呼ばれる議論で、以下のような特徴を持っています。それは、その議論のすべてのプレミスが真であるという仮定の下では、その議論の結論が偽であることがあり得ない、という特徴です。

> Weak arguments は、帰納法と呼ばれる議論で、演繹法とは違って、結論がプレミスから必然的に導出されるのではなく、真であるプレミスによって結論の確からしさを保証するのです。

> Strong arguments は、valid か invalid か、そしてさらに valid であるものに対しては、sound か unsound かという評価基準によって評価されます。

> Valid arguments は、これから述べるような特徴を持っています。それは、その議論のすべてのプレミスが真であるという仮定の下では、その議論の結論が偽であることが不可能である、という特徴です。プレミスが真であるという仮定の下でも、結論が偽である可能性があるような場合は、そのような議論は invalid であると言うのです。

> Sound arguments とは、そのプレミスが実際にすべて真であるような valid arguments のことです。Valid arguments である場合でも、議論を構成するプレミスのうち、どれか1つでも偽であるのならば、そのような議論は unsound であると呼びます。

3．Invalid な議論を指摘する方法

　私達は、与えられた議論が valid であるかどうかということを、「入れ物」が「入れ物」として一級品かどうかということにたとえて考えました。この比喩に沿って考えていくのならば、そもそも「器」としてひびが入ったり穴が開いていたりしたら、中味を保存する機能が低下してしまって「器」として役に立たないでしょう。同様に、議論の形式が invalid であれば、いかに正しいプレミスから出発しても無駄な時間を費やすのみになってしまいます。私達は invalid な議論を警戒しなければなりません。壊れて役に立たない「器」を初めから使わないようにしなければなりません。そこで、私達は、invalid な議論を見極める方法をみていきましょう。最初の「可能世界を考える方法」は主張の内容にまで入り込んで invalid な議論を探りあてますが、2番目に紹介する Truth Table（真理表）を使った方法、そして最後に紹介する Truth Aquaduct（真理の水路）という方法においては、純粋に形式上の考慮のみによって invalid な議論を指摘するのです。

(1) 可能世界を考える方法

　与えられた議論が invalid であるかどうかをテストする方法として、皆さんの想像力を駆使する楽しい方法があります。ここで紹介する「可能世界を考える方法」は、valid であるという前提の下に提出されている議論で言われていることの反対例を挙げる方法なのです。反対例を挙げるということは、この場合、「すべてのプレミスが真でも結論が偽である」ような可能世界を見つけ出すことなのです。そのような可能世界が存在するということでもって、その議論が invalid であることの証拠とするのです。可能世界ということは、実際はそうではないけれども、物事がそうであるかもしれないような世界を言うのです。論理的な矛盾が生じない限り、あなたはいろいろな可能世界を考えることができます。実際にある世界に何らかの変更を加えるだけで可能世界ができあがります。「すべてのプレミスが真でも結論が偽である」ような可能世界を見つけ出すことによって、あなたは valid であるという前提の下に与えられてい

る議論が invalid であることを証明することができるのです。次のような議論はどうでしょうか？

① もし順子がマフィアのボスであるのなら、青木はその犯罪に関わっている。
② 順子はマフィアのボスではない。
③ 従って、青木はその犯罪に関わっていない。

ここで私達は①と②、2つのプレミスで言われていることが真であり、結論が偽であるような、即ち、「2つのプレミスが正しいにもかかわらず、結論で述べられていることとは違って、青木がその犯罪に関わっている」ような可能世界が想像できるかどうか考えてみましょう。①のプレミスが真であるとしたわけですから、順子がマフィアのボスであるような場合は、青木は確実に犯罪に関わっているわけです。ここで②のプレミスも真であるわけです、つまり、順子はマフィアのボスではないのです。それでもなお、青木が本当は松本がマフィアのボスなのに、順子がマフィアのボスであると早合点して、勝手にその犯罪に関わってしまった可能世界を想像できます。つまり、こんな感じ。「よし、順子がボスなら一肌脱ぐぜ！　やったろうじゃねえか！」「アアッ！　待ってよ、青木の兄貴！　アア、もう、ボスは順子の姐御じゃないのによォ……」ズババババッ！「オラオラ、血だァ、血だァ、ハハハハハッ！」「アタァ〜ッ！　本当に殺っちまったよ、兄貴ったら！」。こんな状況を想像してみて下さいね。

他にも青木が順子を極度に恐れていて、恐怖のあまり順子こそがボスだ、他に考えられないとかたく信じ込んでしまっていて、その信念の下、「殺らないと、俺が順子に殺られる」といった具合に犯罪に巻き込まれてしまうのですが、実際はボスは順子ではない、といった可能世界を想像することができます。

あるいは、青木はただ単にボスであれば誰でも命令を聞く機械のような男で、順子がボスであるならば、当然その命令を聞くけれども、本当のボスの松本の命令通りに犯罪に関わったといったような可能世界を想像することができます。このように「すべてのプレミスが真でも結論が偽である」ような可能世界を見つけ出すことができれば、その議論は invalid ですので、今検討中のこの

議論は invalid ということになります。

このように「すべてのプレミスが真でも結論が偽である」ような可能世界を見つけ出すといった、想像力をたくましくして invalid な議論を見つけ出す方法が「可能世界を考える方法」なのです。

(2) Truth Table（真理表）による方法

この Truth Table（真理表）による方法を使って invalid な議論を調べるために、主張の記号化というステップが必要ですので、まず、主張の記号化についてお話ししなければなりません。

1) 与えられている主張を記号化する

私達の関心は、今、与えられた議論が果たして valid なのか invalid なのか、ということに向けられています。ここでもう一度、valid そして invalid ということがどういうことなのかおさらいしておきましょう。

> Valid arguments は、その議論のすべてのプレミスが真であるという仮定の下では、その議論の結論が偽であることが不可能である、という特徴を持っています。プレミスが真であるという仮定の下でも、結論が偽である可能性があるような場合は、そのような議論は invalid であると言うのです。

思い出していただけたでしょうか？　つまり、与えられた議論が valid なのかそれとも invalid なのかを考える時、すべてのプレミスが真であると仮定した上でのお話になりますので、そもそもプレミスが本当に真なのか偽なのかということは考えないでいいわけなのです。もし、議論が valid なのかそれとも invalid なのかを考える時、プレミスで述べられている主張の真偽が実際のところどうなのかということがそもそも問題にならないとしたら、主張を記号に置き換えてしまっても問題はないわけです。どうせ、真と仮定してしまうわけですから。主張を記号化し簡略化を図ることで、議論の形式的構造が見通しやすくなる上に、その議論が valid なのか invalid なのかを調べる時には、主張の意味を考える必要がないので、記号を使えば十分ではないか、というわけです。実際に記号化してしまった上で、与えられた議論の形式のみを取り出し、その

議論が valid なのか invalid なのかを調べる方法がいくつかあるのです。そんなわけで、私達は、まず、主張を記号化する際の簡単なルールを作っておくことにしましょう。皆が十人十色でまちまちな記号を使ったら混乱を招きますし、そうなったら統一がとれないからです。

　2）Claim Symbols（主張記号）について

　与えられた議論のプレミスと結論で述べられているそれぞれの主張を記号化していく際に、私達はアルファベットの大文字を使うことにしましょう。ですから、与えられた議論中の主張はすべてアルファベットの大文字で置き換えるわけです。その際に、同じ主張には同じ記号をあてましょう。私達は、「主張を表す大文字のアルファベット記号」のことを Claim Symbols「主張記号」と呼ぶことにしましょう。

　3）Logical Symbols（論理記号）について

　「主張（Claim）」とは、「真か偽か」判断の下せる文章のことでした。例えば、「天気は晴れている」、「青木は、戸外のカフェでコーヒーを飲む」などのように真か偽で判断できる限り、これらの文章は主張なのです。このように真か偽かで判断され得る1つ1つの主張を「単純主張」と呼ぶことにしましょう。「単純主張」はそれについて独立して「真か偽か」の判断が下せるのです。けれども、単純主張が個々でなされるのではなくて、単純主張が結び付けられた形でされる場合があります。例えば、今例に挙げた、「天気は晴れている」という単純主張と「青木は、戸外のカフェでコーヒーを飲む」という単純主張を結び合わせて、「天気が晴れているのならば、青木は、戸外のカフェでコーヒーを飲むだろう」とか「天気が晴れており、青木は、戸外のカフェでコーヒーを飲んでいる」などのように2つないしはそれ以上の単純主張を結び合わせた文章を作ることが可能です。つまり、「そして」「あるいは」「ならば」のような接続詞を使っていくつかの単純主張を組み合わせる場合がそれです。このように単純主張が結び合わされているような文章を「複合主張」と呼ぶことにしましょう。このように「そして」「あるいは」「ならば」のように単純主張相互を結び付け複合主張を作る言葉と、それから、単純主張を否定する際に使う「～でない」という言葉を総称して logical symbols（論理記号）と呼ぶことに

しましょう。

　Logical symbols（論理記号）を表す記号がありますので、それらをここで紹介しておくことにしましょう。以下に挙げる例では、claim symbols として、「天気は晴れている」をPと、「青木は、戸外のカフェでコーヒーを飲む」をRと置くことにしましょう。

① 「でない」を表す記号として、「〜」を使います。ですから、例えば、「天気は晴れている」の否定形である「天気は晴れていない」「天気は晴れている、ということはない」などは皆「〜P」で表します。
② 「そして」を表す記号として、「∧」を使います。ですから、例えば、「天気は晴れている、そして青木は、戸外のカフェでコーヒーを飲んでいる」という複合主張は、「P∧Q」で表します。
③ 「あるいは」を表す記号として、「∨」を使います。ですから、例えば、「天気が晴れているか、あるいは青木が、戸外のカフェでコーヒーを飲んでいないかだ」という複合主張は、「P∨〜Q」と表すことができます。
④ 「ならば」を表す記号として、「⊃」を使います。ですから、例えば、「もし天気が晴れているのならば、青木は、戸外のカフェでコーヒーを飲んでいるだろう」という複合主張は、「P⊃Q」と表すことができます。
　以上見てきたように、記号化された主張のことを論理式と呼びます。

　4）「論理式」とは？
　　① 単純主張を主張記号で表現したものは「論理式」です。
　　② αとβをそれぞれ論理式であると考えれば、論理記号で結ばれたαとβは論理式です。例えば、$\alpha \land \beta$、$\alpha \lor \beta$、$\alpha \supset \beta$、$\sim \alpha$、$\sim \beta$などは論理式です。

それでは、いくつか練習してみましょう。

　＜練習1＞ 「青木はヘリコプターバンジーをする」をPと、「楠はへそピアスをする」をQと、「木村はコメディアンに転向する」をRと、「亀井は大盤振る舞いをする」をSと、それぞれ置くとして、以下のように論理式の形に記号化された複合主張を

読みなさい。
1) Q⊃P
2) P∧(S⊃Q)
3) R∨P∨Q∨～S
4) S⊃(P∧R)
5) (R∨P)⊃(～S∧Q)
6) ～Q∨(～R⊃～P)
7) (P∧Q)⊃R
8) ～(Q∨R∨S)⊃～P

<練習2> 以下の主張を Claim Symbols と Logical Symbols を使って記号化しなさい。
1) 天気がよければ、アイスクリームを食べて草原で昼寝をする。
2) もし、テレビを見るか寝坊するしかないって言うのなら、健康を損なうよ。
3) 彼女と結婚するか、南極に行ってペンギンと戯れるかだな。

<練習3> 以下の議論を Claim Symbols と Logical Symbols を使って記号化し、議論の形式的構造を取り出してみて下さい。
1)
① もし君が煙草を続けるのならば、君は5年以内に死ぬだろう。
② 君が5年以内に死ぬか、ぼくが君の煙草を取り上げてしまうかだ。
③ ぼくは君の煙草を取り上げてしまうことができない。
④ 従って、君は煙草を続ける。

2)
① もしぼくが君の誕生石のブルー・トパーズの指輪を買ってやれば、君はダイヤモンドを欲しがるだろう。
② 君がダイヤモンドを欲しがるのならば、ぼくは昼食を抜きにして節約に励むことになるだろう。
③ 従って、もしぼくが君の誕生石のブルー・トパーズの指輪を買ってやれば、ぼくは昼食を抜きにして節約に励むことになるだろう。

5) Truth Tables（真理表）
　主張は「真か偽か」のいずれかであるわけですから、一つの主張に対して「真」の評価か「偽」の評価が与えられるわけです。「真」そして「偽」を真理値と呼ぶことにしましょう。「真」を、「真」を意味する英語の Truth の頭文字

をとって"T"と略記し、「偽」を、「偽」を意味する英語のFalseの頭文字"F"を使って略記しましょう。そうした上で、1つの主張Pに対して可能な真理値を網羅すると以下のような"Truth Table"と呼ばれている真理値の一覧表ができあがります。

P
T
F

さて、たとえどちらの真理値を主張Pがとったとしても、主張Pの否定である〜Pはちょうど正反対の真理値をとるはずです。つまり、もしPが「真」であるならば、〜Pは「偽」であるわけですし、反対にもしPが「偽」であるのならば、〜Pは「真」なのです。ですから今述べたPと〜Pとの関係を真理表で表せば、

否定詞の Truth Table（真理表）

P	〜P
T	F
F	T

ということになります。このように Truth Table（真理表）を作れば、可能な真理値の一覧表ができるわけです。

さてそれでは、同様に、複合主張を形成する他の logical symbols（論理記号）の Truth Table（真理表）を作ってみましょう。どの主張も「真か偽か」いずれかであるわけですから、もし主張Pと主張Qの2つがある場合以下のような4つの可能性があることになります。

Guiding Column（参照欄）

P	Q
T	T
T	F
F	T
F	F

PもQもともに「真」である場合が最初の行、2行目、3行目はどちらか一方

のみが「真」である場合です。そして最後の行は、PもQもともに「偽」である場合です。「真」と「偽」と2つの真理値しかない場合は、この4通りの可能性があるわけです。一般化すれば、真と偽の組み合わせは、主張記号の数がn個の時は、2^n通りの組み合わせになります。そして真と偽の組み合わせが何通りあるかを示している欄のことをGuiding Column（参照欄）と呼ぶことにしましょう。Truth Table（真理表）を見れば、そのことが一目瞭然に見通せるのです。

　それでは「そして」の場合はどうでしょうか？「そして」で結ばれるような複合主張のことを「連言」あるいは「連言命題」と呼ぶことがあります。これらの言い方もここで紹介しておきましょう。まず表を作ってしまった後でなぜそのような表になるのかということを一緒に考えていくことにしましょう。

　　　　連言の場合のTruth Table（真理表）

P	Q	P∧Q
T	T	T
T	F	F
F	T	F
F	F	F

　例えば、私が我が最愛の奥様に「君の誕生日にはダイヤのネックレスとダイヤの指輪を買ってあげよう」と言ったとしましょう。「私は君の誕生日にダイヤのネックレスを買う」をP、「私は君の誕生日にダイヤの指輪を買う」をQとおいて考えてみて下さい。私が彼女に約束した内容は「PとQ」というわけですから、連言です。さて、彼女の誕生日に実際にダイヤのネックレスと指輪をプレゼントしたとしたら、私の言ったことは本当だったことになります。ところが、彼女の誕生日に、ダイヤの指輪だけ、あるいはダイヤのネックレスだけ、をプレゼントしたとしましょう。この場合、私の言ったことは嘘だったということになり、約束を守らなかった私は彼女の平手打ちに値するといったことになるでしょう。もちろん、どちらもプレゼントしないなどということになれば、私はやはり嘘つきということになり、やはり彼女の平手打ちに値するといったことになるわけです。つまり、連言の場合は「そして」で結ばれている主張

（この場合はPとQ）が両方とも真である時に限り、真であるわけです。

　それでは、次に「あるいは」で結ばれる複合主張の場合のTruth Table（真理表）を考えてみましょう。「あるいは」で結ばれる複合主張のことを「選言」とか「選言命題」とか呼びますので、この言い方も覚えておいて下さい。先ほどと同様に、まず選言の場合のTruth Table（真理表）を紹介してから、なぜそのようになるのか考えてみましょう。

選言の場合のTruth Table（真理表）

P	Q	P∨Q
T	T	T
T	F	T
F	T	T
F	F	F

　先ほどと似たような例を使いましょう。私が妻に「君の誕生日にはダイヤのネックレスかダイヤの指輪を買ってあげよう」と言ったとしましょう。「私は君の誕生日にダイヤのネックレスを買う」をP、「私は君の誕生日に指輪を買う」をQとおいて考えてみて下さい。私が彼女に約束した内容は「PかQ」というわけですから、選言です。このように約束した私が彼女の誕生日にダイヤのネックレスだけプレゼントしたとしたら、私は約束を果たしたことになります。また、ダイヤの指輪だけプレゼントしたような場合も、やはり私は約束を守ったことになるでしょう。つまり、どちらかをプレゼントすれば、私の言った約束は真であったことになります。ですから、どちらもプレゼントしないなどということになれば、私はやはり嘘つきということになり、彼女の平手打ちに値するといったことになるでしょう。さて、どちらかだけでも十分に約束を果たしたことになるのに、ここで私が気前よく、ダイヤのネックレスもダイヤの指輪も両方とも彼女にプレゼントしたとしましょう。この場合、私は別に約束を破ったことにはなりません。私は気前よかったのだし、彼女も得をしたくらいにしか考えないでしょう。つまり両方プレゼントしても私の言った約束が嘘だったということにはならないのです。ですから、選言の場合は、選言で結ばれる主張が両方とも（この場合はPもQも両方とも）「偽」である場合に限っ

て、選言は「偽」となるのです。
　確かに、「コーヒーか紅茶か」と尋ねられて、「両方ともいただきます」と言うことは可能なのですが、「死ぬか生きるか」というような場合のように、「両方をともに選択することが不可能であるような選言」があります。このようなタイプの選言を「強い意味での選言」と呼び、先に紹介した「両方をともに選択することを許すようなタイプの選言」——これを「弱い意味での選言」と呼びます——と区別しておきましょう。このように選言には、「弱い意味の選言」「強い意味の選言」と2つの解釈が可能なのです。論理学では、前にお話ししましたように、valid な議論を「真理をしまっておく冷蔵庫」のように考えるわけです。以前に以下のような形の valid であるとして古来より知られている議論の構造を紹介しました。

　　　　Disjunctive Syllogism
　　　　1．PあるいはQ。
　　　　2．Pではない。
　　　　―――――――――
　　　　3．従ってQ。

　この Disjunctive Syllogism という名前で知られている議論は、選言を「弱い意味の選言」と解釈しようが「強い意味の選言」と解釈しようが成立する議論です。どちらの意味で解釈しても「真理の冷蔵庫」たる Disjunctive Syllogism を救うことができるわけです。どうしても「強い意味での選言」として選言を使う場合は、「PかQか」の後に「ただし両方ともにではない」というただし書きをつければいいわけです。そこで論理学で扱う"∨"のシンボルは「弱い意味での選言」を意味する、という約束で統一してあるのです。
　最後に「ならば」で結び付けられる複合主張の場合の Truth Table （真理表）を考えてみましょう。そのために「ならば」の日常的な用法に当たってみることにしましょう。そうした上でまずそれらの用法間の違いを強調した上で、次に共通した点が発見できるかどうか考えてみましょう。選言の意味を解釈した時と同じように、「真理の冷蔵庫」であるために最低限必要な条件を探り当てていくことにしましょう。

例
① もしどの犬も皆骨が好きで、ジョンが犬であるのならば、ジョンだって骨が好きさ。
② もしその形が三角形であると言うのならば、3つの辺があるよ。
③ かき氷を食べ過ぎるのならば、頭が痛くなるよ。
④ もしリトマス試験紙を酸に浸すのならば、リトマス試験紙は赤く変わるだろう。
⑤ もしパンを買いたいのならば、この角のパン屋で買うことができます。
⑥ 信号が赤ならば、車は止まるべきだ。
⑦ もしおまえにこの問題が分かるのならば、俺は月の上で逆立ちしてやるよ。
⑧ 君が微笑むのならば、世界中がバラ色に変わるだろう。

「ならば」で結び付けられる複合主張は、条件文と呼ばれていますが、「ならば」を挟んで前半を「条件節」(「前件」とも呼ばれています)、後半を「帰結節」(「後件」とも呼ばれています) とそれぞれ呼ばれている2つの主張から成り立っています。以上列挙してみた例から、条件節と帰結節の結び付きが、どのようなタイプの結び付きなのか考えていくことにしましょう。その結び付きの種類によって、条件文の分類を試みることにしましょう。

例①では、帰結節で言われていることは、条件節から、論理的に導き出されますので、条件節と帰結節の結び付きは論理的な結び付きなのです。

例②では、帰結節で述べられている内容は、条件節で挙げられている三角形の定義の一部なのです。ですから、この場合、条件節と帰結節の結び付きは、純粋に定義の問題となりましょう。

例③では、条件節と帰結節との関係は、例①、例②とは異なり、経験的な関係が述べられています。条件節と帰結節の関係は、経験によって発見されねばなりません。これは因果関係として知られている関係で、条件節では、原因について述べられ、帰結節ではその結果としてどうなるのかが語られることになります。

こうした因果関係を述べた条件文は、例④で挙げているように、科学の領域

でも重要な役割を担っているのです。科学の領域では、因果律として、人間の意志や希望などでは変えられない客観的法則の定式化に使われているのです。

例⑤においては、目的と手段の関係によって、条件節と帰結節が結び付けられています。条件節においては、目的が述べられ、帰結節では、その目的を達成するための手段が挙げられています。

例⑥では、条件節と帰結節の結び付きは、規約による結び付きです。この場合、社会的、道徳的などの約束事によって条件節と帰結節が繋がりを持つのです。

例⑦では、条件節と帰結節の関係は、話者の何らかの誇張された形による決意の表明の下に結び付けられています。

例⑧では、話者の感情が、条件節と帰結節の結び付きの根底にあり、詩的な雰囲気を醸し出しています。

さて、「真理の冷蔵庫」としての最低限の条件を求めている私達は、条件文の持っているこのような多様な意味合いの中に何を求めたらいいのでしょうか？　この問いに答えを求めるための1つの方法として、「一体どのような条件の下で、条件文は偽とされるのか」ということを考えていくことにしましょう。たとえ条件文が多様な意味合いを持っているとしても、どのような意味合いを持っている条件文であれ、それが偽であるような場合に気を付けさえすれば、私達がそうとは知らずに invalid な議論に手を染めてしまうことはなくなるだろうからです。今列挙した8つの意味合いのどの条件文をとっても、その条件文を偽にしてしまう場合を取り出すことができるでしょうか？

以上、例に基づいて考察を進めてみると、条件文は実に多様であることが分かります。けれども1つ共通していることを挙げるとしたら、条件文は、まだ経験されていない事象に対する話者の信念体系を表現していると言えるということでしょう。条件文によって主張を行う場合、「もしPならば、Qである」と言う時、私達は、自分の信念体系に基づいて一般にQはPから推論ができる、と言おうとしているのです。「Pという条件の下では、Qであろう」と仮説を立てることは、言わば、まだ経験されていない未来事象に相対する際の自分の信

念体系に基づいた人間的な身構えの表明なのです。ですから、Pが真だとしたら、Qが起きればいいのですが、Pが真だとしてもQが起きなかったらこの仮説自体の誤りが問題視されることになるでしょう。つまり、「Pが真であるのならば、Qも真である」、あるいは「『もしPが真でありQでない』のならば、『もしPならばQである』は偽である」ということになるでしょう。Pが真にもかかわらず「Qではない」という場合に、仮説全体の誤りが証明されるのです。

　以上の考察からお分かりのように、条件文が偽となるような場合は、条件節で述べられていることが真であるにもかかわらず、帰結節で述べられていることが偽であるような場合なのです。今ここで挙げた「条件節で述べられていることが真だが、帰結節で述べられていることが偽である」ような場合、条件文が偽なのですから、「条件節で述べられていることが真だが、帰結節で述べられていることが偽である」ようなことがなければいいわけです。条件節をP、帰結節をQと置いて記号化して考えてみましょう。すると、「条件節で述べられていることが真だが、帰結節で述べられていることが偽である」は、「条件節で述べられていることが真」そして「帰結節で述べられていることが偽」という連言の形で表現できます。記号化して表すと、つまり、P∧〜Qであるような場合、条件文全体も偽である、というわけですから、(P∧〜Q)でなければいいわけです。つまり、(P∧〜Q) を否定してやればいいのです。すると、〜(P∧〜Q) となります。これを条件文に最低限必要な制約とみなすことにしましょう。

　そこで今取り出したばかりの最低限必要な制約を考慮して、「真理の冷蔵庫」の役目を果たしおおせる必要最低条件によって、「ならば」を定義することにしましょう。「真理の冷蔵庫」たる最低条件を備えた、このような論理的「ならば」を Material Implication（実質的含意）と呼ぶことにします。実質的含意では、P⊃Qの意味は〜(P∧〜Q) と同じである、ということですから、これに基づいて、P⊃Qの Truth Table（真理表）を作ることにしましょう。実質的含意の記号として馬蹄のマーク"⊃"を使います。

論理的「ならば」(Material Implication) の Truth Table (真理表)

P	Q	~Q	P∧~Q	~(P∧~Q)	P⊃Q
T	T	F	F	T	T
T	F	T	T	F	F
F	T	F	F	T	T
F	F	T	F	T	T

以上のように定義を加えておけば、最低限の役割を果たすことができるわけです。

今見てきたように、複合主張が真か偽かという判断は、単純主張が真か偽かということに基づいていますから、複合主張の真偽は単純主張の真偽の言わば関数になっています。そこで、こうした事態を、真偽に関する関数ということで、Truth Function（真理関数）と呼んでいます。そして真偽のことを Truth Value（真理値）と呼ぶことにしましょう。論理記号で表現した接続詞や否定詞の働きに注目し、単純主張間の真理値の関係から複合主張の真理値を関数関係と考えて取り出すことができるのです。

今までのところの要点をまとめておきましょう。

> 単純主張：接続詞や否定詞を含まない主張で、それだけで真か偽かの判断ができます。1つの主張記号で表現できる一番基本的な論理式です。

> 複合主張：接続詞や否定詞によって単純主張を結び合わせた主張。論理記号で表現した接続詞や否定詞の働きによって、複合主張の真偽は単純主張の真理関数になっているのです。

さてこれで Truth Table（真理表）の作り方を理解していただけたと思います。今度は Truth Table（真理表）を実際に validity のテストに応用してみることにしましょう。そこで、以下のような議論を Truth Table（真理表）を使って調べていくことにしましょう。

① もしテレビを見すぎたならば、目が痛くなるだろう。
② テレビを見すぎたか漫画を読みすぎたかだ。
③ 従って、目が痛くなるだろう。

この議論をこれから紹介していく3つのステップに従って、Truth Table（真理表）によって、valid であるかどうかを検査してみましょう。

ステップ1 ｜ 与えられている議論を記号化しよう。主張記号、論理記号を使って記号化をしていきます。

　この場合、「テレビを見すぎた」をP、「目が痛くなるだろう」をQ、そして「漫画を読みすぎた」をR、とそれぞれ主張記号を使っておいて、プレミス1は条件文ですから、論理記号"⊃"を、プレミス2は選言ですから、論理記号"∨"を使って記号化していけばいいわけです。

① P⊃Q
② P∨R
―――――――
③ ∴Q

ステップ2 ｜ Truth Table（真理表）を構築しましょう。

　それでは、ステップ2に従って実際にTruth Table（真理表）を作ってみましょう。Truth Table（真理表）を書く場合、私達は、まず参照欄を作り、真と偽の組み合わせが何通り可能か考えなければなりません。この例の場合、単純主張がP、Q、R、と3つあります。単純主張の真偽に基づいて複合主張の真偽が決まるのですから、P、Q、R、それぞれに「真か偽か」という真理値を振り当てていくと何通りの組み合わせが可能か考えねばなりません。P、Q、R、と主張記号が3つの場合は2^3通りの可能性があることになります。$2^3 = 8$ですので、8通りの組み合わせが可能です。すると以下のような参照欄ができます：

参照欄

P	Q	R、
T	T	T
T	T	F
T	F	T
T	F	F
F	T	T
F	T	F

```
F F T
F F F
```

これを参照欄として、2つのプレミスと結論を主張記号の横に並べましょう。そして、参照欄に記された真理値に従って、それぞれの真理値を各行ごとに入れていきましょう。

	P	Q	R	P⊃Q	P∨R	Q
	T	T	T	T	T	T
	T	T	F	T	T	T
	T	F	T	F	T	F
	T	F	F	F	T	F
	F	T	T	T	T	T
	F	T	F	T	F	T
→	F	F	T	**T**	**T**	**F**
	F	F	F	T	F	F

ステップ3 │ プレミスがすべて真で結論が偽であるような行があるかどうか調べよう。もしあるのであれば、その議論は invalid です。もしそのような行が1つもないのであるのならば、その議論は valid なのです。

ステップ3に従って、上の行から順番に降りていきますと、ちょうど矢印で記した行にプレミスが2つとも真であるにもかかわらず結論が偽となっている箇所があります（その箇所のプレミスと結論の真理値は太文字で記入してあります）。Pが偽、Qが偽、そしてRが真の時、両方のプレミスが真であるにもかかわらず結論が偽になっています。

以上、Truth Table（真理表）によって valid か invalid か調べる方法を紹介しました。この際、与えられた議論が invalid であるのならば、「すべてのプレミスが真であるにもかかわらず結論が偽の場合」が発見できるわけですから、初めから「結論が偽となっている行にのみ注目」して考えれば、疑わしき行の調

査が簡単に済むでしょう。ショートカットの方法を工夫できるわけですね。

(3) Truth Aquaduct（真理の水路）という方法

　私達は、Truth Table（真理表）による方法を見た際に、議論の記号化をする方法を学びました。最後に見ていく Truth Aquaduct（真理の水路）という方法でも、議論の記号化を使います。それでは、Truth Aquaduct（真理の水路）という方法を説明していくための準備段階として、イメージ図式、そして論理回路について説明しておきましょう。Truth Aquaduct（真理の水路）の方法の発想の原点を知っていただきたいからです。

　1）イメージ図式[2]

　私達は誰もが皆身体的存在である限りにおいて、身体を介して環境世界と相互作用しているわけです。ジョージ・レイコフやマーク・ジョンソンの唱えている「認知意味論」では、身体と環境世界との相互作用の場を意味の創発するフィールドとして考えているのです。イメージ図式という考え方もそうした探究の成果の1つなのです。イメージ図式は命題とは違って、主語・述語構造を備えているわけではありません。イメージ図式とは、私達の身体と外界との「非言語的交渉」という動的な相互関係によって生じる、反復されるイメージのアナログ的なパターンなのです。私達の想像力はこうしたアナログ的なパターンを意味の構造化に利用する、というのが「認知意味論」の基本的な考え方なのです。環境世界との「非言語的交渉」によって繰り返される経験の有意味なパターン、例えば、内に入ったり外に出たりすることによって生じる「内／外」の動的なイメージ・パターンがイメージ図式を構成していくのです。特に幼児期のような前言語的な状況の中で、環境世界は身体的に探られていきます。その際に、環境世界との身体的交渉を通して、基本的な動作や姿勢が繰り返し現れ、イメージの前言語的でアナログな構造が生じるのです。「内／外」、「前／後」、「上／下」、「中心／周辺」、「力」、「バランス」、「道」などのような身体を有する私達特有な、外界との「非言語的交渉」が示す基本的な活動によって生じるアナログなパターンがイメージ図式と呼ばれているのです。

　論理という形式的推論も、イメージ図式の経験的パターンを形式化したもの

が多い、というのがレイコフやジョンソンの主張なのですが、私達は、実際にイメージ図式的な発想の下に論理を捉えてみようと考えています。私は特に「道」図式という名前で呼ばれているイメージ図式を使って、論理構造をよりイメージ喚起的に捉えてみたいと思います。そうすることによって、形式論理学の要求する形式的証明なしに論理をイメージ化してみたいからなのです。このイメージ化のために、役に立つ考え方があります。それが、これから説明を試みる論理回路の考え方なのです。それはコンピューターの回線を通路、即ち、道としてイメージしており、この場合の通行人はもちろん電気なのです。

2）論理回路について[3]

コンピューターの演算を受け持つハードウェアの部分には、これから説明する「論理回路」と呼ばれている思考回路の組み合わせが使われています。真理関数は「真」や「偽」の真理値を入力してやり、「真」か「偽」を出力させる関数のことだ、と考えることができます。スイッチオンの状態を「真」、オフの場合を「偽」、と考えれば、電気回路を使って真理関数を表現できるわけです。ですから、「論理回路」とは「真理関数の電気回路による置き換えである」と考えていいわけです。「論理回路」は電気の「通り道」を表現したものである、とイメージして下さい。さて、「論理回路」は① and 回路、② or 回路、③ not 回路の3種類があります。

① and 回路

　直列に配置されているスイッチPとスイッチQ（仮に2つのスイッチそれぞれをこのように呼ぶことにしましょう）の2つのスイッチの組み合わせでできた回路です。2つのスイッチに入力されない限り、つまりスイッチPにもスイッチQにも入力されない限り電気が流れないところが連言を「真」とする真理値に似ているわけです。即ち、P∧Qという複合主張を「真」とする主張記号P、主張記号Qの真理値はどちらも「真」の場合のみなのです。

② or 回路

　この回路では、スイッチPとスイッチQは並列に配置され、ちょうど選言の複合主張が「真」の真理値を示す場合と同様に、どちらか1方がオン

の状態にあれば、電気が流れるようになっているのです。即ち、P∨Qの真理値が真である場合とは、PかQのどちらか一方でも真であればよかったのですが、まさにor回路は選言の電気回線による表現なのです。

③ not 回路

スイッチは通常は入力されるとオンになりますが、この回路のスイッチは入力されるとオフの状態になります。

以上のような真理関数の電気回路による表現を利用して、真理関数をより視覚的イメージで捉えることができるようにダイヤグラム化する方法を考えてみましょう。

さて、以上説明を加えてきた「道図式」の考え方と論理回路の考え方を利用して、validity を簡単に調べる方法についてお話ししましょう。私達は「電気」を理解する際に、電気を「水」になぞらえて理解しています。例えば、電気も水のように流れるものと考えています。そこで以下に説明するような「水路」(Aquaduct) を考えてみましょう。ここでは「道」は「水路」であり、「道を行く人」は、人間ではなく「水」なのです。イメージ喚起的に私達の目的を述べれば、こんな感じになります。私達の目的は、真理の水源を枯渇させないように可能なすべての水路を閉ざし、水源の水が流出してしまわないようにすることなのです。「論理回路」の場合と同じように、① and 回路、② or 回路を使います。Truth Aquaduct（真理の水路）の方法においては、否定詞は「論理回路」におけるnot回路の用法とは少し違います。否定詞に関する用法は、水門の開閉に関わる特別な用法ですので、その時に詳しくお話ししましょう。

3）Truth Aquaduct（真理の水路）について

Truth Aquaduct（真理の水路）の方法は、古来より Reductio Ad Absurdum という名前でよく知られている戦略を採用しています。この戦略は、結論を偽であると仮定したら、矛盾が生じることを示し、それゆえ、結論を偽であるとする仮定の誤りを証明するのです。言い換えれば、結論を偽であるとする仮定は矛盾に導くゆえに、結論は真である、とするのです。今の段階では、これによく似た方法を学ぶことになるのだぐらいに思っておいて下さい。初めのうちは、

心の片隅にこれからお話しするイメージをとっておいていただければ十分です。

　皆さんに心に留めておいていただきたいイメージは、これです。真理の水源があると想像して下さい。水路を構築したのはいいのですが、欠陥のある水門が使われてしまうと、真理の水源の水が流出して水源の枯渇を招いてしまう恐れがあります。皆さんは、水門が欠陥品でないことを調べ、真理の水源を、水路上の水門を閉ざすことによって守らねばならないのです。すべての水路上の水門を閉ざすこと、これが皆さんの目的なのです。皆さんは、与えられた議論を水路のイメージに置き換えるやり方を学びます。水門に欠陥がなく、すべての水路を閉ざすことができたならば、その議論は真理の水源を守ることのできるvalidな議論なのです。今述べたことは、あくまでもイメージなのですが、どうか心の片隅にでも置いておいて下さい。このイメージが皆さんの心に描かれている限りは、専門用語に臆することなく読み進めてみて下さい。からくりは後で詳しくゆっくりとご説明します。

　Truth Aquaduct（真理の水路）は"branch"（分岐）と"sluice"（水門）の2つの要素から成り立っています。"branch"は枝分かれしている短いほぼ垂直な線分であり、その線分の末端を"sluice"と呼びます。否定は"～"という記号を使って表記します。例えば、「Aではない」は"～A"と表記します。

　Truth Aquaduct（真理の水路）によって、以下のように、連言そして選言をそれぞれ表現することができます。

　4）連言の表現方法

　「AそしてB」、「AとB」のような連言は、Truth Aquaduct（真理の水路）においては縦列する2つの"sluice"（水門）で表現します、つまり「論理回路」のように水門Aと水門Bを直列配置するわけです。主張記号Aと主張記号Bを縦列させればいいのです。

　　　　A
　　　　B

　5）選言の表現方法

　「AまたはB」、「AあるいはB」のような選言は、Truth Aquaduct（真理の水路）

においては、2方向に枝分かれしている "branch"（分岐）として表現します。これは「論理回路」の並列配置に当たります。"branch" の下方の末端に位置する水門に主張記号AとBをそれぞれ書きます。イメージとしては、水が水門Aと水門Bそれぞれに向かってに分岐して流れていくイメージです。

```
   ∧
  A  B
```

選言を表現する "branch" には水門が3つ、つまり、3つの末端があるわけですが、そのうち、一番上の水門には主張記号がありません。このような場合、その水門は "nameless"（名前がない）であると言います。分岐の下方にある2つの水門が "nameless" であることは決してありませんが、一番上の水門は "nameless" であり得るのです。水門が "nameless" である場合は、その水門は常に開いています。つまりいつでも水が流れている状態なのです。以下の分岐の例では、3つの水門がどれ1つとして "nameless" ではありません。

```
    B
   ∧
  C  D
```

これは（B∧C）∨（B∧D）ということ、即ち、「『BそしてC』あるいは『BそしてD』」ということを表現しています。あるいは、それと論理的に等価であるB∧（C∨D）、即ち、「Bそして『CあるいはD』」ということを表現しているのです。

　以上このTruth Aquaduct（真理の水路）の方法では、選言、連言の2つの接続詞と否定詞を使います。水は上から下へ流れますので、上流から下流にといった言い方で流れる方向を言い表すことにします。
　さて次に「水路が開いている」「水路が閉じている」という言い方について説明しましょう。この話題に関連していますので、ここで少しこの方法における否定詞の役目についてお話ししましょう。この方法においては、否定詞が使われているからといって自動的に水門が閉じるのではありません。水路が閉じ

る場合は水路上に矛盾が生じている場合なのです。例えば、以下に示した例を見て下さい。ここでは上流に位置する一番上の主張記号Aから一番下の行に向けて4つ水路できています。即ち、(1) Aから中段のBを経て向かって左端の〜Bに流れる水路、(2) Aから中段のBを経てDへ流れる水路、(3) Aから中段のCを経て下段のEに流れる水路、そして最後に (4) Aから中段のCを経て向かって右端の〜Bに流れる水路です。

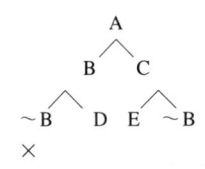

```
          A
         ∧
        B   C
       ∧   ∧
     ~B  D E ~B
      ×
```

これら4つの水路の内、図に×印で示した (1) の水路には、Bと〜Bが共存しています。これは、主張とその否定が連言で結ばれているということですから「矛盾」なのです。このように、矛盾を指摘できる水路は「閉じている」と呼び、閉じている水路の一番下流に位置する主張記号の下に×印をつけます。残り3つの水路上には「矛盾」を探すことができませんので、そのような水路は「開いている」と呼ぶことにします。矛盾に突き当たれば、スイッチが自動的に入って、水路が閉じるような仕掛けをイメージして下さいね。どれか1つでも水路が開いているような議論は、水路を閉ざすことができずに水漏れしてしまって、真理の水源を枯れるにまかせてしまうような水路なのだ、とそんな風にイメージしてみて下さい。のちほど、「Truth Aquaduct（真理の水路）の解釈の仕方」という項目を特別に設けて、なぜ Truth Aquaduct（真理の水路）の方法を使えば、与えられた議論が valid か invalid か知ることができるのかということについて、詳しく説明を加えますので、この段階では、「真理の水源を守るために全ての水門を閉ざす」というイメージを念頭に置いておいて下さい。

　すべてのプレミスが真であるという仮定の下でも、結論が偽である可能性があるような場合は、そのような議論は invalid なのでした。Truth Aquaduct（真理の水路）の方法によって、議論が valid であるかどうか調べるにあたって、私達はたった今述べた invalid な議論の性質を利用します。つまり、私達はプ

レミスがすべて真で、結論が誤っていると仮定することから出発するのです。つまり、invalid ではないと証明されるまでは、invalid であると疑ってかかるわけです。以下、Truth Aquaduct（真理の水路）の構築に必要な 6 つのステップを順を追って説明していきます。

ステップ1 ｜ 与えられた議論を主張記号、論理記号を使って記号化しよう。
　例えば、以下のような議論を使って考えていきましょう。

① 青木は休講している。
② 青木の奥さんが代行を務めるか青木は休講をしないかだ。
③ 従って、青木の奥さんが代行を務める。

この場合、単純主張は基本的に 2 つ、即ち、「青木は休講している」と「青木の奥さんが代行を務める」、しかありません。プレミス 2 は、選言と否定を使った複合主張なのです。そこで、「青木は休講している」をP、「青木の奥さんが代行を務める」をQと、それぞれ置けば、記号化した結果、次のような構造を持った議論が得られます。

① P
② Q∨〜P
③ ∴Q

ステップ2 ｜ 結論を否定し、その結果を結論の下の行に記入しましょう。
　　　　私達は次のステップとして結論を否定しその結果を結論の下の行に記入します。

① P
② Q∨〜P
③ ∴Q
④ 〜Q（結論の否定）

ステップ3 ｜ 必要な翻訳を済ませる──このステップは現段階では必要あり

ません。(のちほど、より複雑な議論を扱う時に重要な役目を果たすようになるステップなのです。このステップの説明は、その時に回しましょう。)

ステップ4 │ Truth Aquaduct（真理の水路）を作ります。

　Truth Aquaduct（真理の水路）を作る作業に使う材料は、プレミスと結論の否定です。この例の場合は2つのプレミス①と②、そして結論の否定である④を作業に使います。元々の議論にある結論は使いませんので注意しましょう。作業に使う材料は①、②、そして④です。
　それではTruth Aquaduct（真理の水路）を作ってみましょう。

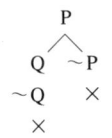

$$\begin{array}{c} P \\ \diagup \diagdown \\ Q \quad \sim P \\ \sim Q \quad \times \\ \times \end{array}$$

上流から、P、そしてQを経て～Qに向けて流れる水路には「Qと～Q」が、上流から、Pを経て～Pに向けて流れる水路には「Pと～P」が、指摘できます。「Qと～Q」そして「Pと～P」はどちらも両立し難い矛盾です。このようにこの例では、どちらの水路上にも矛盾が指摘できますので、この水路は閉じているのです。矛盾が見つかった水路は、矛盾が見つかった時点で、×印を書いて水路を閉ざしてしまいましょう。×印で閉ざしてしまった水路に関しては、作業はそこで終了です。まだ開いている水路に関して作業を集中しましょう。
　ここで注意していただきたいことは、結論を偽であると仮定して出発するとどの水路においても矛盾が見つかり「水路が閉じてしまっていた」ということです。逆に、結論を偽であると仮定して出発しても、「開いている水路」があるとしたら、その水路上に見られる主張記号こそ、与えられた議論をinvalidなものにする証拠となるはずです。
　もしすべてのプレミスが真だとしても、結論が偽であり得るのならば、その議論はinvalidなのでした。Truth Aquaduct（真理の水路）においては、プレミ

スが真であり、そしてそれと同時に結論が偽であると言っている場合を水路としてダイヤグラム化しているのです。与えられた議論に関して、「プレミスが真であり、そして結論が偽である」ということを矛盾なく言えるとしたら、その議論は当然 invalid な議論であるはずです。この方法において、与えられた議論の結論を否定したものを縦列させるということは、「そして＝∧」を使って連言で繋ぐということと同じことですので、ちょうどそれは「プレミスが真であり、そして結論が偽である」と言っていることをダイヤグラム化していることになるのです。Truth Aquaduct（真理の水路）においては、選言と連言に議論を翻訳するため、結論を偽と仮定することによって、「プレミスが真であり、そして結論が偽である」ような連言がいく通りできたかをダイヤグラムにすることで視覚化して表現しているのです。つまり縦に並べられた「水門」の連鎖が、「プレミスが真であり、そして結論が偽である」ということを視覚化しているのです。「プレミスが真であり、そして結論が偽である」という文中にある「そして」という言葉に注目して下さい。与えられたすべてのプレミスと、偽と仮定した結論を「そして」で結び付けていくわけです。こうして視覚化した結果として、Truth Aquaduct（真理の水路）というダイヤグラムのどの水路にも矛盾が指摘でき、「水路が閉じていた」ということは、「プレミスが真であり、そして結論が偽である」ということを矛盾なしには言えないということになるのです。言い換えれば、「どの水路についても矛盾が指摘できた」即ち「どの水路も閉じていた」ということは、その議論がvalidであることと同じことなのです。逆に、「1つでも開いている水路がある」ということは、「プレミスが真であり、そして結論が偽であるということが矛盾なく言える場合がある」ということで、その開いている水路に表れている主張記号の組み合わせこそ、「プレミスが真であり、そして結論が偽である場合」なのです。それでは今説明したことを簡単にまとめておきましょう。

6）Truth Aquaduct（真理の水路）の解釈の仕方

　Truth Aquaduct（真理の水路）の方法では、与えられた議論の結論を否定をするということをしますが、これは、結論が「偽」であると仮定してやることなのです。皆さんは、「プレミスが真であり、そして結論が偽」である場合、

その議論は invalid なのだということを覚えていらっしゃるでしょう。与えられた議論の結論を否定し、その結論は偽だと仮定してやることによって「プレミスが真であり、そして結論が偽」である場合を、言わば人工的に作ってやるわけです。つまり、その議論が invalid であると仮定してしまうのです。言い換えれば、Truth Aquaduct（真理の水路）の方法では、すべての水路において矛盾が指摘できない限り、与えられた議論は invalid であるという作業仮説の下に作業を進めていくわけです。ですから、完成したダイヤグラムを見て、「どの水路も閉じていた」ということは、「プレミスが真であり、そして結論が偽である」ということを矛盾なしには言えないということを意味するのです。従って、「どの水路も閉じている」ような Truth Aquaduct（真理の水路）ということであれば、与えられた議論はvalidな議論であると言えるのです。

ですから、

| ステップ5 | Truth Aquaduct（真理の水路）の最終目的は、すべての水路が閉じていることを確認すること。閉じている水路には×印を付けておきましょう。もし1つでも開いている水路があれば、それは与えられた議論がinvalidであることを意味します。すべての水路が閉じているのならば、このステップで作業完了。もし1つでも開いている水路がある場合は、ステップ6へ。|

それでは、ステップ6を説明するために、invalid な議論を Truth Aquaduct（真理の水路）に載せてみることにしましょう。

7）Truth Aquaduct（真理の水路）による Invalid な議論の指摘の仕方と
　　Truth Table（真理表）による確認

私達が Truth Aquaduct（真理の水路）を説明する際に例に採用した議論がたまたま valid な議論でしたので、今度は invalid な議論の場合を調べてみましょう。特に、「開かれた水路」上に並んでいる水門に当たる主張記号を取り出して、Truth Table（真理表）を使って、それらの主張記号が出現している欄を調べてみることにしましょう。面白い関係が見つかります。

そこで、

① P∨Q
② P
―――――――――――
③ ∴ Q

という構造を持った議論を Truth Aquaduct（真理の水路）を作って調べてみましょう。この議論はもう既に記号化されていますので、ステップ1は飛ばして次に行くことにしましょう。次のステップは、結論を否定することでした。

① P∨Q
② P
―――――――――――
③ ∴ Q
④ ～Q

こうして、①と②2つのプレミスと結論の否定である④をダイヤグラム化して Truth Aquaduct（真理の水路）を作るわけです。

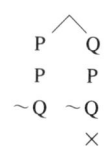

```
      P   Q
      P   P
     ～Q  ～Q
           ×
```

向かって右側の水路は、Q∧～Q という形の矛盾が見つかりますので、「水路は閉じている」のですが、左側の水路は「開いて」います。開いている水路の水門として上流から、P、P、～Q が並んでいます。さて、ここでこの議論を Truth Table（真理表）によって調べてみることにしましょう。

```
     P Q   (Q)   (P)   (P ∨ Q)
     T T    T     T     T
  →  T F    F     T     T T F
     F T    T     F     T
     F F    F     F     F
```

この Truth Table（真理表）を見ますと（表では括弧にくくってある論理式が

プレミスと結論です）、第2行目（矢印で記した行）にそれぞれのプレミスが真で結論が偽になる場合が出現しています。開かれた水路に並んでいた水門P、P、~Qですが、Pが重複しているのでPと~Qを考慮します。これはPが「真」でQが「偽」の場合に着目しなさい、ということを表しているのです。つまり、~Qを「Qが偽」と読み換えて考えるのです。つまり、「Pが真で、Qが偽」の時、与えられた議論は invalid になるのだ、と言っているのです。それはちょうど Truth Table（真理表）の参照欄の第2行目に当たるのです。Truth Table（真理表）を見れば、この議論の結論であるQが偽の場合は、2行目と4行目です。けれどもプレミスが両方とも真であるのは2行目のみです。ですから、Pが真、Qが偽である場合に、与えられた議論は invalid になるのだ、ということを確認することができます。

このように「開いている水路」上にある水門は、どのようなコンビネーションの時に invalid になるかを簡潔に示してくれているのです。ですから、Truth Aquaduct（真理の水路）の方法を使えば、いちいち Truth Table（真理表）を作って議論の validity を調べてみるといった煩雑な作業をしなくても済むのです。どのコンビネーションが怪しいのかも探り当ててくれるとても便利な方法なのです。従って、最後のステップとして、

| ステップ6 | 「すべてのプレミスが真であり、そして結論が偽である」よう仮定したのですから、1つでも開いている水路がある、ということは、与えられた議論を invalid にするような場合があるということです。それでは、一体どのような場合に invalid になるのでしょうか？　それを知るために、<u>開いている水路上にある水門の名前に当たる主張記号を重複を避けてすべて列挙し、プレミスが真、結論が偽であるコンビネーションを書き出そう</u>。その場合、否定詞"~"は「……が偽」と読めばいいのです。ですから、例えば、開いている水路上に、P、~R、~Q、Pという水門があるとしましょう。その場合、Pは重複していますから、1つと数えて、P、~R、~Qが並んでいることになります。そし |

てこれらを、「Pが真、Rが偽、Qが偽」の時、invalidである、と解釈すればいいのです。

4．より複雑な議論のダイヤグラム化について

　ここでは、より複雑な議論をTruth Aquaduct（真理の水路）の形にダイヤグラム化するために必要な翻訳のルールを学んでいきます。私達は、先にTruth Aquaduct（真理の水路）にダイヤグラム化する際のルールとして、「ステップ3. 必要な翻訳を済ます」というルールを設けました。今までは、議論がどれも選言と連言、そして否定のコンビネーションによって構成されていました。選言と連言の形でないとTruth Aquaduct（真理の水路）の形にダイヤグラム化できないからです。そこでここでは主として、実質的含意、つまり論理的な「ならば」を選言の形に翻訳する仕方を学びます。それとともに、より複雑な議論をダイヤグラム化する際に必要とされるいくつかのルールを紹介していきます。

　最初に紹介するルールは「Duble Negation（二重否定）」です。これは以下の通りです。

　　　　二重否定のルール
　　　　～～P≡P

ご覧のように、主張Pの否定のそのまた否定は主張Pと論理的に等しいという簡単なルールです。否定の否定は肯定ということですね。「≡」の記号は「左辺にくるものと右辺にくるものが論理的に等しい」ということを表現する記号です。つまり、この場合は「～～PはPに論理的に等しい」ということを表現しているのです。

　次に括弧の使用法について説明をしておきましょう。私達はそのままでは、記号の読み方が分からないような曖昧な場合には括弧を使って記号の読み方を明確に示さなければなりません。例えば、P⊃Q∨Rは、(P⊃Q)∨Rとも読めますし、P⊃(Q∨R)とも読むことができます。括弧を使うことによって読

み方を一義的に定めねばなりません。同様に、否定の影響の及ぼす範囲を括弧によって分かりやすく指定せねばなりません。例えば、〜P∧Qと書かれている場合は否定がPだけに影響しているということですが、〜（P∧Q）は否定の範囲が（P∧Q）に及ぶのです。以上のように、括弧を使用することによって、記号の曖昧な解釈を許さないことが重要です。

　Truth Aquaduct（真理の水路）に連言と選言そして否定しか登場してこなかったことから、この方法だと「ならば」の関係をダイヤグラム化することができないのではないのか、と思われた方がいらっしゃるかもしれません。もし「ならば」を選言あるいは連言で表現できるのであるのならば、「ならば」の関係をダイヤグラム化することができるでしょう。

　まず、条件文を選言に翻訳するとどうなるのか結果を紹介してしまってから、理由を考えていきましょう。

　　　実質的含意の選言への翻訳
　　　P⊃Q≡〜P∨Q

　この選言は「PではないかあるいはQである」ということを言っており、これはまさに以下に示す Disjunctive Syllogism、即ち、

① 〜PあるいはQ。
② Pである（≡〜〜P）。
―――――――――――――――
③ 従ってQ。

によって、「PであればQである」という話者の信念が含意されているのです。従って、「PではないかあるいはQである」ということは、「もしPであるのなら、Qである」と同じことを言っていることになるのです。このことを確認する意味でTruth Table（真理表）を書いてみましょう。

P	Q	〜P	P⊃Q	〜P∨Q
T	T	F	T	T
T	F	F	F	F
F	T	T	T	T
F	F	T	T	T
			×	×

このTruth Table（真理表）の×印を付けた列を比較してみますと、どちらも同じ真理値をとっていることが分かります。「真理の冷蔵庫」としては、どちらも同じ働きをしていますので、相互に置き換えが可能なのです。

　私達は、P⊃Q≡〜P∨Qという論理的な置き換え可能性について解説してきました。選言は真理関数的に解釈するのならば、どちらか一方が真であると分かれば全体が真なのでした。そうしますと、P⊃Qも論理的に等しいわけですので、Qが真であると分かっていれば、Pに何がこようと全体が真になってしまうわけです。そうすると、Pで言っていることの真偽をいちいち問いただす必要がなくなってしまうのでは、という懸念が出てきます。そしてこの懸念ゆえに、P⊃Q≡〜P∨Qという翻訳が怪し気なものに思われてくるのです。実質的含意という「真理の冷蔵庫」としての最低条件から規定された条件文を真理関数的に解釈するとこのように奇妙なことが出てくるのです。
　アメリカの哲学者、C.I. ルイスは、「実質的含意のパラドックス」として知られている、実質含意にまつわる問題点を指摘しました[4]。ルイスは「PならばQ」の真理関数的解釈では、帰結節Qが真であると分かるか、あるいは条件節Pが偽であることが分かれば、条件節と帰結節の間にどのような関連性があるのかというような考察とは無関係に「PならばQ」を結論できるということを指摘したのです。つまり、〜PあるいはQから単純にP⊃Qを結論することを問題にしているわけです。即ち、以下のような2つの奇妙な議論が成立してしまうのです。

(1)　　　　　　　　　　　　　(2)

① 〜P　　　　　　　　　　　① Q
――――――――　　　　　　――――――――
② ∴P⊃Q　　　　　　　　　② ∴P⊃Q

　つまり、真理関数的解釈の下では、条件節、あるいは帰結節の真偽のみを問題にすればいいのであって、条件節と帰結節の関連性など考慮外にできるのだ、というわけなのです。ルイスのパラドックスの示している教訓は、真理関数

な解釈のみでは、「ならば」の用法を説明しきれないということでしょう。

　これから紹介するグライスの理論では、条件文の実質的含意の意味を保持することが、真理関数的解釈からではなく、語用論的立場から考えられた主張可能性条件という観点から可能となることを説明しています。まず、グライスの語用論を解説して、それからなぜ条件文が実質的含意として解釈され得るのかを説明していきましょう。

　私達は、会話を行っている際に、お互いの発話を有効なものにするためにお互いに協力関係に入るのです。グライスは、会話における協力関係がどのようなものかを「cooperative principle（協調の原理）」の名前の下、4つの格率にまとめています[5]。対話者同士はこの4つの格率に従って会話を有意義なものにしようと、会話に貢献していくのです。これらの格率は私が対話の相手であるあなたに期待すると同時にあなたからも期待される相互的な格率なのです。これらの格率に従うことによって、私もあなたも有意義な会話の運営に貢献していくわけです。まず、その4つの格率を示しましょう。

　　［量］私はあなたが私の要求に見合う程度の情報を提供してくれることを期待する。

　　［質］あなたが見かけだけではなく真の貢献をすることを期待する。偽だと思うことを言ってはならないし、十分な証拠のないことを言ってはならない。

　　［関係］あなたは差し迫った必要に見合うように、会話の主題に関連性のあることを言わなければならない。

　　［様態］あなたは相手に分かりやすい言い方をすることで会話に貢献しなければならない。曖昧な言い方、多義的な言い方を避け、簡潔で整然とした言い方で話すこと。

　グライスは、これから説明をしていくように、真理関数的解釈によって決定する主張の真理とその主張可能性を規定する条件が違う条件になっているということに着目するのです。ルイスがそこから実質含意のパラドックスを導き出してきたように、条件文の場合、条件節が偽であるか、あるいは帰結節が真であれば、条件文全体は真となります。ところが、条件節や帰結節の真理値が条

件文の主張可能性を規定するわけではないのです。むしろ条件文の場合は、条件節の真偽も帰結節の真偽もまだ知られていないという条件の下で主張されるのです。こうしたことを踏まえた上で条件文「PならばQである」を選言「Pでないか、あるいはQである」へ翻訳することの正当性を考えてみましょう。

そこでまず、選言の真理関数的解釈と主張可能性条件の関係について考えていきましょう。選言「PあるいはQ」という複合主張を考えた場合、真理関数的に考えれば、選言はPかQかどちらか一方が真であれば、選言全体が真になります。けれどもPが真であることを知っていること、あるいはQが真であることを知っていることが、選言の主張可能性の条件にはなりません。Pが真であると知っているのならば、量の格率に従って、「Pが真であると知っているよ」とだけ相手に告げればいいのですから。わざわざ選言の形にして「PあるいはQ」などと回りくどい言い方をすれば、必要な情報を相手に要求する量の格率を破ることになってしまいます。ですから、主張可能性ということから考えてみれば、選言の場合は、一方的にPあるいは一方的にQを真であると強く主張する論拠は持っていないけれど、「PでなければQ」、「QでなければP」とする論拠は持っている時に、選言による主張が可能になるのです。このことは重要です。なぜならば、条件文「PならばQである」は、選言「Pでないか、あるいはQである」に翻訳可能であるということに関わってくるからです。真理関数的に解釈すれば、選言は確かにどちらか一方が真であれば、選言全体も真になります。けれども今考察したように、どちらか一方が真であることを断定できる場合は、グライスの量の格率に従えば、話者はわざわざ選言のを採用しないだろうということになります。ですから「Pでないか、あるいはQである」というこの選言の主張可能性条件は、話者がどちらか一方を断定することはできないけれども、「Pであれば、Qである」という論拠は持っているということで、これは「もしPであるならば、Qである」という条件文と同じことを言っていることになります。

以上、真理関数的解釈を押し通せば不都合が起きるところを、語用論的主張可能性条件を考えることによって回避していこうというのが、グライスの戦略なのでした。「真か偽か」の2値が客観的に振り分けられているという真理関

数的に解釈された世界は、事後的にしか人知の及ばない客観世界を真か偽かという基準で予め振り分けてしまっているわけです。けれども主張可能性というレベルでは、話者は、真理関数的に解釈された世界の情報には予めアクセスすることはできないのです。ですから、主張可能性というレベルで、選言とは何か、条件文とは何か、ということを考えようというのがグライスの示唆した道なのです。

こうして「ならば」の関係を選言に変換できるのであれば、私達は Truth Aquaduct（真理の水路）のために、「ならば」の関係をダイヤグラム化することができるようになります。即ち、(P⊃Q) は (〜P∨Q) と論理的に等しいのですから、「ならば」の関係は以下のようなダイヤグラムになります。

　　　　　実質的含意（P⊃Q）のダイヤグラム化
　　　　　　　　　　〜P　　Q

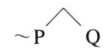

それでは、「ならば」の関係をそれの論理的な等価物へ変換することによって以下の議論を実際に Truth Aquaduct（真理の水路）にしてみましょう。

① P⊃Q
② P_____
③ ∴Q

ステップ1の記号化は既に完了していますので、ステップ2の結論の否定に行くことにしましょう。結論を偽と仮定しましょう。つまり、結論を否定するのです。そしてその結果を④として、③の結論の下に記入します。

① P⊃Q
② P_____
③ ∴Q
④ 〜Q

さて、ここで連言と選言だけで済ますことができた際には導入しなかった「ステップ3．必要な翻訳を済ます」に行きましょう。このステップですべきこ

とは、そのままでは Truth Aquaduct（真理の水路）には載せることのできない主張をダイヤグラム化できる形に翻訳するのです。即ち、論理的に等しい主張に置き換えるわけですね。私達は、（P⊃Q）≡（～P∨Q）であることを勉強しましたので、これを使って翻訳を試みます。すると⑤として、

① P⊃Q
② P
───────────
③ ∴Q
④ ～Q
⑤ ～P∨Q（1の翻訳）

ここまで来れば、後はステップ4としてダイヤグラム化を試みるだけです。ダイヤグラム化の作業に使う番号は、②のプレミスと①のプレミスの翻訳版である⑤のプレミス、そして結論の否定である④です。作業にどの番号を使うのか見落とさないように注意して下さい。それでは、Truth Aquaduct（真理の水路）を作ってみましょう。

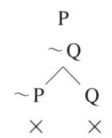

$$\begin{array}{c} P \\ \sim Q \\ \diagup\diagdown \\ \sim P \quad Q \\ \times \quad \times \end{array}$$

さてこうしてできあがったダイヤグラムを見て、ステップ5で言っているように、水路上の矛盾を発見すればいいわけです。矛盾があれば、水路は閉じるのです。そして閉じている水路の一番下流にある水門の下に×印を付けておきましょう（上のダイヤグラム参照）。この Truth Aquaduct（真理の水路）にある水路はどれも皆閉じていますので、「すべてのプレミスが真であり、そして結論が偽である」ということを矛盾なしに言えないということになり、この議論は valid であると結論付けることができるのです。

翻訳のためのルールをさらにいくつか紹介しましょう。以下に紹介するルールはド・モルガンの法則として有名な置き換えのルールです。

① ～（P∧Q）≡～P∨～Q
② ～（P∨Q）≡～P∧～Q

　ド・モルガンの法則は以上の2つですが、日本語に直してみればその正しさが直感できると思います。1番目の方は、法則の左辺で「PでありQであることはない」と言っています。それは、右辺の「PでないかQでない」と同じことであると直感できると思います。同様に、2番目の方は、法則の左辺で「PでもQでもない」ということを言っているわけですから、それは右辺の「PもQも両方とも間違っている」と同じことだと直感できるでしょう。皆さん、法則の正しさを直感していただけたでしょうか？　どうもまだ曖昧であるという方は以下で説明するような状況を考えてみて下さいね。

　観客を出すために外に向かって開けると、表の細い通路を塞いでしまうような扉を2つ持っている映画館があるとしましょう。観客を外に出すためには、扉を開けねばなりませんが、扉を開ければ通行人が通せんぼさせられてしまい、通れなくなってしまいます。扉の名前を仮に扉X、扉Yとしましょう。通行人が通ることのできる場合は、扉Xと扉Yが両方とも閉じている場合です。ここで「扉Xが閉じている」を主張記号Pで、「扉Yが閉じている」を主張記号Qで置くことにしましょう。ここで「扉Xが開いている」は、Pの否定ですから、～Pということになり、「扉Yが開いている」は、Qの否定ですから、～Qということになります。すると通行人が通れる場合は、両方とも閉じている場合ですので、複合主張（P∧Q）の場合となるわけです。さて、通行人が通ることのできる時は、観客は1人も出られないのですから、観客が出ることのできる場合を考えますと、（P∧Q）の否定ということになり、～（P∧Q）ということになります。また観客が出ることのできる場合は、どちらかの扉が開いていればいいわけですから、（～P∨～Q）の状態ならば、観客は外に出ることができるわけです。ここで注意していただきたいことは、観客が出ることのできる時の扉の状態を2通りの仕方で表現できるということです。つまり、～（P∧Q）と（～P∨～Q）の2通りです。従って、この2通りの表現法は同じ事態を表現しているわけですので互いに交換可能な表現と言うことができます。そ

れゆえ、ド・モルガンの法則を導き出すことができるのです。即ち、

$$\sim(P\land Q) \equiv \sim P \lor \sim Q$$

　それでは今度は主張の記号化の仕方を少し変えてみましょう。「扉Xが開いている」をP、「扉Yが開いている」をQとするのならば、「扉Xが開いているか扉Yが開いている」つまり（P∨Q）、の時には、通路が塞がれて通行人が通れなくなります。ですから、通行人が通れる場合は、「扉Xが開いているか扉Yが開いている」ということがない場合、つまり（P∨Q）の否定の場合です。即ち、〜（P∨Q）の場合に通行人が通ることができるのです。さて、先ほどと同様に通行人が通ることのできる場合を別の表現で表してみましょう。通行人が通ることのできる場合は、「扉Xも扉Yも両方とも閉まっている」場合です。今回は、「扉Xが開いている」をP、「扉Yが開いている」をQとそれぞれ置いていますので、「扉Xが閉まっている」は〜P、「扉Yが閉まっている」は〜Qとそれぞれ表現することができます。ですから、「扉Xそして扉Yが両方とも閉まっている」という複合主張は、（〜P∧〜Q）と記号化することができます。従って、通行人が通ることのできる扉の状態は、〜（P∨Q）とも（〜P∧〜Q）とも表現することができることになります。ですから、両者は互いに交換可能な表現であり、それゆえ、ド・モルガンの法則を導き出すことができるのです。即ち、

$$\sim(P\lor Q) \equiv \sim P \land \sim Q$$

　以上の説明でお分かりいただけたと思いますが、まだド・モルガンの法則の正しさがのみ込めない方のために、Truth Table（真理表）を書いておくことにしましょう。

```
P Q  〜（P∧Q）、    〜P∨〜Q
T T  F    T        F  F  F
T F  T    F        F  T  T
F T  T    F        T  T  F
F F  T    F        T  T  T
          ×              ×
```

×印をつけた列の真理値を比較してみて下さい。

```
P Q  ～(P∨Q)、  ～P∧～Q
T T  F   T      F F F
T F  F   T      F F T
F T  F   T      T F F
F F  T   F      T T T
         ×         ×
```

こちらも同様に、×印をつけた列の真理値を比較してみて下さい。

　以上、Truth Table（真理表）を作成してみれば、ド・モルガンの法則の左辺と右辺が論理的に等しいということが分かります。

　それでは、ド・モルガンの法則によって翻訳を試みなければならないような例を一緒にやってみましょう。

　① P⊃Q
　② Q⊃R
　―――――――
　③ ∴P⊃R

ステップ１はもう既に記号化されている議論が与えられていますので省略し、ステップ２へ行きましょう。ステップ２は結論を偽であると仮定し、結論を否定することでした。そこで、結論を否定しますと以下のようになります。

　① P⊃Q
　② Q⊃R
　―――――――
　③ ∴P⊃R
　④ ～（P⊃R）

ステップ３は、必要な翻訳を済ますことでした。連言か選言あるいはその組み合わせの形でないと、Truth Aquaduct（真理の水路）を築くことができません。ですからどれも翻訳をしないといけません。そこでまず、「ならば＝"⊃"」の箇所をどれも翻訳してしまいましょう。その場合、最初に与えられた議論はそ

のまま残し、先ほど、結論の否定を書き入れた④の下に順次書き入れていきます。すると結果は、

① P⊃Q
② Q⊃R
―――――――――――――――――――
③ ∴P⊃R
④ ～（P⊃R）
⑤ ～P∨Q、1の翻訳
⑥ ～Q∨R、2の翻訳
⑦ ～（～P∨R）、4の翻訳

ここで結論の否定である④を翻訳したものをド・モルガンの法則を使って、翻訳します。

① P⊃Q
② Q⊃R
―――――――――――――――――――
③ ∴P⊃R
④ ～（P⊃R）
⑤ ～P∨Q、1の翻訳
⑥ ～Q∨R、2の翻訳
⑦ ～（～P∨R）、4の翻訳
⑧ ～～P∧～R、7の翻訳（ド・モルガンの法則）
⑨ P∧～R、8の翻訳（二重否定）

さて、これでステップ3は終了です。次はいよいよTruth Aquaduct（真理の水路）を築くステップ4へ行きます。ここで私達が注意しなければならないことは、どの番号を使って作業を進めていくか、ということです。ダイヤグラム化できるのは、連言か選言、あるいはその組み合わせであるからこそ私達は翻訳の作業をしたわけです。そこで翻訳の最終結果のみを使ってTruth Aquaduct（真理の水路）を作るのです。従って、作業に使うべき番号は、2つのプレミスの翻訳版である⑤と⑥、それに結論の否定を翻訳した結果である⑨なのです。さて、連言を先にそして選言を後にしてダイヤグラム化した方が簡潔なTruth Aquaduct（真理の水路）を築くことができますので、まず、⑨からダイヤグラム化し、2つのプレミスの翻訳版である⑤と⑥をそれぞれダイヤグラム化して

いきましょう。すると結果はこのようになります。

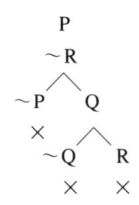

```
        P
       ~R
       ∧
     ~P   Q
     ×   ∧
        ~Q   R
         ×   ×
```

　ステップ5 は、分岐している各水路上に矛盾を発見し、水門が閉まっているかどうか調べることでした。矛盾が発見でき、水門を閉めることができる場合は、その水路は閉じていることになります。もし水路が閉じているならば、×印をつけて閉じているということを確認した印とします。こうして、Truth Aquaduct（真理の水路）を構築してみますと、どの水路も閉じていることが分かります。どの水路も閉じているということは、与えられた議論は、真理の水源を立派に守りきることのできる valid な議論であるということなのです。

　以上、「可能世界を考える方法」、「Truth Table（真理表）による方法」、そして最後に「Truth Aquaduct（真理の水路）による方法」によって、与えられた議論が valid であるか invalid であるか調べる方法を学びました。

　　練習1．以下の議論を記号化し、その議論の validity を、Truth Table（真理表）による方法、そして次に Truth Aquaduct（真理の水路）による方法を使って調べなさい。
　　　1．もしその犬が訪問者をよく知らないのであるのならば、犬は吠えたことだろう。
　　　2．犬は吠えなかった。
　　　―――――――――――――――――――――――
　　　3．従って、その犬は訪問者をよく知っていた。

　　　1．もし犯人が変装をしているのなら、彼を逮捕するのは困難だ。
　　　2．彼を逮捕するのは困難なら、彼は渡米しただろう。
　　　―――――――――――――――――――――――
　　　3．従って、犯人は渡米したか変装をしているかだ。

　　練習2．以下の議論が valid であるか invalid であるか Truth Aquaduct（真理の水路）による方法を使って調べなさい。

1．Q∧（P∨R）
2．P⊃Q
3．∴P∨R

5．述語論理とTruth Aquaduct（真理の水路）

(1) Quantifiers（量化子）について

　今までのところは、複合主張が真か偽かという判断は、単純主張が真か偽かということに基づいているということから、複合主張の真偽は単純主張の真偽の真理関数になっているということを見てきました。このような場合は、単純主張に主張記号を与え、単純主張の真偽を考えれば、複合主張の真偽の判断もできました。ところが同様の技法を次に挙げるような議論に当てはめることはできません。

① すべての人間は死ぬ。
② アキレスは人間である。
③ 従って、アキレスは死ぬ。

「すべての人間の集合」が「死ぬものの集合」の中に含まれていて、アキレスが「すべての人間の集合」のメンバーだとしたら、やはりアキレスは死んだ、と皆さんも直感できると思います。でも試しにそれぞれの主張を主張記号に置き換えてみて下さい。2つのプレミスそして結論で行われている主張をそれぞれ主張記号に置き換えてみても、この技法では何も証明できないことが分かるでしょう。この議論においては、主張同士の関係というよりも、むしろ主張の内的な構造が関わっているのです。実際に、主張内の主語と述語の関係に焦点を当てない限り、この内的な構造は見えてこないでしょう。集合論的に考えればこの議論が valid であると直感できることからもうかがい知ることができますように、今までの、否定詞や接続詞に加えて、プレミス1に見られるような「すべての」のような量を表す言葉を考慮しなければなりません。ここでは、上記のような議論が果たして valid であるかどうかを検討するための論理的技

法を紹介し、先に私達が使った Truth Aquaduct（真理の水路）の方法が使えるかどうかを見ていくことにしましょう。

(2)　Singular Terms（固有名）と General Terms（一般名）

　一般名で表現できるようなものは、それだけで独立して存在しているわけではありません。例えば、「人間」という一般名ですが、人間一般のようなものが存在しているのではなく、人間である誰かがいるわけです。同様に、赤一般が存在しているのではなく、赤い何かが存在しているのです。ですから、「人間」や「赤」のような一般名は、必ずある個体のプロパティーとして存在しているわけです。ここで言うプロパティーとは、個体が持っている属性や性質を総称しているのです。そのようなプロパティーは必ず何か、あるいは誰かのプロパティーなのであって、決して独立して存在してはいません。そこで「人間」のような、プロパティーを表現している一般名は独立して存在している何かとしてではなく、集合に与えられた名前と考えて、「……は人間である」という形に述語化して考えるのです。そうした上で、「……は人間である」というプロパティーを備えている、そんな「人間の集合」に属するメンバーである個体を考えていくのです。このように一般名を「……は人間である」という点線（……）付きの主張と考え、そしてこの点線の（……）部分に固有名で名指しされ得る個体、例えば、伸治、保男、洋一、陽子、啓子、尚美などが入ると考えるわけです。こうして考えていくと、一般名を、固有名から主張への関数と考えることができるようになります。この点線の部分（……）を個体変項と呼び、x、y、z等のアルファベットを使って表します。例えば、「xは人間である」といった具合に表すのです。この個体変項のメンバーとなり得る、伸治、保男、洋一、陽子、啓子、尚美などのような固有名を個体定項と呼び、アルファベットのa、b、c等で表すことにします。個体のプロパティーである一般名が表現している性質や属性は、「述語」として考えるわけですので、「述語」と呼び、アルファベットの大文字、例えば、H、I、J、K、を使って表すことにします。ですから、例えば、「xは人間である」の場合は、「……は人間である」という述語をHで表すとすると、「xは人間である」はHxとなります。「順子は人間で

ある」を記号化したい時には、「順子」は固有名ですので、個体定項として扱い、アルファベットの小文字、例えば、jを使ってHjと記号化するのです。そして、個体変項を「すべて」「ある」といった量で規定することを「量化」と呼びます。量化を施すための記号のことを総称して「量化子（quantifiers）」と呼びます。量化子には次の2つがあります。

Universal Quantifiers（全称量化子）：「すべての」という全称量化子を表す記号として"∀"を使います。例えば、

　　　「すべてのxはヴァルカン星人である」は、∀xVx

などのように記号化できます。全称量化子によって規定される主張を全称文と呼びます。

Existential Quantifiers（存在量化子）：「ある」という存在量化子を表す記号として"∃"を使います。例えば

　　　「あるxはヴァルカン星人である」は、∃xVx

などのように記号化するのです。存在量化子によって規定される主張を存在文と呼びます。

量化子が影響を及ぼす範囲は括弧（ ）を使って表し曖昧さを避けるようにします。例えば、∀xHx⊃Qx　と∀x（Hx⊃Qx）とでは、量化子の及ぶ範囲が違ってきます。前者では、全称量化子の影響はHxにのみ及びますが、後者では、括弧内のHx⊃Qx全体に全称量化子の影響が及ぶのです。

　それでは、例えば「すべてのヴァルカン星人は論理的である」という量化を伴っている主張を記号化してみましょう。ここで注意すべきは、プロパティーを表している一般名は述語として扱うということです。ですから、「ヴァルカン星人」も「……はヴァルカン星人である」と解釈して、「……は論理的である」と同様に述語として扱うのだ、ということなのです。ですから、こんな具

合に翻訳するのです。

  すべてのヴァルカン星人は論理的である
  ＝すべてのxについて（xがヴァルカン星人であるならば、xは論理的である）

集合論的に考えれば、論理的な者の集合の部分集合としてヴァルカン星人の集合が包含されているということを言っているわけですので、「ヴァルカン星人の集合で<u>あれば</u>、必然的に論理的な者の集合に含まれる」という法則的な主張がされているのです。一般的に言えば、「すべてのヴァルカン星人は論理的である」のような全称文は、以上見てきたように、「主部で表現されているプロパティーが部分集合であるの<u>ならば</u>、述部で表現されている全体の集合に包含される」という形の実質的含意を使って翻訳ができるのです。ここで、「……はヴァルカン星人である」をVxと、「……は論理的である」をLxと置くことにすれば、従って、上記のような形の全称文は、実質的含意を使って、

$$\forall x\,(Vx \supset Lx)$$

と翻訳できるのです。
 次に、存在文の翻訳の仕方を説明しましょう。例えば、「ある女は口やかましい」を存在量化子を使って翻訳してみましょう。

  ある女は口やかましい
  ＝あるxについて（xは女であり、かつxは口やかましい）

存在文の場合は、連言を使います。そのわけを、やはり集合論の手助けによって考えてみたら分かりやすいと思います。存在文の場合は、例えばこの場合を例に取ると、実際に、女の集合は口やかましい者の集合に包含されているわけではありませんし、「ある女は口やかましい」という主張はそういうことを言っているわけではありません。ある一部の女性、クサンチッペとか順子とかそういった一部の女性が口やかましいと言っているのです（そうした女性が1人でもいればいいわけです）。ですから集合論的に考えれば、これは、女の集合

と口やかましい者の集合に重なりができている場合に当たるのです。そしてこの重複部分は、集合論では、共通部分を表す"∩"という記号を使って、「女の集合」∩「口やかましい者の集合」と表しました。「女の集合」に属しかつ「口やかましい者の集合」にも属すというわけで2つの集合の重複部分なのです。というわけで、あるメンバーbに関して、b∈「女の集合」そしてb∈「口やかましい者の集合」ということを、「ある女は口やかましい」という存在文は表現しているのです。従って、存在文の場合は、連言を使って表現するのです。ですから、「xは女である」をWx、「xは口やかましい」をNx、とそれぞれ置いて、存在文「ある女は口やかましい」を記号化すれば、

$$\exists x \ (Wx \land Nx)$$

となります。

6．述語論理のダイヤグラム化

　量化子によって規定される全称文、および存在文の場合、そのままの形では、Truth Aquaduct（真理の水路）にダイヤグラム化していくことはできません。Truth Aquaduct（真理の水路）にダイヤグラム化していく際は、個体定項の形になっていなければならないのです。以下の議論を記号化してダイヤグラム化することができるかどうか見てみましょう。

　① 順子は蠍座の女であるか順子は獅子座の女である。
　② 順子は獅子座の女ではない。
　　―――――――――――――――――――――――
　③ 従って、順子は蠍座の女である。

ここで「xは蠍座の女である」をSxと、「xは獅子座の女である」をLxと、それぞれ置いて記号化しましょう。そして個体定項の「順子」をjで置きましょう。量化子はありませんので、量化に注意を払う必要はありません。2番目のプレミスで言われている「順子は獅子座の女ではない。」は、「順子は獅子座の女で

ある」の否定ですから、「順子は獅子座の女である」を記号化し（即ち、Lj）、それを否定すればいいのです（即ち、～Lj）。さて、記号化してみましょう。

① $Sj \lor Lj$
② $\sim Lj$
──────────
③ $\therefore Sj$

という議論の構造を取り出すことができます。この形まで持ってくることができれば、後は Truth Aquaduct（真理の水路）にダイヤグラム化していくための各ステップを踏んでいくだけです。結論を否定しましょう。

① $Sj \lor Lj$
② $\sim Lj$
──────────
③ $\therefore Sj$
④ $\sim Sj$

2つのプレミスである①、②、そして結論の否定である④を使って、Truth Aquaduct（真理の水路）を建築します。

```
      ∧
   Sj   Lj
  ～Lj  ～Lj
  ～Sj   ×
   ×
```

以上のようにダイヤグラム化することができます。このダイヤグラムを見ると、すべての水路上の水門が閉じていますので、与えられた議論は valid であるということになります。このように個体定項の形にできさえすれば、Truth Aquaduct（真理の水路）の構築が可能になるのです。

(1) 全称文および存在文をダイヤグラム化する

　全称文、および存在文はそのままの形にしておいたのでは、Truth Aquaduct（真理の水路）の構築ができません。たった今、見たように、個体定項の形に置き換えることさえできれば、何とかダイヤグラム化できそうです。そこで今

度は、全称文、および存在文をダイヤグラム化していくために、新しいルールを紹介しなければなりません。

　最初のルールは、Universal Instantiation（全称例化）という名前で知られているルールです。まずこのルールを一般化した形で示しましょう。

1）Universal Instantiation（全称例化）[今後、U.I.と略記しましょう]

$$\frac{\forall xFx}{\therefore Fn}$$

$\forall xFx$の箇所は変項xを含む論理式なら何でも代入できます。例えば、$\forall x（Px \supset（Qx \land Rx））$、$\forall x（Kx \lor Jx）$などです。そこで代入例として一番簡単で分かりやすい$\forall xPx$を入れて考えることにしましょう。

　$\forall xPx$は、「すべてのxに関して（xはPである）」ということを表現しています。個体変項xの箇所には、プロパティーPを持っている個々のメンバーが個体定項の形で表現できます。そこで$\forall xPx$で指定されている集合（例えば、「xはB店の店頭のパンケーキである」）にn個のメンバーがあるとしましょう。そしてこれらのメンバーを個体定項a_1からa_nで表現することにしましょう。すると$\forall xPx$で指定されている集合は、n個のメンバーを連言で繋いだものと同じ大きさになります。ですから、

$$\forall xPx = Pa_1 \land Pa_2 \land Pa_3 \land Pa_4 \land Pa_5 \land \cdots\cdots \land Pa_n$$

このような等式で表すことができます。つまり、この集合に属するメンバーすべてに関して真であるのなら、当然、個々のメンバーに関しても真であるわけです。ですから、$\forall xPx$をプロパティーPが指定する集合のどのメンバーとも、即ち、Pa_1, Pa_2, Pa_3, Pa_4, Pa_5, $\cdots\cdots Pa_n$とも、置き換えが可能となるのです。このルールは、Pというプロパティーを持ったすべてのxから、Pというプロパティーを持った個々のメンバーへの推論を妥当なものとして認めるルールなのです。

　一般化して言えば、全称量化子に束縛されている論理式が真である場合は、

その論理式のすべての代入例が真である時、その時に限るわけです。従って、Universal Instantiation（全称例化）[U.I.] は、代入例への置き換えを妥当なものとして許してくれるルールなのです。

さて、それでは、Universal Instantiation（全称例化）[U.I.] を使って、以下の議論に基づいて、Truth Aquaduct（真理の水路）を構築してみましょう。

① 全ての動物は虐待されない権利がある。
② コロは動物である。
③ 従って、コロは虐待されない権利がある。

プレミス①は、「すべての」という言葉から全称文であることが分かります。そこでまず、この全称文を記号化できる形に翻訳しなければなりません：

すべての動物は虐待されない権利がある
＝すべてのxに関して、（xが動物であるのならば、xは虐待されない権利を持つ）

これをさらに記号化していくために、ここで導入されている 2 つの述語、即ち、「xは動物である」と「xは虐待されない権利がある」を記号で表さなければなりません。そこで「xは動物である」をDx、「xは虐待されない権利がある」をTx、とそれぞれ置くことにしましょう。そうすると、

すべてのxに関して、（xが動物であるのならば、xは虐待されない権利を持つ）
は、∀x（Dx⊃Tx）となります。

さらに、「xは動物である」をDxと置きましたので、「コロ」という固有名を個体定項kで置くとすれば、プレミス②「コロは動物である」はDkと置くことができます。同様に、結論の「コロは虐待されない権利を持つ」もTkと記号化できるわけです。ついでに結論も否定しておきましょう。さて、以上の結果を見てみましょう。

① ∀x（Dx⊃Tx）
② Dk
③ Tk

④　～Tk　　結論の否定

　ここで、Universal Instantiation（全称例化）[U.I.] を使って、プレミス①を書き換えましょう。全称例化のルールを使えば、あるプロパティーを持っているすべてのxから、その個々のメンバーへの推論が可能となるわけですから、∀x（Dx⊃Tx）を個体定項kを使って書き換えて、Dk⊃Tkにできます。すると、

①　∀x（Dx⊃Tx）
②　Dk
③　Tk
④　～Tk　　結論の否定
⑤　Dk⊃Tk　　U.I.によるプレミス①の書き換え

となります。さらに⑤の「ならば」を選言の形に翻訳します。

①　∀x（Dx⊃Tx）
②　Dk
③　Tk
④　～Tk　　結論の否定
⑤　Dk⊃Tk　　U.I.によるプレミス①の書き換え
⑥　～Dk∨Tk　⑤の翻訳

　以上で翻訳の作業は終わりました。ここまで来れば後はダイヤグラム化の作業が残されているのみです。②、④、⑥を使って Truth Aquaduct（真理の水路）を構築してみましょう。

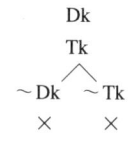

Dk
Tk
〈　〉
～Dk　～Tk
×　　×

2）Existential Instantiation（存在例化）[E.I.と略記します]

$$\frac{\exists xFx}{\therefore Fn}$$

（前のステップで "n" はまだ使用されたことのない定項であること）

さてこの Existential Instantiation（存在例化）というルールですが、もちろん目的は、Universal Instantiation（全称例化）のルールにおいて、全称文で表現されているプロパティーを備えたメンバーによる置き換えによって全称量化子を外してしまい、Truth Aquaduct（真理の水路）に載せられる形を取り出したのと同様に、存在文で表現されているプロパティーを備えているメンバーで置き換えることによって存在量化子を外してしまいたいわけなのです。けれども存在文の場合は、何でも任意のものが代入例として使えるわけではないわけです。なぜなら存在文は「あるx」に関してのみ主張をしているからです。ちょっと考えてみますと、この「あるx」が何なのか分からないので、任意の定項を勝手に使って置き換えをすることは不可能なことのように思われます。先ほど、全称文を、全称文で表現されているプロパティーを備えたメンバーを連言で繋いだ形で表現しました。存在文の場合は、選言になります。一番簡単な代入例、$\exists xPx$ の場合を考えてみましょう。

$$\exists xPx = Pa_1 \lor Pa_2 \lor Pa_3 \lor Pa_4 \lor Pa_5 \lor \cdots\cdots \lor Pa_n$$

選言で結ばれている少なくとも１つが真であるのなら、存在文は真になります。けれどもどれか１つが真でなければならないのですが、どれがそうかは分かりません。ですから、Pa_1、Pa_2、Pa_3、Pa_4、Pa_5、…Pa_n のうち、任意にどれでも取り出して、それで置き換えることはできません。どれであると断言できないのですが、少なくともPというプロパティーを備えたある１つのものが存在している、ということは言えます。そこでこの特定できないのだけれども、少なくとも１つは存在しているとされているPというプロパティーを持つものに仮の名前を与えてやろう、というのが、存在例化のルールによって私達がしてい

ることなのです。こうして「これである、と特定はできないけれども、少なくとも1つは存在するとされているPというプロパティーを備えた何か」に仮の名前を与えた上で証明を進めていく、という戦略を採用するので、こうした特殊な戦略ゆえに、この存在例化のルールは条件付きで適用可能となるのです。仮の名前を与えるゆえ、その名前が証明の前の段階で出てきているものであっては、「仮の名前」という性質が失われてしまいます。また「仮の名前」であるはずのものが証明された結論に姿を現すこともあってはならないことでしょう。そこで、存在例化の条件は、

① 証明の前のステップで "n" はまだ使用されたことのない定項であること。
② 証明の結論中に "n" が出てこないこと。

の2つです。これらの禁じ手を犯さない限りにおいて存在例化のルールは使用可能なのです。

　Truth Aquaduct（真理の水路）を構築する際に、①の禁則には特に注意を払う必要があるでしょう。全称例化と存在例化の両方が必要な際は、存在例化を先にし、全称例化は後回しにしましょう。この順番を守れるだけ守っていれば、①の禁則を犯すことなく、存在例化をすることができるでしょう。そこでルールです。

3）存在例化の禁則に関連したルール
全称例化と存在例化の両方が必要な際は、可能な限り存在例化を先にし、全称例化は後回しにする。全称例化を先にしなければならないような場合は、存在例化の際は、全称例化に使われた個体定項と同じ個体定項を使用することは、①の禁則によってできないので注意すること。

　それでは、存在例化のルールを使って、Truth Aquaduct（真理の水路）を構築してみましょう。

① ある女は口やかましい。
② 順子は女だ。
──────────────────────────
③ 従って、順子は口やかましい。

ここで「xは女である」をWx、「xは口やかましい」をNx、固有名「順子」をj とそれぞれ置いて、いつものステップ通りに作業をしていきましょう。

① ∃x（Wx∧Nx）
② Wj
──────────────────────────
③ ∴Nj
④ 〜Nj　　　結論の否定

ここで⑤として、存在例化を使うのですが、個体定項のjは既に、④に使われてしまっておりますので、存在例化の禁則1（1. 証明の前のステップで"n"はまだ使用されたことのない定項であること）を考慮して、j以外の記号を導入しなければなりません。私達はj以外の個体定項を選ばなければなりません。j以外なら何でも構いません。個体定項hを使うことにしましょう。ですから、

① ∃x（Wx∧Nx）
② Wj
──────────────────────────
③ ∴Nj
④ 〜Nj　　　結論の否定
⑤ Wh∧Nh　　E.I.によるプレミス1の翻訳

ダイヤグラム化のお膳立て完了です。プレミス②と、結論の否定である④と、プレミス①の存在例化である⑤を使ってTruth Aquaduct（真理の水路）を構築します。

$$\begin{array}{c} Wj \\ \sim Nj \\ Wh \\ Nh \end{array}$$

この水路は、水門を閉ざすことのできない欠陥品で、invalid です。どのよう

な場合に、invalid になるのかダイヤグラムから読み取りましょう。

				プレミス①	プレミス②	結論
Wj	Nj	Wh	Nh	Wh∧Nh	Wj	Nj
T	F	T	T	T	T	F

以上、プレミスが皆真であっても結論が偽である場合が出てきますので、この議論は invalid なのです。

　今度は、全称文と存在文の否定の場合をそれぞれ考えていくことにしましょう。そうした上で、肯定、および否定の全称文、肯定、および否定の存在文の関係を考えていくことにしましょう。

(2) Universal Negative Claim（全称否定文）

　私達は、今まで全称文といっても、肯定文のみを扱ってきました。ここでは、否定の全称文を見ていきましょう。例えば、「すべてのカラスは白くない」とか「どの唐辛子も甘くない」とか「ジョン・ケージの作品はどれもが良くない」などの全称文が否定の全称文です。否定の全称文は、例えば、以下のように翻訳します。

　　どの哲学者も悲観主義者ではない
　　＝すべてのxに関して（xが哲学者であれば、xは悲観主義者ではない）

ここで「xは哲学者である」をPx、「xは悲観主義者である」をHx、とそれぞれ置けば、すべてのxに関して（xが哲学者であれば、xは悲観主義者ではない）は、

　　$\forall x\ (Px \supset \sim Hx)$

となります。一般化しますと、否定の全称文は、以下の形式で表現できます。「すべてのθはωでない」あるいは「どのθもωでない」（ここでは"θ"と"ω"は2つの異なったプロパティーです）

全称否定文：「すべてのθはωでない」
$\forall x (\theta x \supset \sim \omega x)$

それでは、否定の全称文を含んだ議論をダイヤグラム化してみましょう。

① 哲学者は誰でも皆楽天家ではない。
② すべての楽天家は笑い上戸である。
③ ニーチェは哲学者である。
④ 従って、ニーチェは笑い上戸である。

この議論を記号化するために、「xは哲学者である」をPx、「xは楽天家である」をRx、「xは笑い上戸である」をLx、とそれぞれ置き、個体定項nで「ニーチェ」を表すことにしましょう。お膳立てが済みましたので、記号化をしてみましょう。

① $\forall x (Px \supset \sim Rx)$
② $\forall x (Rx \supset Lx)$
③ Pn
④ ∴Ln

以上のようになります。これを今まで紹介した翻訳のルールを使って、ダイヤグラム化できる形にします。

① $\forall x (Px \supset \sim Rx)$
② $\forall x (Rx \supset Lx)$
③ Pn
④ ∴Ln
⑤ ～Ln　　　結論の否定
⑥ Pn⊃～Rn　U.I.によるプレミス1の書き換え
⑦ Rn⊃Ln　　U.I.によるプレミス2の書き換え
⑧ ～Pn∨～Rn　6の翻訳
⑨ ～Rn∨Ln　　7の翻訳

以上のように翻訳の作業ができました。

そこでいよいよ Truth Aquaduct（真理の水路）を構築するわけですが、このための作業には、与えられた議論中のプレミス3、と結論の否定である⑤、プ

レミス①を翻訳した最終形態である⑧、それにプレミス②を翻訳した最終形態である⑨を使います。それでは、Truth Aquaduct（真理の水路）を構築しましょう。

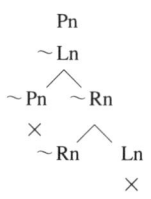

```
           Pn
          ～Ln
          ∧
      ～Pn   Rn
       ×    ∧
          ～Rn   Ln
           ×
```

このようにTruth Aquaduct（真理の水路）を構築してみますと、上流の水門Pnから下流の水門～Rnに向けて流れる水路上の水門が開いたままになってしまっていることが分かります。これですと、真理の水源は枯渇してしまいます。従って、この議論はinvalidということになります。

後は、どのような場合にこの議論のプレミスが真であるにもかかわらず結論が偽となるのかを抜き書きしていくだけです。

Pn	Ln	Rn	プレミス① Pn⊃～Rn	プレミス② Rn⊃Ln	プレミス③ Pn	結論 Ln
T	F	F	T	T	T	F

以上、Truth Aquaduct（真理の水路）から読み取ることができるように、「Pnが真、Lnが偽、Rnが偽」という場合に、すべてプレミスが真であるにもかかわらず結論が偽になってしまうinvalidの場合が出てきてしまうのです。

(3) Existential Negative Claim（存在否定文）

今度は、否定の存在文の記号化を考えてみましょう。「あるオウムは喋らない」のような存在文が、存在否定文に当たります。これは一般に、「あるPはQでない」と表現できます。一般化しますと、存在否定文は、以下の形式で表現できます。（ここでは"θ"と"ω"は2つの異なったプロパティーです）

存在否定文：「あるθはωでない」
$\exists x (\theta x \land \sim \omega x)$

(4) 全称文を否定する場合、存在文を否定する場合

　Truth Aquaduct（真理の水路）を構築していく際に、もし結論に全称肯定文があれば、その全称肯定文を否定しなければなりませんし、結論に存在肯定文がくれば、それを否定しなければなりません。ここで考えていただきたいことは、全称肯定文を否定すると聞いて、機械的に全称否定文を置くことはできない、ということです。例えば、「すべてのテレビ番組は有益だ」という全称肯定文を否定したい場合、私達は何を主張すれば、全称肯定文を否定したことになるのでしょうか？　全称否定文を使って、「どのテレビ番組も有益ではない」としても、確かに否定したことにはなります。けれども、この場合、1つでも有益ではないテレビ番組を挙げることができれば、この全称肯定分を否定したことにならないでしょうか？　そんなわけで、ここでは、「否定」ということの意味を考えてみたいと思います。

　述語論理学の前身となった伝統的論理学では、「量（quantity）」と「質（quality）」という概念によって、議論を分類してきました。「質（quality）」とは、「肯定」か「否定」かという区別です。「量（quantity）」とは、述語論理学が「量化子」を導入して論じてきたことに対応します。つまり、「すべての」か「ある」かという区別です。これらそれぞれ2組のペアを組み合わせて、述語論理学で言うところの全称肯定文、存在肯定文、全称否定文、存在否定文を区別したのです。ラテン語の「私は肯定する」は、"AffIrmo"、そして「私は否定する」は、"nEgO"ですので、これらの言葉に表れている母音（わざと大文字にして太文字にしてあります）を使って、肯定文は"AffIrmo"から、否定文は"nEgO"から名前を付けたのでした。即ち、全称肯定文はA、存在肯定文はI、全称否定文はE、存在否定文はOと呼ぶことにしたのです。そこで伝統論理学の呼び名を踏襲することにして、以下のように、それぞれを置いて、それぞれの関係を調べてみましょう。

　　① A：全称肯定文：「すべてのPはQである」：∀x（Px⊃Qx）
　　② I：存在肯定文：「あるPはQである」：∃x（Px∧Qx）
　　③ E：全称否定文：「どのPもQでない」：∀（Px⊃〜Qx）
　　④ O：存在否定文：「あるPはQでない」：∃（Px∧〜Qx）

反対
A:∀x（Px⊃Qx）　⇔　E:∀x（Px⊃～Qx）

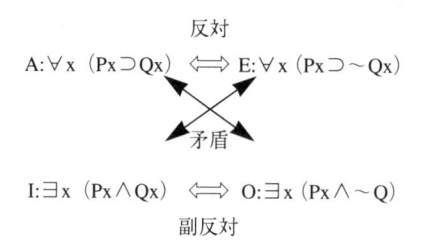

矛盾

I:∃x（Px∧Qx）　⇔　O:∃x（Px∧～Q）
副反対

　この図で矛盾の関係は、2つの対角線の交わりが作る中央の大きな×印の下に「矛盾」と記した関係軸、つまりAとO、それからEとI、をそれぞれ結んでいる対角線の関係です。矛盾の関係は、両方共に真であったり、両方共に偽であったりできない関係なのです。一方が真なら、他方は偽であるようなそんな関係です。「一方か他方かそして両方共にではない」という排他的選言の形になるのです。例えば、AとOとの間の関係を見てみましょう。ここでAを「すべての女は口やかましい」としましょう。すると、Oは「ある女は口やかましくない」となります。つまり、1人でも口やかましくない女がいれば、全称肯定文「すべての女は口やかましい」は反駁され、主張できなくなるのです。「すべての女は口やかましい」が真であるのならば、「ある女は口やかましくない」は偽であるはずですし、「ある女は口やかましくない」ということが真であれば、「すべての女は口やかましい」は偽ということになるでしょう。このように、お互いに排他的主張であるAとOとを共に真であると主張することは矛盾を犯すことになりますのでできません。同様に、EとIとの間の関係も両立し難い関係になっています。Eを「ある女は口やかましい」、Iを「どの女も口やかましくない」と置くことにしましょう。ここで仮にEが真であるとすれば、「どの女も口やかましくない」は偽であるということになります。逆に、Iの方が真実であるとするのならば、「ある女は口やかましい」は偽であるということになるでしょう。両者は共に真であったり、共に偽であったり決してできない排他的な関係にあるのです。両者を共に真であるとしたり、共に偽であるとしたら、あなたは矛盾を犯すことになるのです。

　以上、見てきたように、AとO、それからEとI、との間の関係は、矛盾という排他的意味合いの強い否定関係になっています。今取り出した関係を列挙し

ておきましょう。「置き換えのルール」としてこれらを使っても構いません（この後、より一般化した形の「置き換えルール」を導き出しますが、述語を表す記号が2つの場合は、結果としてどちらを使っても同じことになります）。

　～∀x（Px⊃Qx）≡∃x（Px∧～Qx）
　～∀x（Px⊃～Qx）≡∃x（Px∧Qx）
　～∃x（Px∧Qx）≡∀x（Px⊃～Qx）
　～∃x（Px∧～Qx）≡∀x（Px⊃Qx）

　ここで、どの述語もギリシャ文字の"Φ"を使って代表させると、以下のような関係を取り出すことができます。

　① ∀xΦxは∃x～Φxと矛盾している。
　② ∃xΦxは∀x～Φxと矛盾している。
　③ ∀x～Φxは∃xΦxと矛盾している。
　④ ∃x～Φxは∀xΦxと矛盾している。

①と④、それに②と③は、論理式の順番を入れ換えただけで、同じことを言っています。ですから、実質上は、先に説明した「矛盾」の関係を形作っている2つの組み合せしかないのです。けれども、以下に述べる「置き換えのルール」を導き出すために、論理式の順番を入れ替えて重複させているのです。さて、これらは矛盾していて、両立し難い関係なのですから、一方を否定してやれば、論理的に等しい、置き換え可能な論理式を得ることができるわけです。それぞれの後半部分に登場している論理式を否定しましょう。すると、

　量化子の置き換えのルール
　［以後、単に「置き換えのルール」と呼びます］
　① ∀xΦx ≡ ～∃x～Φx
　② ∃xΦx ≡ ～∀x～Φx
　③ ∀x～Φx ≡ ～∃xΦx
　④ ∃x～Φx ≡ ～∀xΦx

これらのルールを記号の形で突き付けられて当惑されている方のために、日本語で解説しておきましょう。少しでも記号があると苦手という方は、以下の文

中のギリシャ文字 "Φ" の代わりに「美」という言葉でも入れて考えてみて下さい。

① 「すべてがΦである」 ≡ 「あるものはΦでない、ということはない」
② 「あるものはΦである」 ≡ 「どれもがΦでない、ということはない」
③ 「どれもがΦでない」 ≡ 「あるものはΦである、ということはない」
④ 「あるものはΦでない」 ≡ 「すべてがΦである、ということはない」

　Truth Aquaduct（真理の水路）を構築していく際に、結論を否定するという重要なステップがありますが、上記の「置き換えのルール」はその際に大変役に立つルールです。Truth Aquaduct（真理の水路）の方法では、元の議論の結論を否定する、ということは元の議論の結論と両立し難い結論を仮定してみる、というステップを踏むわけです。ですから、否定ということも、両立し難いということ、つまり、矛盾の意味合いを持っていなければなりません。のちほど、このルールを使った練習をやってみることにしましょう。

　さて、ここでついでに「反対」、そして「副反対」の関係というものを調べておくことにしましょう。まず、「反対」の関係から見ていきましょう。反対の関係は、AとE、即ち、全称肯定文と全称否定文の間の関係です。例えば、AとEを、それぞれ全称肯定文「すべての人間は詐欺師である」と全称否定文「どの人間も詐欺師ではない」と置いて考えてみましょう。これらの主張は、確かにどちらも共に真であることはないでしょう。肯定文の方は「人間だったら皆詐欺師である」と言っているのですし、否定文の方は、「人間は誰もが皆詐欺師ではない」と言っているからです。けれども、反対の関係にあるものの場合は、両方共に真であるということはあり得ないのですが、両方共に間違っている、つまり偽である、場合があるのです。即ち、「ある人間は詐欺師である」ということが真である場合、全称肯定文「すべての人間は詐欺師である」と全称否定文「どの人間も詐欺師ではない」も共に偽であることになるでしょう。このように、反対の関係にある主張は、共に真であることはできませんが、共に偽であるということがあり得るのです。

　同様に、「副反対」の関係にあるIとO、即ち、存在肯定文と存在否定文の関

係はどうでしょうか？ IとOをそれぞれ「ある人間は詐欺師である」と「ある人間は詐欺師ではない」と置いて考えてみましょう。これらは、共に真であることは考えられます。人間の中のある者達が詐欺師であり、ある者達は詐欺師ではないということは両立するからです。けれども両者が共に偽であることはできません。共に偽であるということは、それぞれの矛盾の対である「すべての人間は詐欺師である」と言うことと「どの人間も詐欺師ではない」と言うことが真であるということに等しく、それらが両立してしまうことになるからです。ですから、副反対の関係にある主張は、共に真であることは可能ですが、共に偽であることはあり得ないのです。

　それでは、全称肯定文、全称否定文、存在肯定文、存在否定文、それぞれの関係を理解していただいたところで先程取り出した「置き換えのルール」を使って、練習問題を続けて2つやってみましょう。

① すべてのクリンゴン星人は戦士である。
② すべての戦士は残虐である。
―――――――――――――――――――
③ 従って、あるクリンゴン人は残虐である。

まずこの議論を記号化しましょう。そこで、「xはクリンゴン星人である」をKx、「xは戦士である」をFx、「xは残虐である」をCxとそれぞれ置きましょう。すると、

① $\forall x\ (Kx \supset Fx)$
② $\forall x\ (Fx \supset Cx)$
―――――――――――――――――――
③ $\therefore \exists x\ (Kx \wedge Cx)$

となります。結論を否定し、さらにこの議論を今までに説明してきたルールを使って翻訳していきます。この際に、結論が存在肯定文ですので、否定するためには、先ほど紹介したばかりの「置き換えのルール」が使えそうですね。

① $\forall x\ (Kx \supset Fx)$
② $\forall x\ (Fx \supset Cx)$
―――――――――――――――――――
③ $\therefore \exists x\ (Kx \wedge Cx)$

第4章　演繹法による議論　　229

④　～∃x（Kx∧Cx）　　　結論の否定
⑤　∀x～（Kx∧Cx）　　　④の「置き換えルール」による翻訳
⑥　～（Kb∧Cb）　　　　U.I.による⑤の書き換え
⑦　～Kb∨～Cb　　　　ド・モルガンによる⑥の翻訳
⑧　Kb⊃Fb　　　　　　U.I.によるプレミス①の書き換え
⑨　～Kb∨Fb　　　　　⑧の翻訳
⑩　Fb⊃Cb　　　　　　U.I.によるプレミス②の書き換え
⑪　～Fb∨Cb　　　　　⑩の翻訳

⑤を「～∃x（Px∧Qx）≡∀x（Px⊃～Qx）」に当てはめることよって置き換えても結果は同じです。⑤を置き換えてみましょう。

⑤　∀x（Kx⊃～Cx）
⑥　Kb⊃～Cb　　　　　U.I.による⑤の書き換え
⑦　～Kb∨～Cb　　　　⑥の翻訳
以下同様

以上、翻訳、置き換えが完了しましたので、翻訳および置き換えの結果である⑦、⑨、⑪を使って、Truth Aquaduct（真理の水路）を構築していきましょう。

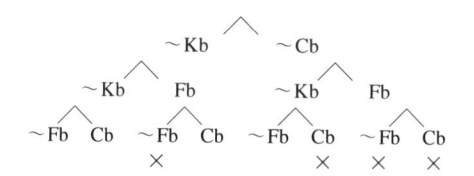

```
              ～Kb      ～Cb
             /    \    /    \
          ～Kb    Fb ～Kb    Fb
          /  \   /  \ /  \   /  \
       ～Fb Cb ～Fb Cb ～Fb Cb ～Fb Cb
         ×        ×   ×
```

このように開いたままの水路が数多く存在していますので、与えられた議論はinvalidであるということになります。例えば、～Kbから下流に下っていく箇所からは、「Kbが偽、Fbが真、Cbが真」の場合が、～Cbから下流に下っていく箇所からは、「Cbが偽、Kbが偽、Fbが偽」の場合が、それぞれ議論をinvalidにしています。

			プレミス①	プレミス②	結論
Kb	Fb	Cb	Kb⊃Fb	Fb⊃Cb	Kb∧Cb
F	T	T	T	T	F
F	F	F	T	T	F

① 避妊に失敗した女性あるいは強姦された女性は誰でも中絶する権利がある。
② ある女性は避妊に失敗している。
③ 従って、避妊に失敗した女性は中絶する権利がある。

「xは女性である」をWx、「xは避妊に失敗した」をCx、「xは強姦された」をRx、「xは中絶する権利がある」をHxと置いて、置き換え、翻訳の作業を続けましょう。

① ∀x {[(Cx∧Wx) ∨ (Rx∧Wx)] ⊃ Hx}
② ∃x (Wx∧Cx)
③ ∴∃x (Wx∧Cx∧Hx)
④ ～∃x (Wx∧Cx∧Hx)　　　結論の否定
⑤ ∀x～(Wx∧Cx∧Hx)　　　④の「置き換えのルール」による翻訳
⑥ Wb∧Cb　　　　　　　　E.I.によるプレミス②の置き換え
⑦ ～(Wb∧Cb∧Hb)　　　　U.I.による⑤の置き換え
⑧ ～Wb∨～Cb∨～Hb　　　ド・モルガンによる⑦の翻訳
⑨ [(Cb∧Wb) ∨ (Rb∧Wb)] ⊃ Hb　　U.I.によるプレミス①の置き換え
⑩ ～[(Cb∧Wb) ∨ (Rb∧Wb)] ∨ Hb　　⑨の翻訳
⑪ [～(Cb∧Wb) ∧～(Rb∧Wb)] ∨ Hb　　ド・モルガンによる⑩の翻訳
⑫ [(～Cb∨～Wb) ∧ (～Rb∨～Wb)] ∨ Hb　　ド・モルガンによる⑪の翻訳

⑫のプレミスは一見複雑ですが、順を踏んでやっていけば難しいことはありません。練習の意味で、まず、⑫をダイヤグラム化してみましょう。

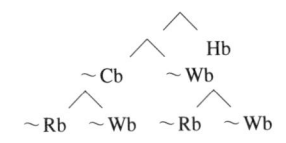

```
              ∧
           ∧     Hb
         ～Cb  ～Wb
        ∧       ∧
     ～Rb ～Wb ～Rb ～Wb
```

以上、プレミス②の最終形態である6番、結論の最終形態である⑧、そしてプレミス①の最終形態の⑫を使って Truth Aquaduct（真理の水路）を構築しましょう。

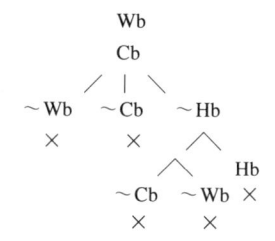

```
              Wb
              Cb
          ／ ｜ ＼
       〜Wb  〜Cb  〜Hb
        ×    ×    ∧
                 ∧  Hb
              〜Cb 〜Wb ×
               ×   ×
```

ダイヤグラムに示されているように、⑫はすべてをTruth Aquaduct（真理の水路）に載せる必要がありませんでした。すべてを載せる前に、水路が閉じていることが分かったからです。以上、どの水路上にも矛盾を指摘することができるゆえ、どの水路の水門も閉ざすことができます。従って、与えられた議論はvalidであるということになります。

それでは、最後にもう1つ練習をしておきましょう。

① 暴飲暴食をするかあるいは無理なダイエットをする人は誰でも健康を害し、寿命が短くなる。

② 従って、無理なダイエットをする者は皆健康を害する。

「xは暴飲暴食をする」をPx、「xは無理なダイエットをする」をQx、「xは健康を害する」をCx、「xは寿命が短くなる」をDxと置きましょう。すると、与えられた議論は、次のように記号化することができます。結論を否定し、もうお馴染みとなったと思われるステップを踏んで、水路構築の下準備を済ませましょう。

① ∀x［(Px∨Qx) ⊃ (Cx∧Dx)］
――――――――――――――――――――――――――
② ∴∀x (Qx⊃Cx)
③ 〜∀x (Qx⊃Cx)   結論の否定
④ ∃x〜(Qx⊃Cx)   「置き換えのルール」による③の翻訳
⑤ 〜(Qb⊃Cb)   E.I.による④の置き換え
⑥ 〜(〜Qb∨Cb)   ⑤の翻訳
⑦ 〜〜Qb∧〜Cb   ド・モルガンによる⑥の翻訳
⑧ Qb∧〜Cb   ⑦の二重否定による翻訳
⑨ (Pb∨Qb) ⊃ (Cb∧Db) U.I.によるプレミス①の置き換え
⑩ 〜(Pb∨Qb) ∨ (Cb∧Db) ⑨の翻訳
⑪ (〜Pb∧〜Qb) ∨ (Cb∧Db) ド・モルガンによる⑩の翻訳

翻訳のプロセスがかなり長いものになりましたが、どのような場合でもプレミスと結論が最終的にどういう形になったのかということに常に注意を払って下さい。結論の翻訳の最終形態である⑧とプレミス①を翻訳した結果得た⑪を使って、Truth Aquaduct（真理の水路）を構築しましょう。

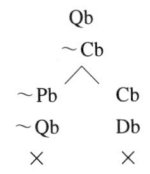

```
            Qb
           ～Cb
           ╱╲
        ～Pb   Cb
        ～Qb   Db
         ×     ×
```

このように、分析の結果、どの水路上の水門も閉ざすことができました。従って、この議論は valid であるということになります。

　以上、Truth Aquaduct（真理の水路）による方法を述語論理にも応用してきました。

7．Formal Fallacy（形式的詭弁）について

　よく調べてみると、本当は invalid な議論なのに、表面的に valid な議論とよく似ているので紛らわしい議論の形があります。こうした形式上の取り違えをわざと犯す詭弁を Formal Fallacy（形式的詭弁）と呼びます。詭弁を取り扱った章で見てきましたように、詭弁には聞き手の注意を議論以外の要素を使って逸らしてしまうという操作がありました。相手の感情に訴えたり、曖昧な用語法でごまかしたり、といった操作がそれでした。形式的詭弁の場合、聞き手の注意を逸らす要素は、名前の通り、議論の形式にあるのです。本来、詭弁を扱った章で扱うべき問題なのでしょうが、valid ということの分かっている今の時点の方が分かりやすいので、この位置にこの項目を持ってきました。私達は、形式的詭弁は valid な議論に似ているため、日常、あまり考えずについ使ってしまったりしています。さらに甘えのコミュニケーションに基づいて暗黙の了承になっていることを明瞭に文章化しないゆえに、形式的詭弁を犯してしまっているといった場合もあるのです。こうした理由から、形式的詭弁は考察しな

いで放っておくわけにはいかないのです。以下に見ていく2つの詭弁はまさにvalidな議論の類似品とでも言うべき代物なのです。「可能世界による方法」を使って、invalidである場合を想像し反駁を試みて下さい。

（1）Affirming the consequent（後件肯定の詭弁）
　この詭弁は以下のような議論の形を持っています。

　　① もしPならば、Q。
　　② Q。
　　―――――――――――
　　③ 従って、P。

一見したところvalidな議論のModus Ponensによく似ているので錯覚してしまいますが、Modus Ponensはこうです。

　　① もしPならばQ。
　　② P。
　　―――――――――――
　　③ 従って、Q。

「後件肯定の詭弁」という名前にあるように、Modus Ponensとの違いは、2番目のプレミスにおいて、前件ではなく後件を肯定しているところです。この詭弁の例として、例えば、

　　① もし残業があれば、夫は12時過ぎに帰宅する。
　　② 夫は12時過ぎに帰宅した。
　　―――――――――――――――――――――――
　　③ 従って、夫は残業があった。

を見てみましょう。「可能世界を考える方法」を使ってこの議論がinvalidであることを暴きましょう。どうでしょうか？　プレミスが2つとも真にもかかわらず、結論が偽である場合を容易に想像することができるでしょう。つまり、夫が残業の度に12時過ぎに帰宅するから、プレミス①は確かに正しいし、プレミス②で言われているように、確かに、夫は12時過ぎに帰宅したとしましょう。にもかかわらず、夫に残業があったわけではないような場合を想像してみればいいのです。そのような可能世界があれば、この議論がinvalidである

ことを証明できます。例えば、夫はただ友人と飲んでいたとか、夫は失楽園していたとか、夫は事故に巻き込まれてしまっていたとか、何らかの理由で妻を驚かそうとしていたとか、12時過ぎに帰宅した理由として、残業以外のいろいろな場合を想定できます。このように、この後件肯定の詭弁は、他に考えられ得る可能的説明を見落としてしまうのです。

　それでは、このような場合はどうでしょうか？

　① 兄ちゃん、100点取ったら、ドリーム・キャスト買ってもらえるって言ってたな。
　② ああッ！ 兄ちゃん、ドリーム・キャスト持っている！
　③ そうか、兄ちゃん、100点取ったんだな。

このタイプの議論は日常よく見受けられるのではないでしょうか？　これは、このままですと、明らかに後件肯定の詭弁です。けれども、日常会話で、このような条件文を使う時は、「もし……ならば」というよりも、「……する時に限り」という感覚で使っているのではないでしょうか？「100点取らない場合はもちろん買ってやらないわよ」という暗黙の了承があるはずです。ですからこの議論の最初のプレミスは、厳密には「100点を取った時に限り、ドリーム・キャストを買ってもらえる」としなければなりません。そうすると「100点を取った」ということは、「ドリーム・キャストを買ってもらった」ということですし、同時に「ドリーム・キャストを買ってもらった」ということは「100点を取った」ということなのです。つまり「兄ちゃんが100点を取る」をP、「ドリーム・キャストを買ってもらえる」をQとすれば、$(P \supset Q) \wedge (Q \supset P)$ということを言っているのです。そしてこれは、$P \equiv Q$と真理値が等しいのです。ですから、この議論は、

　1. $P \equiv Q$
　2. Q
　3. $\therefore P$

となるはずです。こういう形であるのなら、「後件肯定の詭弁」ではなくなります。Truth Table（真理表）を作って確かめてみましょう。$P \equiv Q$は論理的に

等しいということで、両方の真理値が等しい時にのみ真となります。ですから、

P	Q	P≡Q	Q	P
T	T	T	T	T
T	F	F	F	T
F	T	F	T	F
F	F	T	F	F

となります。ご覧のようにプレミスが両方とも真にもかかわらず結論が偽であるような場合を指摘することはできません。従って、P≡Qと解釈すれば、上記の議論は valid になります。ちなみに、Truth Aquaduct（真理の水路）によって調べる際は、P≡Qを（P⊃Q）∧（Q⊃P）と置き換えて考えます。やってみましょう。

① （P⊃Q）∧（Q⊃P）
② Q
③ ∴P
④ ～P　結論の否定
⑤ （～P∨Q）∧（～Q∨P）　プレミス①の翻訳

②、④、そして⑤を使います。

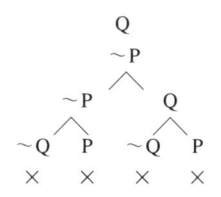

```
                Q
               ～P
               ∧
          ～P      Q
          ∧       ∧
       ～Q  P   ～Q  P
       ×   ×    ×   ×
```

ご覧のように、どの水路上の水門も閉ざすことができましたので、この議論は valid な議論なのです。

　以上、詳しく見てきたように、甘えのコミュニケーションに支配されている日常会話では、暗黙の了解となっていることを明瞭に文章化しない場合があります。ですから、上記のような、一見、後件肯定の詭弁に見えるような議論がされているわけですが、言葉の日常の用法の分析の結果、詭弁ではないという

ことが分かりました。このような分析例に出合いますと、言葉の日常の用法を知るということも必要だ、と考えさせられてしまいますね。

（2）Denying the antecedent（前件否定の詭弁）

　後件肯定の詭弁が Modus Ponens に似ているとしたら、この前件否定の詭弁は、Modus Tollens によく似ているという点で紛らわしい詭弁なのです。

　皆さんは、valid な議論の1つである Modus Tollens の形を覚えているでしょうか？　まず Modus Tollens の形を見て下さい。

① 　もしPならばQ。
② 　Qでない。
③ 　従って、Pでない。

Modus Tollens の形式では、②番目のプレミスにおいて否定されているのは、後件なのですが、「前件否定の詭弁」では、その名の通り前件が、②番目のプレミスで否定されるのです。この詭弁の形を以下に示しますので、今述べた点に注意して Modus Tollens と比べてみて下さい。

① 　もしPならばQ。
② 　Pでない。
③ 　従って、Qでない。

例えば、次の議論を考えてみて下さい。

① 　青木さんと一緒になれば、啓子は幸せになれる。
② 　でも彼女は青木さんとは一緒になれない。
③ 　だから、啓子は幸せになれない。

先ほどと同様に「可能世界を考える方法」を使って考えてみましょう。プレミスが2つとも正しいと仮定しましょう。にもかかわらず、結論で言われていることが成立しないような可能世界を考えればいいのです。青木さんと結婚すれば、啓子さんが幸せになるのは確かだとしましょう。でも青木さん以外にも千

葉さんや相磯さん、高見さんなどと結婚して十分に幸せになれるような可能世界を想像することができます。あるいは、結婚という手段によらずとも、この啓子さんなる人物が他の理由で幸せになっていることを想像できます。例えば、物書きとしての才能を評価されるようになり、売れっ子作家になってしまって結婚どころではないような多忙さの中に幸福を見いだす、といった場合を想像することは容易です。このように、後件肯定の詭弁の時と同様に、前件否定の詭弁は、他に考えられ得る可能的説明を見落としてしまうのです。

　以上、どちらもあまり考えずに聞いたら、正しい議論であるかのような印象を持ってしまいます。特に日常のコミュニケーションでは、何が暗黙の了解になっているのかを考えねばならない場合さえ出てきます。ともかく、そんなわけで valid な議論によく似たとても紛らわしい議論があるので、私達は注意が必要なのです。

練習問題

Truth Aquaduct（真理の水路）による方法を使って、以下の議論のダイヤグラムを作ってみよう。

1．もし勉強をすれば、成績がよくなる。もし勉強しないのならば、楽しい時間をもっと持てる。従って、成績がよくなるか楽しい時間をもっと持てるかのどちらかだ。

2．君はバスか徒歩で来なければならない。もし徒歩で来るのなら遅くなるだろう。もしバスで来るのなら、渋滞にあうだろう。渋滞にあえば、君は遅くなるだろう。だから、君は遅くなるだろう。

3．どの手品師も不器用だということはない。すべての哲学者は不器用である。青木は哲学者だ。従って、青木は手品師ではない。

[注]
1）この章は、以下の文献を参考にしている：Copi, Irving M., Symbolic Logic 4th edition, Macmillan Publishing Co., 1967.、Moore, Brooke M. & Paker, R.,Critical Thinking, Mayfield Publishing Co., California, 1986, W. O. クワイン、『現代論理入門』杖下隆英訳、大修館書店、1972.、大出晁、『論理の探究』、慶応義塾大学出版会、1980.、野矢茂樹、『論理学』、東京大学出版会、1994.
2）Johnson, Mark, The Body in the Mind, Chicago University Press., Chicag, 1987, p.xix-xxi.
3）大出晁、『論理の探究』、慶応義塾大学出版会、1980、pp.127-132.を参照した。
4）伊藤邦武、『人間的な合理性の哲学』、勁草書房、1997、p.266.
5）Grice, P., Studies in the Way of Words, Harvard Univ. Press, Cambridge, 1991, pp.26-40. 邦訳、P. グライス、『論理と会話』清塚邦彦訳、勁草書房、1998、pp. 37-39. またグライスの「協調の原理」に関しては、伊藤邦武、前掲書、pp.272-275. に簡潔明瞭な解説がある。

第5章
帰納法による議論

　この章では、演繹法と並ぶ帰納法を取り扱います。帰納法に分類される議論のうち、最も代表的なものを学びます。帰納法を使った議論を展開していく上で、有益なルールをいくつか紹介しますので、皆さんが議論を組み立てていく際の手引きとして活用してみて下さい。

１．Inductive Arguments（帰納法）について

　まず思い出していただきたいのですが、inductive arguments（帰納法）に属する議論はどれも Weak arguments（弱い議論）に分類される議論で、それは、Strong arguments（強い議論）に分類されている演繹法とは違って、結論がプレミスから必然的に導出されるのではなく、真であるプレミスによって結論の確からしさを保証するのです。そこで、帰納法を論じていく上で必要な概念をまず紹介していくことしましょう。

(1) 帰納法の問題点
　演繹法の場合は、valid であれば、「真理の冷蔵庫」という特別な役割を担うことができました。Valid な議論であれば、もしプレミスがどれも皆真であるのならば、結論も必然的に真になる、といった強い関係がプレミスと結論の間

に見られました。

　けれども帰納法においては、たとえプレミスが真であっても、結論が偽の場合が考えられるのです。プレミスが真であれば、結論の確からしさの度合は高まっていきますが、プレミスが真であることは、結論も絶対的に真であるということを保証しはしないのです。このことを詳しく説明していきましょう。帰納法の場合は有限個の経験的データから、仮説、そして法則と呼ばれている、すべてのデータを包括的に説明する一般化された規則へ向けての跳躍があるのです。このことは帰納法的飛躍と呼ばれています。「有限個の経験的データ」から「すべてのデータを説明する規則」への飛躍を正当化するものは一体何なのでしょうか？　帰納法的飛躍と呼ばれている事態を分かっていただくために、簡単な例を挙げて考えてみましょう。

　例えば、あなたは生態学者で、ある無人島の生態系を調査しているうちに、そこに生息している蛙はアルビノではないかと考え始めたとしましょう。なぜならあなたが見つけた蛙は皆白色だったからです。そこで恐らくあなたは、「この島に生息する蛙はすべてアルビノである」という仮説を立てるでしょう。ここで注意していただきたいことは、あなたが見つけた蛙の例は、有限個のはずなのに、仮説の中には「すべての」という言葉が使われているということです。この有限のサンプルから「すべての」という無限へ向けての飛躍が、帰納法的飛躍なのです。良い言い方をすれば、有限の経験から普遍的真理への豊かな想像力ということになりましょうが、悪い言い方をすれば、限られた知識から無限を覗こうとする半ば山師的な行為と言えるかもしれません。あなたが今後観察することになるだろう白い蛙はすべて仮説を確証していくわけです。こうしてあなたが根気よく観察を続けた結果、あなたは1000匹の蛙を観察し、それぞれの事例が、仮説を確証するのに貢献したとしましょう。1000番目の観察事例まで仮説の確からしさの度合を高める貢献をしているわけなのです。こうして仮説の確からしさの度合は増し、あなたの科学者としてのキャリアに輝かしい光明が差し掛けたかに見えたのでしたが、ある日、あなたは1001匹目の観察例がまだらであることを発見するとしましょう。このたった1つの事例で、最初の仮説は疑惑にさらされることになり、何らかの変更を余儀なくさ

れるでしょう。たった1つの反対例によって仮説が反証されてしまうのです。仮説に対して確証と反証の持つ価値のアンバランスを読み取って下さい。確証例をいくら集めても、仮説の確からしさの度合が高まるだけなのに、1つでも反対例があれば、仮説は揺るぎ出すのです。

　問題はこれだけではありません。私達は、限られた経験から推論された仮説の下に、未来の観察例を予言していくわけなのです。ここで、たとえ仮に、島中の蛙を調査し尽くすことができ、すべての事例が仮説を確証し、仮説の正しさが揺るがなかったとしても、私達が経験できるのはせいぜい近い過去から現在までの事象でしょう。過去と現在の経験からの推論が果たして未来の事例にも拡張できるのでしょうか？　これは、ヒュームというイギリスの哲学者が懐疑して以来、帰納法にまつわる難問とされてきました。「今日まで、太陽が東から昇り続けた」という過去の経験が明日もそうなるということを保証するだろうか、とヒュームは言うのです。過去の経験から推察した規則性が未来の事象にまで拡張され得るという保証は何なのか、というわけです。哲学者のバートランド・ラッセルが帰納法に関する問題の核心を上手に一般化して述べていますので、彼の言葉に耳を傾けることにしましょう。

> われわれが論ずべき問題は、いわゆる「自然の一様性」the uniformity of natureを信じる理由があるかどうかということである。自然の一様性に対する信念は、生起した、あるいは生起するであろうすべてのものが、一つとして例外のないある一般法則の一事例であるとする信念である。[1]

過去から未来永劫に渡って、自然が首尾一貫して一様であるということを、信じるに足る保証は何なのだろうか、というわけです。

　これに関連した問題として、ネルソン・グッドマンによって提示された「グルー色の逆説」と呼ばれている、帰納法にまつわる問題を紹介しましょう[2]。ある時間（これをtとしましょう）までに観察されたエメラルドが皆緑色であったとしましょう。そこで、「すべてのエメラルドは緑色である」という仮説を立てたと考えてみて下さい（これを仮説1と呼ぶことにしましょう）。時間tまでのエメラルドの観察例はどれもこの仮説を確証しているというわけです。

ここでグッドマンは「"grue" グルー」という用語を次のように定義するのです。「もし事物が時間t以前は緑色であり、時間t以降は青色ならば、それはグルー色である」。こうして定義した「グルー」なる言葉を使って、グッドマンが立てた仮説（これを仮説2としましょう）は、「すべてのエメラルドはグルーである」というものなのです（同様に、「時間t以前は緑、以降に赤であるものをグレッドと呼ぶ」といったような定義を無数に考えることができるのだ、ということに注意して下さい）。

仮説1：すべてのエメラルドは緑色である。
仮説2：すべてのエメラルドはグルーである。

ここで皆さんに考えていただきたいことは、時間tまでのエメラルドの観察例はすべて、どちらの仮説も共にサポートしてしまうということなのです。ここで時間tを仮に2100年としましょう。この仮説の予言する内容は確かに異なっています。仮説2は、2100年以降に観察されるグルーのエメラルドは、青色であるだろうと言っているのですから。けれども確かに2100年以前の観察例はどちらの仮説をも確証してしまっています。グッドマンの論点は、私達は、与えられた観察例から、いく通りかの違った一般化を図ることができるのだ、ということなのです。ここでは、限られた経験から一般化へ至る帰納法の難点が、実に劇的な形で描き出されています。限られた経験の中に無数の規則性を読み取り、それぞれの規則性を基に仮説を形成することができるというわけなのです。結局、帰納法の場合、過去の経験の有限性から無限を保証するような規則性への飛躍に伴うギャップが以下にまとめるような難点を生み出しているのです。

① 限られた経験から読み取られた規則性が未来事象も同様の規則性を持つだろうということを保証しない（＝そのような飛躍を許さない未来が待っているかもしれない）。
② 限られた経験から読み取られた1つの規則性以外に無数の規則性を読み取ることが可能である（＝結局、飛躍が飛躍である限りにおいて、無数の飛躍の仕方があり

得る)。

　帰納法的飛躍と呼ばれている事態がある限り、以上列挙した問題点は、帰納法に付きまとう難題として残ることでしょう。こうした難点があるにもかかわらず、有限から無限への飛躍ということの想像性が、そしてその想像性こそが、人類の知的財産に新しい知識を加えていくわけですから、帰納法の魅力でもあるわけなのです。

　けれども、帰納法で得られた一般化は、ただ単に現在に至るまでの恒常的な規則性の記述というだけにとどまらないのです。仮説は、事象の内的な構造を解明し、他の関連事象を説明したり、さらに興味深いことは、発見された因果関係を利用した実験装置によって他の事象に働きかけることができるようにしたりするのです。先ほどの白い蛙の例ですと、「この島の蛙は白い」といったような単なる規則性を観察する、というのは最近の科学の実情からかけ離れているでしょう。むしろその規則性を引き金にして事象の内的構造を解明しようとする動機があったからこそ、遺伝子の構造から来る説明が可能になっていったのです。ただ単に、遺伝子の構造という形で事象の内的構造を理論化しただけではありません。その理論が解明した因果関係を使って、実在に介入できるようになったということが重要なのです。つまり、その道徳的な帰結は問わないことにして、遺伝子を操作できるようになった、ということを私は言っているのです。事象に因果的関係を読み取るだけではなく、事象の因果的効力を駆使して事象に介入できるのです。こうして確立された因果関係を利用して実在を操作する、という大胆な可能性が開けてくるのです。

　今述べた実在に因果関係的に介入できる、という観点はとても重要です。因果的効力によって介入する、ということは単に頭の中で起きる観念ではないのです。かつて、観念論者のバークリーを論駁するのに、かのサミュエル・ジョンソンは目の前の石を蹴飛ばしてみせた、と言われています。この逸話は、私達が持っている実在のイメージを端的に表現していると思うのです。つまり、「実在とは何か？」と意味付けを迫られたら私達は当惑するでしょうが、実在に対して作用したり、抵抗を受けたりするように、何らかの形で介入しようと

することができ、(例えば、ジョンソンがしてみせたように「蹴飛ばしてみる」といった風に) 介入の結果として実在の側のそれなりの反作用や抵抗といった形の手応えがある、ということです。ポパーが言うように、「子どもは作用や抵抗をつうじて、実在とはどんなものかということを学びます」[3]。サミュエル・ジョンソン、ポパーと続く系譜にイーアン・ハッキングを並べてもいいでしょう。ハッキングは、電荷を減らすために電子を吹きかける実験について教えられた日から、電子の実在を信じるようになったと言っています。電子が「全く特殊な因果的な力を持つことを知っているから電子の実在性について語る資格を持つ」[4] と彼は述べています。ある因果的効力によって他の事象に働きかけることができれば実在している、というわけなのです。

　ですから、教訓はこうです。仮説はただ単に事象を説明するだけに終わっていない、ということ。ただ単に事象を説明するだけであるのならば、ティコの天動説もコペルニクスの地動説も同じように納得いく説明をしてくれるでしょう。「実在とは何か?」といった意味論的な方向からは、懐疑論にさらされることになるかもしれないようなお話ですが、今述べたような作用し反作用を受けるという観点から、たとえ一面的であろうと実在の解明に迫るという試みがされてきているのです。

　先ほど、限られた経験から読み取られた1つの規則性以外に無数の規則性を読み取ることが可能である (=結局、飛躍が飛躍である限りにおいて、無数の飛躍の仕方があり得る) ということを述べ、帰納法を批判しましたが、だからといってその結果、「何でもあり」の相対主義が帰結するわけではありません。生き残るべき仮説は、まさに実在を「蹴飛ばしてみせる」ことを可能にしてくれるのでなければなりません。実在は未来永劫に渡って安定している構造を持つのかどうかは分かりません。それゆえ、ここにまだ懐疑論のつけ入る余地が残されているわけですが、にもかかわらず、仮説は実在がどうなっているのかを言い当てようとしてきたわけです。良い仮説は、実在の内的構造を明らかにすることによって、関連事象を説明したり、予測したりしていますし、あまり関連性がないと思われていた事象との繋がりを突き止めたりできるのです。そして、重要なことですが、今お話ししたような懐疑の余地が残されているから

こそ、あらゆる仮説は、議論という批判的吟味にさらされねばならず、どの仮説もそうした批判的吟味に耐え得る限りは妥当な仮説とみなされ得るのです。

(2) 仮説間の競合という視点

　良い演繹法を評価する際に validity という素晴しい基準があったように、帰納法を評価するのにふさわしい評価基準があるのでしょうか？　当然考えられる条件は、すべてのプレミスが真であること、なのですが、これは当然要求される基準には違いありませんが、たった今お話ししたようにこれだけでは、決定的ではありません。哲学者によっては、帰納法を評価するための厳密な評価基準の探究を放棄してしまい、そのような基準はそもそも帰納法の場合はありえないのだ、としています。確かに、良い演繹法を評価する際の validity という基準を理想にして、考察を始めるのであれば、私達は既にその時点でつまずいてしまうのです。かといって、探究を放棄してしまうこともできません。なぜならば、私達の知識のほとんどがその保証を帰納法に頼っているからなのです。そこで、私達はモデルとなるケースを良い演繹法を評価する際の validity という基準に求めない、という方針にし、それでは、一体、私達が帰納法による議論を妥当であるとして受け入れるのは、どのような場合なのか、ということから考えていくことにしましょう。

　帰納法の議論は、必ずしも「真理の冷蔵庫」足り得ません。つまり、プレミスが皆真であっても、結論が偽であるということが論理的な可能性としてあるのです。帰納法の議論では、プレミスで述べられている証拠に基づいて、結論の仮説が真である可能性を高めるのです。けれどもこのような性質を持っているからこそ、見方を変えれば、いろいろな仮説が提出され、それぞれの仮説を立証しようとする厳しい競争が起きるのです。確かに、帰納法の議論を１つ１つ取り上げて考察すれば、基準が見つからないかもしれませんが、この仮説間の競合という事態に注目した途端に事情が変わってくるのです。仮説間の競合こそ、帰納法の特色として、重要な特色でしょう。なぜならば、私達が帰納法の議論を妥当であるとするのも、こうした仮説間の競合の中にあってそれが最も有力であると説得させられる時だからです。私達は、帰納法の議論を検討す

る際に、その議論で提起されている仮説が、他の仮説よりももっともらしいとどのような場合確信するのかを考えねばなりません。

　帰納法の議論を検討していく上で、仮説間の競合に注目しているわけですが、その際に私達は、

1）競合している仮説が一体何に関して競合しているのかを知らねばなりません。
2）1つの仮説が競合している他の仮説よりももっともらしいかを以下に述べる条件に照らし合わせて考えていくのです。

　① 提出されている証拠が同じ分野の権威者の共同体の中で追試されて、真と確定されていること。
　② 競合している他の仮説に比べて、より多くの関連事象を説明したり、予測したりすることのできる仮説であること（一方の仮説が予測できないようなことを、できればテスト可能な仕方で提出できること。これは、これから述べる3番目の条件にも関係してきます）。
　③ 競合している仮説間の優劣を決定するとその共同体が合意している実験（決定実験）をパスできること。
　④ 既に十分に成功を収めているという意味合いで確立されている仮説や他の分野で提出されている有力な仮説と整合的であること。

　これらの条件に照らし合わせて、納得できたとしても、近い将来もっと有力な仮説が提起されるという可能性が残されます。仮説間の競合は未来の地平に限りなく開かれているのです。それでも、そうした仮説が登場するまで、私達は、一時的に上記の条件をクリアしている仮説を妥当であると受け入れることができるのです。

　今挙げた4つの条件のうち、3番目の条件を具体例を挙げて詳しく説明しようと思います。3番目に述べた条件は、フランシス・ベーコンが「決定実験」と名前を提案してから、多様な解釈を受けてきています。私が紹介するのもそうした多様な解釈の中の1つに過ぎないのです。その例として、光の本性を巡る論争を挙げてみたいと思います。光の本性を粒子だとする、ニュートンを代表とする粒子説派と、光の本性を波動であるとする、ホイヘンスを代表とする

波動説派が論争を繰り広げていました。どちらも一長一短ありで論争を決着に至らしめる決め手を欠いていたのです。ここでもし光が波動であるとしたら、ちょうど音波が空気という媒質によって伝わっていくように、光の波動を支える媒質が必要だとされ、エーテルに媒質としての役割があてがわれたのでした。エーテルは今でこそ科学用語としては死語になっていますが、そもそもエーテルとは何だったのでしょうか？　マックスウェルが『エンサイクロペディア・ブリタニカ』第九版（1875年）に執筆した記事によると、エーテルとは、元々は自然が真空を嫌悪するという考えの下に生まれた物体間にあると仮定された連続的な媒質で、仮定されたこの媒質の本性をはっきり定めることができなかった上、この媒質が説明することになる諸効果を生み出すことになるということを証明してみせることもできなかったので、結局、「生き残ることになった唯一のエーテルは、光の伝播を説明するためにホイヘンスによって考え出されたものである」[5]というわけなのです。光が波動であることを主張するためには、宇宙空間は真空だとされているのでちょっと奇妙かもしれませんが、宇宙空間をエーテルという媒質が満たしていなければならない、とされたのです。ちょうど音波を伝えるのに空気という媒質が必要なのと同じように、光の波動を伝えるのにはエーテルという媒質がいるのだ、と類推しているわけです。

　光が波動の性質を持って現象することが実験で確認されていましたが、この当時の考えでは、光の波動説を採るにはどうしても光の波動を伝える媒質であるエーテルの存在を仮定しないわけにはいきませんでした。エーテルが存在しないとなれば、光の波動説は足元をすくわれて崩れさってしまうでしょう。エーテルが存在するか否かこそが拮抗する2つの仮説にとっての天王山となったのです。その天王山を巡って、「マイケルソン・モーリーの実験」という名前で科学史上有名な実験が提案されたのです。実は、彼らの実験は先に引用したマックスウェルの記事の中に不可能な実験として素描されていたのです。

> 地球の表面で1つの測点と他の測点の間を光が伝わるのに要する時間を観測することによって光の速度を決定することが可能だったとしたら、われわれは反対向きに観測された速度を比較することによって、これらの地球上の測点に対するエーテルの速度を決定することも可能であろう。……軌道内での地球の速度に等しい、エーテルの相

対速度に起因する時間の増加は伝達の全時間の約1億分の1でしかないだろう。それゆえそれは全く感知できないだろう。[6]

　このようにマックスウェルによって難しいとされた実験をマイケルソンらは可能にしたのです。光を半透明な鏡で2方向に分割し、一方は地球の運動と同じ方向に、残りの一方はそれと直角の方向に送り出す装置を考え出したのでした。
　さてもし光の波動説が正しく、エーテルなる媒質が存在しているとしたら、次のようなことが言えるというのです。
　アインシュタインの説明を借りて要約してみましょう[7]。ここで仮に、エーテルの中を移動している部屋があるとして、その部屋の真ん中にある光源から光の波動がが発せられたとしましょう。もし部屋が光の速度より小さな速度で移動しているのであれば、部屋の中央から発せられた波動は一方の壁に他方の壁よりも速く達するでしょう。つまり光の速度はすべての方向で同じではなくなるわけです。このような思考実験を実際に試すのに好都合なことに、今の思考実験中の「移動している部屋」に相当する「公転している地球」という大きな速度で動いている絶好の実験場を私達は持っているのです。エーテルの"海"の中を地球が毎秒30キロメートルで公転しているのであれば、地球に固定した観測装置で計測した場合、公転している向きに進む光の速度と公転に直角の向きに進む光の速度とでは、波動が伝わる速度が違っているはずです。地球の公転の速度が一方ではプラスされるはずだから毎秒30キロメートルほどの違いが推定されるからです。
　先に述べたように、マイケルソンとモーリーは、この速度の差異を測定できる実験装置を考案し、実験した結果、光の波動説を採った場合、予測され得るような速度の違いは計測できなかったのでした。この実験によって、光を伝播させる媒質であるとされたエーテルの存在が疑われるようになったのです。この実験は、光の波動説で予測された結果が偽であることを証拠付けたのです。このように、競合している2つの仮説、即ち、光の粒子説とエーテルという媒質を仮定する光の波動説の優劣を決定すると物理学者の共同体が合意している実験としての地位を「マイケルソン＝モーリーの実験」は持つことになったの

です。こうして、エーテルは死の判決を受け、この決定的な実験にパスできなかったエーテルという媒質に基づいた波動説は大きな打撃を受けることになったのでした。このように仮説間の優劣を決定し得る実験というものがあるわけなのです。

けれども、仮説間の関係は必ずしも演繹法で見てきたような両立不可能という意味合いの「矛盾」の関係ではありません。「マイケルソン＝モーリーの実験」もエーテルの存在を仮定した波動説に打撃を与えたのであり、光が波動である、ということを否定したわけではありません。かくてエーテルを追い出した後、光が波動として現象するということを、粒子像の中で捉え直す方向は、光速度で動く粒子、即ち、光量子、に関するアインシュタインの理論によって説明されたのです。かくて粒子でありつつも波動のようにも現象するという光の不思議な二重性は、波動は原子内の電子の軌道を巡る動きというド・ブロイの仮説によって物質を構成する粒子にも拡張され、それはシュレーディンガーの波動力学へと発展していったのです。こうして量子力学の夜明けがやってくるのですが、これについては、ここではこれ以上は深入りしないでおきましょう。

また、決定実験ということがいつも可能ではないかもしれませんし、決定実験が必ずしも競合する仮説の一方に対して決定的な打撃を与えてしまうわけでもありません。よく知られているように、クリストファー・コロンブスがインドを目指して大西洋を航海する計画を立てた時、彼は地球が丸ければ当然大西洋周りでインドにたどり着くことができるという信念を持っていました。当時は、地球が丸いということは現在私達が信じているほど確固たる信念ではなかったのです。地球は平らであるという信念の方が常識的なものとされていたのです。にもかかわらずコロンブスがそのような当時の常識を逸している信念を持つようになった理由として、岸から沖に向けて移動していく船を観察していると、船体が下の方から徐々に姿を消していき最後にはマストの先端の旗が波間に消えていくのは、地球が丸いという証拠だということが挙げられます。これは子ども向けの科学読本に必ず挿絵付で紹介されているコロンブスによる有名な論証です。

さて、「地球が丸い」仮説と「地球は平ら」仮説が競合していると考えてく

ださい。その際、今紹介したコロンブスの実験は有力な決定実験になりそうです。けれどもこのコロンブスの実験が決定実験になるためには、「地球が丸い」仮説の保持者と「地球は平ら」仮説の保持者が、例えば「光は直線に進む」ということで合意していなければならないでしょう。光が遠方に行けば曲線を描いて進むのであれば、「地球は平ら」仮説でも、なぜ沖に向けて進んでいく船が甲板から姿を消していくのかを説明できることになるでしょう。逆に言えば、たとえコロンブスの実験が行われ、実験としての価値が疑われず承認されたとしても、「地球が丸い」仮説を棄て「地球は平ら」仮説を救うための工夫はいくらでもできるかもしれないということなのです。コロンブスの実験は、「光は直線に進む」ということを暗黙の了解として考えていたのです。けれども楽観的に考えれば、仮説が競合することによって、私達が当たり前と考えて言葉にもしてみなかったような暗黙の前提が明るみに出されていくといったメリットがあると言えるでしょう。ここでの教訓は、決定実験が即決定的な効果をもたらすのは、理想的状況でのお話なのだ、ということなのです。それでは、3番目の条件についてはこれくらいにしておきましょう。

(3) 仮説間の競合の例

今まで述べてきた仮説間の競合という、帰納法の議論を論じていく上で重要な観点を具体例を挙げてみていくことにしましょう。

　仮説1：人間は神の創造物である。
　仮説2：人間は偶然によって生じた。

神学が有力であった中世では、提出される証拠はすべて、上記2つの仮説のうち、最初の仮説を支持していると考えられてきました。中世の学者達は人間の精密な構造に驚き、精密な機械にはその構築者が存在しているように、人間にもその創造者がいるはずであると類推したのです。こんなに精密なものが偶然のなせる業とはとても思えない、このような精密な構造を設計できる最高の知性である神の名前が、最高の権威の書である聖書にも記されているではない

か、人間の精密な構造を発見するようなあらゆる証拠は、そんなわけで、最初の仮説を有力なものとして支持したのです。

けれども1859年を境に仮説間の競合が激化していきました。この年は、ご存じのように、ダーウィンの『種の起源』が出版された年なのです。こうして新しい仮説が登場したのです。

仮説3：人間は、生物の進化の過程を経て存在するに至った。

皆さんがご存じの「進化論」の登場です。ダーウィンによってこの仮説が唱えられて以来、この仮説は、いろいろな分野が提起している他の仮説と整合して有力な仮説として支持されていくようになりました。例えば、「遺伝子分析の結果から、人間がチンパンジーから分岐した年代をほぼ490万年前である」とした分子生物学の仮説は、「500万年前頃にアフリカを南北に貫く山脈が形成された」という地勢学上の仮説と、さらに花粉分析の結果、アフリカでは、山脈の東側に稲科の植物の花粉が発見されたということに基づく、「ほぼ500万年前に、西側の密林地帯とは違って山脈の東側は草原地帯が広がっていた」という仮説と、そしてさらに2本足で歩行しただろうと推定される猿人ルーシーの発見と、整合して、あたかもパズルでも組み上げていくかのごとく「ほぼ500万年くらい前に、アフリカの山脈の東側が草原地帯になってしまったゆえに、2足歩行を始めた人類の祖先が出現した」という仮説を有力なものにしていったのです。以上、実に簡単な描写ではありましたが、同じ分野の共同体内で追試された証拠に基づいた仮説が、他の分野で提出された他の有力な仮説と整合し支持されていく様子がお分かりいただけたと思います。ここで重要なことは、異なる前提を持つであろう異なる分野の科学が提起している仮説が、1つの結果に収斂（れん）していく様子です。この収斂するという事実が、科学が単なる物語とは異なるのだ、ということを証しているのです[8]。

(4) そもそも根本的正当化という考え方は必要なのだろうか？

私達は、帰納法の評価基準として仮説間の競合という大きな観点を導入しま

した。仮説が競合しているといったような事態に出くわすと、私達はついつい「アルキメデスの支点」を求めるという衝動に駆られてしまいます。「アルキメデスの支点」を発見できさえすれば、それに基づいて根本的正当化を与えることができるかもしれないからです。ここで仮に根本的正当化を与え得るとしたら、それはどのような条件になるのでしょうか？　哲学の歴史は、「アルキメデスの支点」の身分を持つべき第1原理、即ち、絶対的根拠、の探究の歴史であった、と言っても過言でないほど、絶対的根拠を確立しようとする数多くのエピソードを集めてくることができます。絶対的根拠を求めていくと、絶対的根拠の根拠という問題が出て来てしまって、たとえ絶対的根拠の根拠を探り当てたと言ったとしても、その喜びは束の間で、さらにその根拠を問われることになってしまうでしょう。皆さんは、「地球がどこにあるか？　それは大きな象の背中の上だ。その象は何に支えられているのだ？　それは大きな亀の背中にだ。それではその大きな亀は？　もっと大きな亀の背中だ。それではそのもっと大きな亀は？」といったインドの宇宙モデルにまつわる話を聞いたことがありませんか？　それとちょうど同じことが起きているわけです。もし皆さんがお暇でしたら、「絶対的根拠の根拠は？　そのまた根拠は？」と続けてみて下さい。限りなく続けられるでしょう（死ぬまでそんな単調な問いかけを繰り返すとしても）。「絶対的根拠の根拠は？　そのまた根拠は？」などとやってはいられません。

　こうなると、残された道は2つです。1つは、どこかで探究を恣意的に打ち切ってしまうこと、そしてもう1つは自分で自分自身を基礎づけることができる原理を探り出すことです。前者も後者も結局、独断ということになってしまうでしょう。つまりこうです。正当化されたという意味で基礎付けられたシステム全体があるとしましょう。そのシステム全体の正当化は、システム全体を基礎付けるために設けられた特権的外部から為されることになります。このシステムの外部が特権的なのは、結局もうこれ以上、その外部に対して正当化が不要であると独断的に判断されたからという理由によるのです。その外部の正当化という話になりますと、再び、「外部の外部」「外部の外部のそのまた外部」という無限に続く話になって、結局何事も正当化されていないということにな

ってしまうからです。後者も、「自分で自分を基礎付ける」といった場合、「基礎付ける自分」と「基礎付けられる自分」の関係が、結局、先ほどの「外部」と「外部から基礎付けられるとされるシステム」の関係に類比的な関係になってしまうからです。「基礎付ける自分」は基礎付けるということのために「基礎付けられる自分」の外部に立脚していなければならず、そうであるのならば、「基礎付ける自分」と「基礎付けられる自分」は、先ほどと同様に「外部の外部」「外部の外部のそのまた外部」という無限に続く話から逃れられなくなるからです。こうして根本的正当化の根拠として絶対的根拠を求める試みは独断で終わってしまうことになるわけです。けれども、もし絶対的根拠に根差した根本的正当化の試みが独断に終わってしまうのであるのならば、この世に確実な知識がないことを悲観するような事態が帰結するのでしょうか？

　哲学者のカール・ポパーは、人間の合理性は、根本的正当化を求めるといったこととは違うところにあると考えています。ポパーが強調している自由科学の特徴として、可謬主義と呼ばれるものがあります。この立場を理解するために、まずポパーその人の言葉に耳を傾けることにしましょう。

>　批判的な議論に耳をかたむけ、自分自身の誤りを捜し出し、そしてそれから学ぶ用意をもつということは、ひとつの考え方であるだけでなく、ひとつの生き方でもある。……。わたしが間違っているのであって、あなたが正しいのかもしれない。だから努力すれば、われわれは真理にもっと近づくことができるかもしれない。[9]

　これは私達人間の持つ誤謬可能性を受け入れる態度なのです。科学の採用する態度は「あなた達の到達した結論は、間違っているという可能性を排除できるものではなく、常に訂正に対して開かれているのですよ」という批判に対して開かれた態度なのだというのです。「私は間違えることがあり得る。それゆえ、訂正可能性を他者達に向かって、そして未来に向かって開けたものにしておきましょう」というわけです。このように人間である以上間違えることがあり得るということを真剣に受け止める倫理的態度こそが「可謬主義」なのです。自由科学は、誤謬可能性を認めるという倫理的態度ゆえに、自由な言論を活性化してきたのだというのです。つまり誤謬可能性を認め、批判に対して開かれ

た態度を採ることによって、1つの公共性の空間が開かれることになるのです。それこそが言論の自由を実践するための土俵になるのだ、と言えるのです。そうした公共性の空間における言論の自由ということは、

① 自分も誤謬可能性から免れ得ないことを認め、
② それだからこそ、ただ単に「主張」を述べるだけではなく、可能な限り、自分の主張に対して証拠や根拠、理由を与える努力（即ち、議論する努力）を惜しまない誠実さで臨み、
③ それゆえ、自分の言論に責任を負う用意ができているし、
④ 他者からの批判を受け入れ、自己の主張の間違いを認める用意もできている、

といったことを意味しているのです。それだからこそ、

① に対して、追試や追認あるいは決定実験といったような公的チェック機能に自己の主張を委ねることが、
② に対して、証拠や論拠などの公共化ということが、
③ に対しては、他者の批判に応答するということが、
④ に対しては、批判の受容という場面において、自己の主張と自己自身を切り離して考えられる客観性ということが、

それぞれでてくるのです。もちろん、この立場からは、ある主張が批判的吟味に耐えているということがその主張の真であることを確立しません。ただ、こうした批判的吟味に耐えている限り、そのような主張は妥当なものと考えよう、というわけです。

　こうして人間である以上、自分が誤謬可能性に対して例外ではなく、それだからこそ他者との共同作業によって、自己の誤謬の所在を知ろうとする責任ある態度こそが、言論の自由のための公共空間を開くのです。こうした科学の伝統が生み出したモラルがあるのだ、ということは特にこの国において意外と忘れられていますが、このような「開かれた態度」は、自由主義のモラルとして魅力ある見解なのです。このような態度をモデルにすることによって、言論の自由を保証し、自己の提出した見解を、他者の批判的吟味にさらすわけなのです。他者に「議論」という形で批判的吟味の場（この批判的吟味の場を自分が

利用してもいい）を開け広げたままにしておくわけです。やがていつかその場に他者が立ち現れて反論してくるかもしれないけれども、その日までは、暫定的な真理という身分を認めておきましょうという魅力的な考え方なのです。人間の場合、普遍であると主張される真理は暫定的なものであり絶対的ではありませんが、他者に反論の場を開いてやるという文字通り「客観的」態度をとることによって真理の客観性は保持できるのです。真理は暫定的で決して絶対的ではない、だからこそ他者の反論の場にさらされることによって保持されていくのです。この時、反論する他者にとって、「議論できる」ということが最小限身に付いているべきマナーということになるのです。こうした意味でも、皆さんに自己吟味の方法としての議論ということを実践していただきたいのです。

(5) まとめ

　仮説間の競合という大きな観点から見なければ、帰納法による議論は妥当性という保証を欠いてしまうことになります。このことは、絶えず念頭に置いておいていただきたいものです。もちろん、最終的には、仮説間の競合という厳しいテストが待ち構えているわけですが、それでも、そうした大局的な見方を導入せずに帰納法による議論をより良いものに仕上げていく努力は可能なのです。そこで、私達は、帰納法に分類されるその典型的な方法を4つ紹介し、それぞれに対して、良い議論のためのルールを考えていくことにしましょう。その際に、帰納法においては、良い議論とは、結論の確からしさが保証されているような議論なのだ、ということを念頭に置いておいて下さい。

2．帰納法による議論を評価する

　それではまず、以下に私達が学ぶ四つの議論の名前を列挙しておくことにしましょう[10]。そうした上で4つの議論に対して1つ1つ詳しい検討を加えていくことにしましょう。

　1）Arguments by Analogy 類比による議論

2）Arguments by Example 例による議論
3）Arguments from Authority 権威による議論
4）Arguments about Cause 原因を指摘する議論

(1) **Arguments by Analogy 類比による議論**

　アナロジーは日本語で「類比」と訳されています。2つのものの類比関係を論じ、そこから議論していく、というのがこの議論の特色なのです。

　私達の日常の推論の大半が、アナロジーによるものであると言って間違いないでしょう。私達はある過去の経験に似ているからという理由によって、結論を引き出したり、自分の身の回りの人達が似たような経験をしているということから、結論を引き出したりしていますね。今置かれている状況に似ているものを基にして推論をするということは日常私達がよくしていることです。例えば、私が留学先のアメリカにて、車を購入したいと考えているとしましょう。そんな時、友人の1人が、こう言ったとしましょう。「去年までここに滞在していたあの車マニアの木村君が購入した車は、ガロンで25マイル走ったって言っていましたよ」。ここで、私は「ハハァ、木村君の持っていた車は、ガロンで25マイルか……。悪くないな、同じ車種を買えば、きっと間違いなくガロンで25マイルだな。いい買い物だ」と推論したとするのならば、私はアナロジーによって考えていることになります。あるいは、「あそこのマーケットのお肉、新鮮そうに見えるけれど、ちょっと赤みがかったライトで照らしているだけなのよ。前原さんの奥様も亀井さんの奥様も自然の光に当てて調べたら、腐っていたって言っていたわよ。だから、奥様、安値に飛びつく前に、自然光の下で確かめる方がいいわよ」などのような議論はよく耳にします。これなどもアナロジーに基づく議論なのです。

　アナロジーによる議論は、ある具体的で分かりやすい例を示し、それが多くの点で論者がサポートしたい論点に類似しているということから議論していく、という形式を持ちます。提出される例はこれから述べる適切性のルールをクリアしていれば、1つでも十分なのです。つまり、あなたの議論中で問題にしているある事象（例えば、中絶問題でも環境問題でも何でもいいわけですが）

をXとしましょう。あなたは、Xという事象が、Yという、より身近で分かりやすい事象にいろいろな点で似ているということを指摘するわけです。そして、XとYが十分類似していることを述べた後で、YではRということが言えるゆえに、Xでも同様にRということが言えるだろう、と結論するわけです。

　もう一度簡単に説明しましょう。

　　① 2つの事象、XとYがある。
　　② Xは、Yに多くの点で似ている性質を持っている。
　　③ YではZということが言えるゆえ、Yに似ているXにおいてもたぶんZだろう。

これを議論の形に変えて一般化してみましょう。すると、

　　プレミス①：Xはa、b、c、という特徴を持っている。
　　プレミス②：Yもa、b、c、という特徴を持っている。
　　プレミス③：Xはさらにfという特徴がある。
　　　　　　　―――――――――――――――――――――
　　結　　論　：従って、Yもfという特徴があるだろう。

　それでは、アナロジーによる議論が良いものであると言えるための条件を探っていくことにしましょう。まず、アナロジーによる議論が強固なものとなるための条件として、XとYとの間の共通の特質a、b、c、が多いこと、しかもfを導出するのに適切な点で共通であること、fを導出することに関して決定的な点で非類似点があるかどうかということ、Xのようにa、b、c、fという特徴を持っているサンプルが多く存在していること、などを挙げることができるでしょう。以下の説明を簡略にしていくために、特徴fのように結論において打ち立てたい特徴を、「問題となっている特徴」と呼ぶことにしましょう。また、アナロジーによる議論によって支えることになる結論で述べられている事象をターゲットと呼ぶことにします。そして私達が知っている限り、そのメンバーが「問題となっている特徴」を持っていると考えられるグループをサンプルと呼ぶことにしましょう。

　1）サンプル中のメンバーが「問題となっている特徴」を備えている限りにおいて、サンプルが大きければ大きいほど、アナロジーによる議論は

強固なものとなる。

　例えば、以下に挙げるようなアナロジーによる議論を例に考えてみることにしましょう。

　① 2人の友人がT社の電球を買ったが、1時間もしないうちにフェラメントが燃え尽きてしまうような欠陥品だった。
　② 私はT社の電球を購入した。
　③ 従って、この電球も同様の欠陥品だろう。

「1時間もしないうちにフェラメントが燃え尽きてしまう」という「問題となっている特徴」をT社の電球が、より多くのサンプルに関して持てば持つほど、この議論は強固なものとなるでしょう。つまり、プレミス1で例として挙げられている2人の友人の電球のみではなく、より多くの電球が「問題となっている特徴」を備えているのであれば、議論はより強固なものとなっていくことでしょう。逆に、T社の電球でも「問題となっている特徴」を備えていないものがあるのならば、議論は弱くなっていきます。それでも、100個調べたうち、80個が「問題となっている特徴」を示しているとしたならば、それでも、結論に対してある程度の信頼を寄せることができるでしょう。そこで次のルールです。

　2）「問題となっている特徴」を備えているサンプルのパーセンテージが
　　　高いほど、議論は強固なものである。

ということが言えるでしょう。

　3）サンプルと、結論で支えることになるターゲットとの間の類似点が多
　　　いほど、アナロジーによる議論は強固なものになる。

　全く似ていなかったら確かにお話になりません。けれども、またのちほど強調するようにすべての点で似ている必要はありません。のちほど、ルール6でお話ししますが、結論を支えるのに重要な類似点と些細な類似点とがあるのです。言い換えれば、類似点が多数あるような場合でも、結論を引き出すのに使える類似点と結論を引き出すためには使えないような全くどうでもいい類似点

があるのです。重要な類似点であるのならば、類似点が多いほど、議論は強固になるでしょう。

4）結論を支えるターゲットが持っているかもしれないし、持っていないかもしれない特徴に関しては、サンプルが多様であればあるだけ、アナロジーによる議論は強固なものになる。

この4番目のルールを説明するために以下の議論を例にとりましょう。

プレミス①：木村氏の友人2人が購入したS社のバイクは購入後すぐにオイル漏れがした。
プレミス②：木村氏本人も同社のバイクを購入した。
結　　論：従って、木村氏のバイクも購入後すぐにオイル漏れするだろう。

ここで仮に、木村氏の購入したバイクがS社の100ccのサイズであるとしましょう。この場合、木村氏の友人2人の購入したバイクもS社の100ccのバイクだとしたら、ルール1により、サンプルが大きいほど、強力な議論になるでしょう。けれども、ここでもし木村氏の購入したバイクのサイズが分からないとしましょう（このバイクのサイズに関する知識を、ルール4が謳っているところの「ターゲットが持っているかもしれないし、持っていないかもしれない特徴」と考えて下さい）。このような場合、S社のいろいろなサイズのバイクでオイル漏れがあったということが分かっている方が、議論として強力なものになるでしょう。サンプルが多様な場合の方が議論が強力になる場合もあるのです。このような場合は、ルール4で言われているように、「サンプルが多様であればあるだけ、アナロジーによる議論は強固なものになる」のです。

5）結論で主張される事柄が限定されれば、それだけ一層アナロジーによる議論は確立するのが難しいものになる。

プレミス①：木村氏の友人2人が購入したS社のバイクは購入後すぐにオイル漏れがした。
プレミス②：木村氏本人も同社のバイクを購入した。
結　　論：従って、木村氏のバイクも購入後すぐにオイル漏れがするだろう。

この議論の結論を「従って、木村氏のバイクも購入後1時間以内にオイル漏れするだろう」と限定した方が、証明し難くなるでしょう。1時間以内にオイル漏れがしたとされるサンプルを多く探さねばならなくなるからです。これは「最近地震が多くなっているから、近い将来大きな地震が起きるだろう」ということよりも、「最近地震が多くなっているから、3日後の午前2時14分23秒に大きな地震が起きるだろう」と予言する方が難しいのと同じです。結論が限定されれば、それだけそうした結論付けの証拠となるサンプル集めをしなければならなくなるからです。

　ここで注意していただきたいことは、アナロジーによる議論を進めていく場合、XとYはすべての点で同じである必要はない、ということです。あなたの結論を支えていくのに適切であると思われる点で似ていれば十分なのです。これは今まで紹介したどのルールにも勝って、アナロジーによる議論の善し悪しを規定するルールなのです。この点を理解していただくために、類比による議論を見てみましょう。まずは、先ほど紹介した議論を見てみましょう。

　　友人：「去年までここに滞在していたあの車マニアの木村君が購入した車は、ガロンで25マイル走ったって言っていましたよ」
　　私　：「ハハァ、木村君の持っていた車は、ガロンで25マイルか……。悪くないな、同じ車種を買えば、きっと間違いなくガロンで25マイルだな。いい買い物だ」

このような議論でもって同じ車種の購入を正当化しようとしている際に、もし私が、「今度、購入する車は木村君の持っていた車と色は同じだし、ダッシュボードについているメーターの数も同じだし、ステレオもカーナビも全く同じのを備えている。それに購入日も木村君が購入した6月6日と同じ日にしている。だから、きっと俺の車もガロンにつき25マイル走行するぞ」と言ったらどうでしょうか？　何馬力であるかとか、何気筒であるかとか、車体の重量が同じであるか、といったように、ガロン当たりの走行距離に当然影響を与えるだろう点が類似していることを挙げないで、そのようなことを言ったとしたら、何を無関係な事柄を比較しているのだ、と呆れられてしまうでしょう。結論で

述べられていることを証拠立てたいのに、プレミスでいくらたくさん無関係な類似点を列挙してみても、結論を打ち出すには不適切な比較ということになりましょう。ただ単に類似点を列挙すれば、アナロジーによる議論になるわけではありません。このように、結論の蓋然性を高めるのに、適切な点が類似していなければ、アナロジーによる議論は弱いものになってしまうのです。ですから以下のルールに従って下さい。

6）結論を出すために、適切な類似関係にのみ注目しよう。

プレミスで指摘されている類似関係が適切なものであれば、アナロジーによる議論は分かりやすく説得力のあるものになります。例えば、これから紹介するアナロジーを使った議論は、説得力を備えた良い議論であると言えましょう。

かつて、インディアンの酋長であるアダム・ノードウェルさんが、イタリア訪問から戻って来た時、空港で迎えに来たインディアンの部族の仲間達に、言いました。「コロンブスにアメリカを発見したなどと言える権利はあるのだろうか？　なぜなら、もう既にアメリカには先住民がいたからだ。にもかかわらず権利があるというのなら、同じ権利をもって、今日私はここに宣言しよう。『私はイタリアを発見した』ということを！」この中には、類比による議論が指摘できます。つまり、

> ①　コロンブスのアメリカを発見したと宣言する権利は、ノードウェルがイタリアを発見したと宣言する権利に似ている。なぜなら、ノードウェルがイタリア発見を宣言した時、イタリアに既にイタリア人という先住民がいたように、コロンブスが宣言した時も、アメリカにはインディアンという先住民がいたからだ。
> ②　ノードウェルは、イタリアを発見したという権利から、イタリアを所有することはできない。
> ③　従って、コロンブスもアメリカを所有する権利はない。

ノードウェルさんはここで、コロンブスがアメリカ発見を宣言することで、アメリカの所有権を獲得したのだ、と言うのなら、彼自身も、イタリアを発見したと宣言すればイタリアの所有権を得ることができるとでも言うのだろうか、という論点を突き付けているわけです。ここで彼が使っている類比関係で

は、ノードウェルの場合もコロンブスの場合もまさに「発見を宣言した際に先住民族が存在していた」という類似点を持っているわけで、この類似点を論拠に「発見を宣言することから所有権は生じない」という結論を導出しているわけなのです。このように、結論を支えるのに適切な点で、2つの事象が似ていればよいのです。すべての点で全く同じである必要はありません。不適切な類似はいくら積み重ねても結論を証拠立てる役には立たず、徒労に終わるだけなのです。

それではもう1つ例を挙げましょう。中世ヨーロッパでは、神の存在の証明が盛んに行われましたが、そんな議論の1つに「自然神学的証明」と呼ばれているものがあります。これは類比による議論なのです。結論は当然のことながら、「神は存在する」ということです。この結論をサポートするのに類比がどのように使われているのか調べてみましょう。

① 善く建築された家には、それを造った者がいる。それは賢く知性を持った建設者である。
② 宇宙は善く建築された家に似ている。なんとなれば、家が住人の目的に適っているように、宇宙もそこに住む住人の目的に適っているからだ。
③ 従って、宇宙にもそれを造った賢い知性を持った建設者、即ち、神がいる。よって、神は存在する。

ご覧のように、私達にとって身近でよく知られている「家」を使って、家と宇宙が両者とも住人にとって目的に適った構造をしている、という点で似ていることを挙げています。家と宇宙はあらゆる点で似ている必要はないわけですね。要は住人の目的に適っているという点で似ていることなのです。こうして類似点を指摘した上で、家にはその家を造った人がいるように、宇宙にもそれを造った人がいるだろう、と結論しているのです。結論をサポートするのに十分なほど、両者が似ていればよいのですが、ここで「類比による議論」を進めていく上でのルールとして、

7）ディスアナロジー、似ていない点で結論にとって致命的な点はないか？

ということを挙げましょう。ディスアナロジーとは、類比していないこと、つまり似ていないこと、相違していることです。先ほど、すべての点で全く同じである必要はない、ということを強調しました。ですから、当然ながら、似ていないことはたくさんあるわけです。例えば、家には柱があるけれど、宇宙には柱がないわけです。ですがこのような点で似ていないからといって、結論が否定されるわけではありません。要は両方とも住人に適した目的性を備えているという点で似ていれば十分なのですから。けれども似ていない点の中で結論を成立させるのに致命的な点があることがあるのです。

　例えば、今例に挙げた「神の自然神学的証明」にとって致命的なディスアナロジーを指摘してみましょう。まず、家と宇宙の違いは、家は宇宙の一部であるけれども、宇宙は何か他のものの一部ではない、ということです。宇宙は何か他のものの一部どころではなく、すべての存在するものをその中に含んでいる最も大きな全体のことです。宇宙にはその外はありません。ですが家の建設者と言った時、家を造った原因である建設者は家の外から仕事をすることになります。ところが宇宙には外がないために、家の建設者と同じような宇宙の外に立って仕事をする建設者みたいなものを考えるわけにはいかなくなります。言い換えれば、家というものの外部に建設者を考えることはできるが、全体そのものであると考えられている宇宙というものの外側というものを考えることはできないのです。それゆえ、この家と宇宙の間のアナロジーは、宇宙の外側が存在するのだ、ということを示すだけ十分に成功しているとは言い難いのです。ですから宇宙には家の建設者みたいなものがいると結論できなくなるのです。これは結論にとって致命的な相違点です。

　このように議論の結論に不利になるようなディスアナロジーがあるかないか、慎重に検討しなくてはなりません。そのためには、相違する点を並べてみて、1つずつそれがディスアナロジーであるかどうか調べていく根気強さが必要でしょう。類比による議論は分かりやすい鮮明なイメージを与えるので、成功した場合は大変効果的です。先ほどのインディアンの酋長さんの議論は代表的な成功例と言えましょう。

　アナロジーを使った議論の最良の見本としてジュディス・トムソンによる中

絶を擁護する議論を見ていくことにしましょう。

彼女のアボーションを認めさせる議論が説得力を持つのは、まず彼女が保守派に一歩譲って、「胎児を人間として認めよう」という保守派の地盤に立つことから、議論を進めているからなのです。そして彼女が実に巧みにアナロジーを使い、男性や妊娠を経験したことのない女性が、妊婦の気持ちになれるような鮮明なイメージを与えてくれているからなのです。彼女の議論を追うことによって、アナロジーによる議論は具体的なイメージを喚起してくれるゆえ、大変有効で説得力を持つ議論なのだということを、理解していただけると思います。

トムソンの議論は一読した者に即座に強烈な印象を与えるアナロジカルな思考実験に基づいています。ちなみに思考実験とは、実際に実験するのでなく頭の中で仮想の実験を想像していくという操作なのです。想像力に頼るゆえに強烈なイメージを提供してくれるアナロジーが求められるわけですが、トムソンのものは最良のものだと言ってよいでしょう。彼女の議論から受ける新鮮な印象を損なわぬために、古典と言っていい思考実験の部分を、なるべく忠実に再現しておくことにしたいと思います。それはこのように始まっています。

  朝、あなたが目覚めると、あなたは自分が無意識状態のヴァイオリニストと背中合わせでベットに横たわっているのを見つける。ある有名な無意識のヴァイオリニストだ。彼は命取りになりかねない腎臓病を患っており、音楽愛好協会が、入手可能なあらゆるカルテを漁り、その結果あなたのみが彼を救い得る血液型を持っていることを発見したのだ。それゆえ、彼らはあなたを誘拐し、昨晩、あなたの腎臓が彼の血中の毒分をあなたのそれ同様に解毒できるよう、ヴァイオリニストの循環系とあなたのそれが接続されてしまったのだ。病院長があなたに言う。「さてさて、音楽愛好協会があなたにこんなことをしてしまって私どもはすまなく思っていますよ。知っておったら、こんなことさせなかったんですがね。でも連中はしちまったわけで。ヴァイオリニストを外してしまうと、彼は死んでしまうでしょうね。でもお気になさるな、たった九か月のご辛抱です。その時までには、彼も回復していることでしょうし、私どもも彼をあなたから安全に取り外すことができます。」[11]

トムソンはこの思考実験をアナロジーとして使用するのですが、彼女はこのヴァイオリニストの物語から、音楽愛好協会が提示しそうな議論を編み出すのです。音楽愛好協会はあなたをヴァイオリニストに繋いだままにしておくこと

を正当化するため以下のように議論をすることでしょう。

① All persons have a right to life.（すべての人間は生存権を持つ）
② Violinists are persons.（ヴァイオリン奏者は人間である）
③ You have a right to decide what happens in and to your body.（あなたは、あなたの身体および身体の中に、起きたことに関して決定する権利を持っている）
④ But a person's right to life outweighs your right to decide what happens in and to your body.（けれども、生存権の方があなたの身体および身体の中に起きたことに関して決定する権利より重きをなす）
⑤ If you're unplugged from the violinist, he will die.（もしあなたがヴァイオリン奏者から外されたら、彼は死ぬだろう）

Therefore, you cannot be unplugged from him.（従って、あなたはヴァイオリン奏者から外されることはできない）12)

　ヴァイオリニストの箇所を胎児と読み換えるだけで、保守派の議論の骨子ができ上がることは、一目瞭然です。まず最初のプレミスで胎児の生存権を保証し、それを妊婦の持つ母体の所有権および自己決定権と比較し、生存権の方が重みを持つものとして、中絶に異を唱えるわけです。だが上記のヴァイオリニストのストーリーを読む者は、自己に責任のない招かざる侵入者たる他人に犠牲を払ってまで、自己の身体の所有権を譲ることの不当さに思い至るでしょう。
　ここで注意すべきは、自己の身体についての権利を脅かすものが、単なる物体ではなく、生存権を持っている人間たるヴァイオリニストであるということなのです。言い換えれば、トムソンは反対派の皆さんの主張通り、胎児に人格を認めた場合でも、生存権を切り札にして議論を進め得ない場合がありますよ、と言っているのです。即ち、このストーリーを一読した人は、生存権が無制約的に絶対的な法則性をもって行使され得ない場合があり得るのではないか、という疑問を持つに至るのです。このアナロジーが示している最も重要なモラルは、生存権を持つということのみが、他の人間の身体の使用権を決して保証しないのだ、ということなのです。このように説得させられたならば、次に思索すべきは、このアナロジーが現実にどの程度適用され得るのかということになるでしょう。すぐに思い至る現実との比較は、このストーリーにおける「誘拐された」という事実が、即「強姦」の場合に比較され得るということでしょう。強姦によってできた胎児は、無理矢理繋がれたヴァイオリニストに比較され得

るのです。確かにこの場合は、トムソンのアナロジーが説得力を持つように思えます。「自己の意志に反して無理矢理そのようになるに至る」という点で、そうした侵入者に対して自己の身体を貸し与える義務を持たないのだということが、強く主張できそうです。それではここでその主張の背景を支えている論理を取り出してみましょう。ヴァイオリニストが生存するためにあなたの腎臓が必要であるという単なる事実からは、彼があなたの腎臓を使用する権利があるということは、決して引き出し得ないのです。なぜならば、あなたが承諾しない限り何者もあなたの腎臓を使用する権利を有することにならないからです。ヴァイオリニストにあなたが腎臓の使用を承諾した場合のみ、彼は正当にもあなたの腎臓に繋がれる権利を得るのですね。従って、あなたの承諾を待って初めて、使用者側の権利が生じるわけなのです。

　こうしてみますと、もし仮にヴァイオリニストがあなたの承諾により腎臓の使用権を得たにもかかわらずある日いきなり外されてしまい死に至るとしたら、彼は不当に殺されたことになるでしょう。私達が有する権利は、ただ単に「殺されない権利」ではなく「不当に殺されない権利」なのだということが、明らかになるでしょう。このように考察を進めていくと、胎児が不当に殺害された場合のみ、妊婦に道徳的、法的責務を負わせることができるということが見えてくるでしょう。

　それでは、「ヴァイオリニストにあなたが腎臓使用を承諾してやる」という比喩は、胎児と妊婦の関係に適用した場合、一体どのようなケースを言うのでしょうか？　言い換えれば、どのようなタイプの妊娠が、胎児に母体の使用権を与える場合に相当するのだろうか、ということです。まず最初に念頭に浮かぶケースは当然子どもを欲する女性が妊娠を前提に性行為を持つ場合でしょう。この場合は、確かに胎児に母体の使用権を与えたという風に考えられるでしょう。逆に先ほど挙げた強姦のケースは「母体の所有権」が承認されていないケースの最たるものだと思います。一般化すれば、女性が妊娠の可能性を十分に承知の上で自発的意図的行為の結果、妊娠という事実が成立した場合のみ、胎児に母体の使用権が認められるということになります。このような胎児の権利は胎児が母体に依存しているという事実が、妊婦に何らかの責任を課すであ

ろうということから当然のものに思われます。母体の使用権を認めることは「私はあなたの母親になりますよ」という責任を引き受けることだからです。さらに、例えば、ある女性が子どもを持とうと考え妊娠 7 カ月目に急に海外旅行に行きたい衝動に駆られ中絶をするような場合は、先の承諾を得たが突然外されてしまうヴァイオリニストの場合と類比的に言って、不当な殺害を含んでいることになるのです。まとめてみましょう。母体の所有権は原則的に母親にあるのですが、胎児による使用が許された場合は、母親は母体に依存する胎児に責任を負うのです。だがこの承認が不成立である場合は、アナロジーからうかがえるように、胎児は母体を不法に占有しているものとみなされ生存権は絶対的な力を失うのです。

　さてここで先のアナロジーに他の条件を変えずに唯一変更を加え、ヴァイオリニストが必要な時間がたった 1 時間である場合を考えてみましょう。このような場合、ある人が、「確かに、あんたは誘拐されたわけで、そのことはお気の毒ですよ。でもこのヴァイオリニストに必要なのはたった 1 時間なんですよ。ですからやっぱりあんたは腎臓を貸し与えるべきなんです。やっぱり義務があるんですよ」と言ったとしたら、それは正当な言い草でしょうか？　この問題を追及するために、もう 1 つ別のアナロジーに頼ることにしましょう。

> 箱入りチョコレートがまだ幼い 2 人兄弟のうち、お兄ちゃんにのみ与えられたとしよう。そこで彼はテーブルに向かうとチョコレートの箱を開けて、弟が指をくわえてうらやましげに凝視する前で、パクパクとチョコレートを食べ始めた。それを見たら、私達は「君はそんなにあさましい真似をすべきじゃないよ。弟にも分けてやるべきじゃないか」と言うだろう。

けれどもこの話から分かることは、ただお兄ちゃんは、欲張りだとか、けちんぼうだとか、無感覚だとかいったことで、たとえ彼が頑強に分け与えることがないとしても、彼が不正なことをしているということではないでしょう。なぜならばチョコレートは彼に与えられたものだからです。従って、たとえ 1 時間であろうとも、私達はヴァイオリニストはあなたの腎臓を使用する権利があると結論すべきではないと言うのです。先のお兄ちゃんにしたように、人はあな

たのことを自己中心過ぎるとか、けちな奴だとか、非難できるでしょうが、決して不正なことをしているわけではないのです。実際の妊娠期間が1時間などということはないけれども、「9カ月なんて短い時間じゃないか、けちなことを言いなさんな」という向きもあるかも知れぬゆえ、そうした向きには上記のアナロジーは有効なものとなるでしょう。

　それでは女性が避妊の失敗によって妊娠してしまったような場合はどのように考えたらよいのでしょうか？　トムソンはここでも奇抜で鮮明なアナロジーを挙げています。そのアナロジーは以下のようなものです。

> 「人間の種」みたいな物（people-seeds）がちょうどタンポポの種や花粉か何かのように空中を浮遊していると仮定してみよう。あなたが部屋の窓を開けると、「人間の種」が窓から入り込みあなたの部屋の絨毯に根を張ってしまう。「人間の種」という以上、それが成長すると子どもができるわけだ。あなたは子どもなんて欲しくないから、メッシュのフィルター入りのスクリーンを張って「人間の種」が窓から侵入するのを防ごうとするのだ。だが、稀な確率でメッシュのスクリーンに欠陥がある場合があるわけだ。何と運悪くそうしたスクリーンの欠陥の所為で、あなたのカーペットに「人間の種」が根を下ろし、子どもが生えてきたとしよう。さて、今このように子どもに成りつつある「人間の種」はあなたの家を使用する権利があるのだろうか？

　この質問に答えてトムソンは、「あなたが自発的に窓を開けた」という事実や「あなたがスクリーンに欠陥がある万が一の可能性を知っていた」という事実にもかかわらず、あなたには「人間の種」に家を貸し与える義務はないとしています。先のように考えれば、この場合も胎児に自発的に母体の使用権を認めることにはならないからなのです。これに対して、「人間の種」が根を張ったのはやはりあなたに責任がある。なぜならばもし「人間の種」の侵入が嫌なら、あなたはカーペットなしで、窓やドアを完全に密閉してしまって生活すればいいのだから、と反論する人がいるかも知れません。しかしこの反論は、「強姦を防ぐために、子宮摘出手術を受けておくか、決して外出をしないようにしなさい、外出するとしても軍隊を引き連れてするように、しかも軍隊は強力で少なくとも軍隊を構成するメンバー1人1人が十分道徳的であなたに対して邪な気持ちを抱くことがないことを十分確認した上でそうしなさい」と忠告するの

と同様に馬鹿げているでしょう。トムソンは、可能な限りあらゆるケースに当たってみることはしないで、すべての中絶が道徳的に許され得ないわけではない、ということと、あるいくつかのケースにおいて、中絶が「不当な殺人を含む」ことがあるゆえ、道徳的に許されないということを示すということで満足しているのです。

それでは最後に、たとえ自発的でも出産期に至るまでに母親の生命に危険があるような場合を考察してみましょう。現代医学の進歩によって最近は確かにこのようなケースがほぼなくなったと考えていいかもしれません。トムソンは母親の生命を救うためという大義すら不当であると退ける保守派の立場を「極端な見解（the extreme view）」と呼ぶことを提案し、そうした見解を保持している保守派による議論を紹介しています。ここではいろいろなヴァリエーションがある中から、1つだけ選び紹介しておくことにしましょう。

① Performing the abortion will be directly killing the fetus.（中絶をすることは、直接胎児を殺すことである）
② Doing nothing would not be killing the mother, but only letting her die.（何もしないことは、母親を殺すことにはならないが、ただ彼女を「死ぬにまかせる」ことである）
③ To kill the fetus is to kill an innocent person since it is not aiming at its mother's death.（胎児を殺すことは無実な人間を殺すことである、何となれば、胎児は母親の死を目論んでいるわけではないから）
④ To kill directly an innocent person is morally impermissible.（無実の人間を直接殺すことは道徳的に許され得ない）
⑤ If one's only options are either directly killing an innocent person or letting a person die, one must prefer letting a person die.（もし選択が「無実の人間を直接殺す」か「ある人を死ぬにまかせる」かしかないのならば、「ある人を死ぬにまかせる」方が選ばれるべきである）
⑥ One's only options are either directly killing an innocent person or letting a person die.（選択は「無実の人間を直接殺す」か「ある人を死ぬにまかせる」」かしかない）
⑦ Therefore, an abortion must not be performed.（従って、中絶は行われてはならない）[13]

これを先のヴァイオリニストの場合に当てはめてみると、これはちょうど、病院の院長が、「誠に申し訳ございません、あなたをヴァイオリニストに繋ぐことによって、あなたの腎臓に予想以上の負担をかけてしまったようです。誠にお気の毒ですが、1カ月以内にあなたは死を迎えることでしょう。ですが、

我々としてはやはりあなたは、繋がれていなければならない、と言わねばなりません。無辜なヴァイオリニストに直接手を下すことより、あなたを死ぬにまかせることの方が道徳的に許されることだと判断したわけでして。まあ、あなたもご承知のように、無実な人間を直接殺すことは殺人罪に問われますからね」と言うのに等しいでしょう。

　それでは上記の議論に対するトムソンの反論を要約してみましょう。この保守派の議論中の5番目、6番目のプレミスに見受けられる「無実の人間を直接殺す」か「ある人を死ぬにまかせる」かしかないと選択を迫る箇所に One、つまり「誰か」という意味の第三者を表す用語が出てきているけれども、こうした用語法から分かるように、このプレミスで問われていることは、明らかに「第三者から見て、第三者に何が許されるのか」という質問なのです。言い換えれば、第三者が、母親を生かすか胎児を生かすか選択を迫られるという形の問題になってしまっているのですね。一度問題が以上のように設定されると、第三者ではなく当事者としての母親が「人間として許される権利」が見失われてしまうでしょう。このことをより直感しやすいように、トムソンは新しいアナロジーを考案します。

> あなたが、あなた1人で十分なくらいのごくごく小さな家に急速に成長していくという点で怪物じみた子どもと共に閉じ込められたと仮定しよう。あなたは、成長する子どもの所為で、今や壁に押しつけられまさに圧死寸前になっている。一方、子どもはといえば、そのままにしておけば、確かにあなたを圧殺するであろうが、ただ家を破裂させるほど成長し、家の崩壊後は何の支障もなく自由人として生活できるのである。

　さてここで、この家であなたと子どもの身に起きている事件を傍観している第三者ならば、「私には何もできませんね。あなたの命と彼の命のどちらかを選ぶ何て立場には私はありませんからな。どっちが生き残るべきかなんて選ぶ立場にはないわけなんでね」と言うこともできるでしょう。けれども、このことは決して「あなた自身も何もできないんだ」という結論を正当化するわけはないのです。この場合、生命を脅かす者と生命を脅かされる者の2人が関係しているからです。2人とも無実です。生命を脅かされる者は別に過ちがあってそうされているわけではないし、生命を脅かす者も別に過ちがあってそうして

いるわけではありません。こうした釣り合いのとれた理由から、第三者は介入できないと結論したわけですが、当事者である母親はまさに生命を脅かされている者として、彼女の生命を守る権利を有するでしょう。こうして保守派による「極端な議論」は第三者の立場からの議論に過ぎず、母親の権利を考慮する余地を残さぬ類の議論であることが分かったわけです。

　保守派は、譲歩して、「それなら第三者を介入させずに、妊婦自らが中絶を試みるべきではないか？」と多少荒っぽい議論で応酬してくるかもしれません。だが、母体は妊婦に所属しているのであるから、彼女はそれに対する権利を主張できるわけなのです。確かに、妊婦は自分の身体を、子どもを住まわせている家のように感じているわけであるし、そうした感じに正当な根拠があるということも言えると思います。トムソンがこれから挙げる別のアナロジーを使って論証しているように、妊婦が「これは私の身体なのよ！」と怒りを感じるのも理由なきことではないのです。妊婦は、胎児と一緒に先の小さな家を間借りしているわけではないのです。妊婦がその「家」であり間借りしているのは胎児だけなのですから。こうして、先にみた成長する子どものアナロジーは上記のディスアナロジーを考慮に入れておかなければ、そのままでは成立しないのだということが見て取れるでしょう。さて、問題のアナロジーをここで紹介し論点をより明確にしておきましょう。

> 寒さに凍えているジョーンズ氏が毛皮を見付けて、それをつかみ取るとしよう。ここでスミス氏も同様に凍えており毛皮を所有しようとしたとしよう。この場合は確かに第三者は、「私はあなた方２人のうちどちらかをその毛皮の所有者として選ぶことはできません」と中立の立場を取ることだろう。

　疑いなく妊婦と胎児の関係は、ジョーンズ氏とスミス氏の関係をもってしては表すことができないでしょう。このアナロジーに沿って言えば、毛皮の所有者は妊婦だけなのだから、妊婦は権利を主張できるわけなのです。上記のアナロジーでも毛皮に例えばスミス氏の氏名が縫い込まれていたのを第三者が発見したとしたら、事情も変わってきましょう。かくて私達は「胎児を養っている身体は妊婦のものなのである」という傍観者からは見失われがちの視点を確保し

たわけです。かくて第三者は選べない、という前提そのものが根底から崩れさることになるのです。

　哲学をする能力とはまさしくあるアナロジーを見いだし、それを拡張していく能力なのだ、ということをトムソンの議論は考えさせてくれます。彼女の議論は卓抜なアナロジーの織りなす豊かなイメージを駆使して想像力を刺激し、妊婦の立場に直接身を置くことができないような人々（例えば男性）にも思考の糧を提供してくれているのです。このようにトムソンの立場は、あるタイプの中絶は不当な殺害を含むゆえに禁じ、そうでないものは許すという穏健な立場なのです。彼女の立場が時に「穏健派（moderate views）」と呼ばれる範疇に分類されて紹介される所以でしょう。トムソン自身が言うように、極論に陥ってしまっていないところが、彼女の見解の強みでもあるのです。中絶は道徳的に許され得ないということはないが、いつも許されるとは限らないということを彼女は巧妙なアナロジーを駆使し入念に論証したのだ、ということをもって、私達もいったんこれで考察を終えることにしましょう。

(2) Arguments by Example 例による議論

　「例による議論」は1つあるいはいくつかの具体的な例を挙げることによって、結論における一般化を正当化する議論です。これに統計の手法が入れば、統計的一般化ということになります。アナロジーによる議論の場合は、結論において、1つの個体が対象となりますが、例による議論の場合は、結論における一般化の対象になるものは決まってあるグループに関することなのです。例による議論によって一般化を図る場合、あるグループの一部が何らかの特徴を備えているということから、グループ全般に関して一般化を図るのです。例えば、

1)
① 例えば、裁判において、通り魔に襲われて、殺された人の落度なるものは問題にならない。
② また、うっかり物をとられた人の落度は問題にならない。
③ 同様に、5歳の女の子が強制わいせつ行為にあったとしても、彼女の落度は問題にならない。
④ 従って、一般的に言って、被害者の落度なるものは問題にされない。

2）
① 原告女性に対して、「チビ・ブス」などと中傷記事を載せたことを名誉毀損であると認めた東京地裁は、30万円の慰謝料しか認めていない。
② さらに例を挙げれば、芸能プロダクションのオーナーがホテルで従業員を強姦したケースでさえ、東京地裁は30万円程度の慰謝料しか認めていない。
③ 従って、性犯罪に関する裁判は経済的にはあまり報われない。

3）
① アンケート調査に答えた68％のメソディスト系の信者達が、妊娠中絶に反対をしている。
② 従って、68％のメソディスト系の信者は、妊娠中絶に反対している。

といった議論が例による議論なのです。

　それでは、例による議論を強固なものにするために、どのようなルールが考えられるか説明をしていきましょう。例えば、次の議論をみて下さい。

① シェークスピア劇のジュリエットは結婚を決意した時に14歳にさえなっていなかった。
② 中世のユダヤ人女性は通常は13歳で結婚していた。
③ ローマ帝国の女性は平均して13歳くらいで結婚していた。
④ 従って、中世の頃の女性はほとんど皆早婚だった。

　さて、この議論では、結論における一般化を支えるために、プレミスとしていくつか具体的な例が述べられています。プレミスに挙げられている事実はどれも結論における一般化を正当化しています。
　さて例を挙げそれから一般化された結論を得る、ということは、時と場合によっては大変危なっかしい作業なのです。例えば、私がこのように議論したと考えて下さい。

① シェークスピア劇のジュリエットは結婚を決意した時に14歳にさえなっていなかった。
② 従って、中世の頃の女性はすべて皆早婚だった。

これを先ほどのものと比較していただければ、すぐにお気付きの通り、この議論においては「シェークスピア劇のジュリエットは14歳にもなっていなかった」というたった1つの例から、「中世の頃の女性はすべて皆早婚だった」ということを一般化しているわけです。ここで注意していただきたいことは、「すべて皆早婚だった」という強い形の一般化をしている点です。そこでもし仮に中世の頃のユダヤ人女性が比較的晩婚であった、といったような事実が発見されたとしたら、今述べた議論は結論を弱い形のものに変えなければならなくなるでしょう。ここであなたに自問していただきたいことは、

1）1つの例以上に例が提供できないのか？

ということなのです。これを例によって議論する際の最初のルールとして覚えておいていただきたいのです。類比による議論の際は、適切な点で似ていれば、1つの例から議論しても十分に効果的な結論を述べることができました。けれども、例による議論の場合は、例は多い方がいいのです。1つの例からのみ一般化をするのは、通常危険性を伴うわけで、信頼性のおける結論にするには、いくつかの例を挙げる努力が必要なのです。次に挙げる例をみて下さい。

① 青木先生って変わっているわね。
② だから、先生ってのは皆変人なのよ。

あるいは、

① 僕の最初にして最後の恋人の由佳子は、僕を散々利用した挙句、別れる際に、僕をあざ笑いながら言った。「あなたってまぬけで退屈な人ね！」って。雨の日も風の日もアッシー務めて、毎月給料の8割は、彼女のために使ったんだよ。それなのに……。
② だから、女なんて、女なんて、打算的で冷酷な動物なんだよ！

これらの議論は、結論における一般化を正当化するために挙げられている例の数が少なすぎる、という欠点があります。たった1つの例からの早急な一般化よりも、いくつかの例による確実な一般化の方が好ましいのです。サンプルとして集められる例のサイズが大きい方がより一層信頼できる議論になるわけで

す。ですから、結論における一般化を正当化するために、あなたは例を求めてリサーチをする必要があるのです。証拠として挙げられている例の数が結論をサポートするのに十分かどうか常に自問自答して下さい。このリサーチの結果、あなたは結論が成立し難くなるような例の方を多く発見するようになるかもしれないのです。このように、結論を主張するのに不利な例を反対例と呼ぶことにしましょう。そこで、2番目のルールなのですが、

2）反対例（反証となる例）はあるか？

ということを考慮しなければならないでしょう。例によって議論する場合、反証になるような例が存在するかどうか常に気を配らねばなりません。例えば、

> ① ペルポネソス戦争は、アテネとスパルタのギリシャ全土に対する支配欲によって生じた。
> ② ナポレオン戦争は、ナポレオンのヨーロッパ全土に対する支配欲から生じた。
> ③ 第二次世界大戦は、ファシスト達の領土支配欲によって生じた。
> ④ 従って、一般的に言って、戦争は領土支配欲によって引き起こされる。

この場合、反対例を見つけるという作業は、どういう作業かというと、まず、「本当にすべての戦争が、領土支配欲によって引き起こされているかどうか」自問し検討してみるということなのです。1つでも「領土支配欲によって引き起こされているとは思えない戦争の例」が見つかれば、それが「反対例」ということになるのです。よく検討してみれば、実際に反対例が見つかるのです。例えば「革命による戦争」はどうでしょう？ アメリカ独立戦争は？ アメリカ南北戦争も、領土支配欲によって引き起こされた戦争ではありません。反対例がある場合、あなたは結論で主張されていることを、もっと弱い形に変えたりしなければならない必要性に迫られることでしょう。例えば、「領土支配欲によって引き起こされた戦争もいくつかあった」のような形に。でもあまりにも弱い形の結論は魅力のないものとなりましょう。ですから、反対例であるとされている例も、よく調べてみると実際は、反対例ではなく結論を支えているのだ、ということを示すという労を取らねばならなくなるでしょう。例えば、「革命戦争」の根底には一部の人間の領土支配を許さぬ感情が存在していて、

万人による万人のための領土支配を目指しているのだ、といった具合に結論を正当化できるかもしれません。でも反対例があまりにも多い場合、しかもあなたの説明がうまくいかないような場合は、あなたは自分の引き出した結論をあきらめねばならなくなる場合すら出てくるのです。同様にあなたが相手の議論を検討する際にも、反対例が見いだせるか否かということは、相手の議論に反論するための鍵となるでしょう。

さてそれでは最後のルールについて説明しましょう。例えば「このクラスの女の子は全員右利きである」というような結論を一般化したい場合のように、人数が割合に少なくすむ場合は、良い議論はすべての例に当たってみなければなりません。このクラスの女の子1人1人に当たって、右利きかどうか調べるのはわけのないことでしょう。このように調査対象の集合が比較的小さい場合、最善の議論は、その集合のすべてのメンバーを例として挙げる議論になるでしょう。でも調査対象の形作る集合が大変大きい場合は、その集合の中からサンプルになるグループを取り出さねばなりません。例えば、日本全国の傾向を一般化しようとする場合、日本国民全員にあたってみることは、至難の業です。確かに、調査対象となる集合が大きければそれだけ、例も多く提出しなければならないのですが、その際にサンプルをアット・ランダムに（無作為に選び出す）取り出さねばなりません。そこでサンプルを選出する時のルールとして、

3）例は代表的なものなのか？

ということを挙げたいと思います。つまり、サンプルに偏りがあってはいけないのだ、ということなのです。サンプルに偏りがあったり、意識的、あるいは無意識的な偏見によって解釈を受けてしまっていたりする場合があるのです。例えば、日本国民はサッカーのワールド・カップに出場させたい最優秀選手として誰を選出するだろうか、予測をたてようとしている、と考えて下さい。そこでサンプルとして静岡県清水市の市民にアンケート調査を行ったと考えて下さい。その調査の結果を利用して、私が次のように議論したとしましょう。

① 清水市では沢登正朗を最優秀選手に推薦している。

② 従って、沢登正朗が最優秀選手として選出されるだろう。

この場合、清水市はご存じの通りエスパルスの本拠地ですので、アンケートを行うまでもなく、エスパルスの沢登正朗とか市川、伊藤などが選出されることが予測できるわけです。ですから、清水市という特定の町をサンプルに採って、日本全国も同様な傾向を示すであろうと、一般化していくことは手続きとして誤っていると言えます。サンプルに偏りがあることが前もって予測できるからなのです。「清水」という特定の町は日本全体の傾向を代表するような町ではないからです。それならば、どうすればいいのでしょうか？ アット・ランダムにサンプルを拾うことによって全体の傾向を調べねばならないのです。

かつてアメリカ大統領選でルーズベルトとランドンが票を争った時、事前に電話による世論調査が行われた結果「ランドンの勝利」が予想されたことがありました。結果は、何とその予想を見事に裏切り、ルーズベルトが勝利を収めたのでした。さて、この世論調査からの一般化のどこに欠陥があったのでしょうか？ 電話を使ったアット・ランダムな調査方法であるというのになぜこの世論調査は世論を反映し得なかったのでしょう？ 答えは、当時電話を持っている者が上流階級にのみ限られていたということにあります。ですから、この電話による世論調査は上流階級の意図のみを反映していたのです。このようにアット・ランダムに調査をしたつもりでも、とんでもない見落としがあったりするものなのです。例による議論の場合は常にこうした危険性を予期している態度が大切なのです。

以上見てきたように、例によって一般化を推し進める際は、使われた例が「本当に全体を代表するものなのかどうか」入念に考察しなければなりません。あなたが例を使って議論する際に、人の行った世論調査を鵜呑みにしないことが要求されます。それに即刻あなたの念頭に浮かんできたいくつかの例からのみ議論しないことです。そのような例はあなたの偏見によってすでに歪められており、あなたの気付かぬうちあなたの欲している結論に都合のよいものになっているかもしれないからです。いくつかの異なったソースが行った調査を参照し念入りに検討していく作業が必要なのです。

4）Error margin（許容範囲の誤差）と Confidence level（信頼の度合）を考慮しよう。[14]

　Error margin（許容範囲の誤差）と Confidence level（信頼の度合）という例による議論を説明する上で欠かすことのできない概念があります。前者は、例による議論の正確さを考える上で、そして、後者は例による議論の強固さを考える上で、欠かすことのできない概念なのです。

　Error margin（許容範囲の誤差）は、調査の結果割り出される結論が、大体このくらいの範囲に落ち着くことになるであろう、といった期待値のことです。例えば、たとえ仮にランダムにサンプルを採って調べた結果が40％であったとしても、「ちょうど正確に40％であった」と結論するより、「大体40％くらいであった」と結論する方が穏当でしょう。なぜなら、いくらランダムにサンプルを採るとはいえ、仮にサンプルの採集を何回か繰り返してみるとしたら、それらのサンプルを1回1回集計する都度、必ずぴったり40％になるとは限らないからです。「大体～％くらい」という言い方の方が妥当なわけですから、大体プラスマイナス何％くらいの誤差が許容範囲として許されるか前もって計算しておくことができるわけです。ここでは詳しく取り扱いませんが、こうした考え方があるのだということを知っておいて下さい。

　Confidence level（信頼の度合）の方は、同じ大きさのランダムなサンプリングが、許容範囲として定められた何％かの誤差に落ち着く割合と考えて下さい。例えば、Confidence level（信頼の度合）が90％で、Error margin（許容範囲の誤差）が5％だということは、同じ大きさのランダムなサンプリングをした場合、大体90％の割合で、許容範囲の誤差が5％前後に落ち着きますよ、ということなのです。ある人数のサンプルをランダムに採った場合、許容範囲として設定した誤差通りに落ち着くような議論の成功率が、Confidence level（信頼の度合）の表している数値なのです。ある一定のサイズを、何人でもいいのですが、仮に500人と考えましょう。こうして500人をランダムに採って調査したら、50％の人達が、ある傾向pを示したとしましょう。その後、サンプルのサイズを初めの500人から1000人に、そしてさらに1500人に増やしていったとしましょう。サイズが大きくなれば、それだけ一層正確な値に近づいていくだ

ろうことが予想されますから、許容範囲の誤差も小さくなっていくでしょう。そして調査するサイズを大きくとっている議論の方が、Confidence level（信頼の度合）が大きくなっていくだろうことが予想されるでしょう。Confidence level（信頼の度合）は、調査するサイズが大きくなれば、それだけ、増加していくでしょう。ですから、統計に基づく議論のConfidence level（信頼の度合）を95％にしたいと考えている人が、もし仮にサンプルを10人しか採らないとしたら、許容範囲の誤差を大きくとっておかなければならないでしょう（例えば、±30％くらいに）。けれども、例えば、100人サンプルを採ったとしたら、95％の Confidence level（信頼の度合）を狙っているのなら、許容範囲の誤差はもっと小さくなる（例えば、±10％くらいに）でしょう。

　皆さんが統計的に処理されたデータを見る際に、Error margin（許容範囲の誤差）と Confidence level（信頼の度合）に注目することも重要です。完全にランダムにサンプルを採るのは難しくお金もかかるというので、皆さんが雑誌などで目にする統計は、完全にランダムな場合を想定して割り出したサンプルのサイズと Error margin（許容範囲の誤差）との関係とは違った数値になっています。Error margin（許容範囲の誤差）が大きめに設定されているか、サンプルが大きめのサイズになっているのです。

　5）まとめ
　1）結論での一般化を正当化し得るに足る十分な例が提出されていること。
　2）例が偏りなく集められていること。
　3）反対例があるかどうか確認すること。
　4）できれば Error margin（許容範囲の誤差）と Confidence level（信頼の度合）を考慮しよう。

(3) Argument from Authority 権威による議論
　私達はしばしば、他の人達の発見や発言を権威として引用し議論を進めていくことがあります。この場合、論者が畑違いの権威に訴えて、自分の主張を正当化しようとする時に、アド・ヴェレクンディアムという詭弁が起きる、とい

うことを以前説明しました。ですが、権威による議論はすべて詭弁ではないのです。ここでは、正しく権威による議論を進めていくためのルールについて学んでいくことにしましょう。

権威による議論は一般的に言って、このような形をとります。

① X says that Y.（XがYということを言っている）
② Therefore, Y is true.（従って、Yは真実である）

1）（情報源）は特記されるべきである。

権威を引き合いに出して議論する場合、私達の最初の義務は、出典を必ず明記して、他の人達が、情報の出所を確認できるようにすることです。そうすることによって、他の人達は、あなたが誤って引用していないかどうか、あるいはわざと情報を歪めたりしていないかをチェックできるのです。まとめますと、出典の引用は、

①あなたのプレミスが頼りになるものであることを確立します。そして②あなたの議論をチェックする他の人々にも情報を提供する役目を果たすのです。

ですから、権威を正しく引用し、出典を明記することは、あなたが公正に議論していることを示すことでもあるのです。

2）情報源は消息筋からのものか。

情報源に当たる人や組織や本は、そのような情報を与える資格を十分に有するものでなければいけません。消息筋以外のものを情報源に据えるわけにはいかないのです。畑違いのものが情報源に選ばれた場合、詭弁に陥ることになるということを常に銘記しておきましょう。

3）情報源は公正か。

あなたが誰かと論争しているとしましょう。その場合、論争によって利害を被るに違いない人々を情報源にすることはできません。なぜなら、論争によっ

て利害を被る人々が提供するような情報は、偏見によって歪められているかもしれないからです。情報源は常に第三者の立場にあるものからが望ましいのです。私達は、私達が既に期待しているもののみを見てしまう、という傾向を持っています。私達にとって、即刻念頭に浮かんでくるような情報は、私達の観点によって既にバイアスを与えられたものかもしれないのです。そうした危険性を常に予期し以下のことに気を付けて欲しいと思います。情報源が常に必ず論争の利害関係から独立している立場からのものであるということです。これを調べるために、最低しなければならないことは、情報源に資金を提供している組織があるのなら、その組織はどういう類のものなのか。その情報源が他に出版している本などを調べることなどが挙げられます。例えば、タバコ会社の提供している資金によって、タバコの害悪をリサーチしている学者が、資金提供者であるタバコ会社に有利に働くようにデータを曲げて解釈してしまったり、日本企業の提供している資金によって、「日本人論」や「日本文化論」を書く論者達が、日本人に好意的な調子で論文を書いてしまう、といったようなことがあるのです。

　こんな例もあります。昭和46年に通産省が、「東京は世界で8番目に暮らしよい町である」と発表しました。これは、世界の主要31都市の物価を調べ、所得水準に照らし合わせることで、「東京は所得のわりには物価は安い方だ」と結論したのです。ところが、この調査を調べると、世界の各都市の物価を調べるのに、地代、家賃、生鮮食料品など、庶民の暮らしと関係している上に、東京の物価高、暮らしにくさと一番密接な関わりのあるものの数値をみな除外してしまっていることが分かるのです。自分の結論を証拠立てるのに都合のいい項目だけを取り出して統計処理をほどこせば、物価が高くて暮らしにくいはずの東京でさえ、世界で8番目に暮らしやすい町ということになってしまうのです。通産省という権威あるお役所ですら、「東京は悪くない」と言いたいばかりに、統計処理の際にバイアスのかかった操作をしてしまった、というわけなのです。私達は既に期待しているもののみを見てしまう傾向がある、と先に述べましたが、この通産省の例はそのいい見本でしょう[15]。

　このように本人も気付かぬうちに、バイアスがかかった解釈をしてデータを

処理してしまうことがあるわけです。それならば、どうしたらいいのでしょうか？　例えば、既にバイアスがあると予測される他の情報源と比較検討することも有効でしょう。例えば、読売新聞は巨人軍に対して好意的であろうと予想できます。ですから読売新聞と他社の新聞を比較することによって、バイアスから解放されている情報についての大まかなイメージを持つことができましょう。今列挙したことが情報源の調査として可能です。相手の議論を論駁する際も、以上の観点は有効です。

　4）異なった観点から情報源をチェックせよ。
　専門家達の間で不一致が見られる場合、私達は彼ら／彼女らに頼ることはできません。不一致を起こしている専門家達の議論を同時に紹介して、議論の欠陥を指摘したり、優劣を議論することができる場合も確かにありますが、専門的な事柄であまりにも細部に至る場合は、私達のような素人では手に余る場合が多いわけです。ともかく、あなたが権威としてある人や組織などを引用する前に、あなたは他の権威者達も同様な判断を下しているかどうかチェックしなければなりません。

　5）人格攻撃は情報源を無効にはしない。
　情報を提供している者の人格を攻撃することによって情報を無効にするようにしむける時、アド・ホミネムの詭弁が犯されることになります。問題は情報源としての資格を有する者かどうか、という点のみで、人格や人間性ではないのですから、人格攻撃によって、情報を無効化することはできません。

3．Argument about causes 原因についての議論
（原因を指摘し仮説を立てる方法）

　私達人間は、繰り返し起こる似たようなパターンに注目し、そこから取り出された規則性によって、諸々の事象を解釈する、といった傾向を持っています。この議論も、基本的には、繰り返し生じることによって相関関係を示している

2つの事象から、原因→結果という規則性を読み取るということをするのです。

　この議論は、Yということが起きたことの観察から始まり、「これこれしかじかのことが原因と考えられるから、Yということが起きるのだ」といった風に、原因を指摘した仮説を立てることによって、なぜYということが起きたのか説明を与える議論です。簡単に言えば、ある与えられた結果から可能的な原因をたどり、その原因を説明要因にした仮説を立て、その仮説に基づいて、なぜこのような結果が生じたのか論じるタイプの議論なのです。

　『緋色の研究』の中で、名探偵シャーロック・ホームズがこのようなことを言っています。世間の人達は、原因があって結果を推測することはできるのだが、「ある1つの結果だけを与えられて、果たしてどんな順序をへてそういう結果にたち至ったかということを、考えてすらすらといい中て得るものは、ほとんどない。これを考えるのが僕のいう逆推理、すなわち分析的推理なんだ」[16]。ホームズの言っていることはその通りだと思います。なぜならば、例えば、今私がこの教壇にガソリンをまいて、マッチを擦って投げたら、どうなるか、誰でも結果は推測できるわけですね。そのようなことをしたら火事になるに決まっていますよね。原因から結果を推測するのは、ホームズの言うように簡単なことなのです。

　ところが、結果が与えられて、そこから原因を推測していくことはかなり難しいことです。例えば、今の例の場合、一体全体何が原因で青木先生は、教壇に火をつけるなどという過激で犯罪的とも言える行動をしたのか推測するのは、かなり難しい仕事です。なぜならば、同じ結果をもたらすかもしれない複数の可能的な原因が考えられるからです。例えば、青木先生は、その日の朝、奥さんと喧嘩してむしゃくしゃしていてついつい火をつけてしまったのかもしれないし、子どもの頃から火を見ると快感を覚えるようになっていて、昔の悪い癖が衝動的に出てきてしまったのかもしれない。あるいは学生の中の誰かに人には公にはできないような秘密を握られており、火事を起こすことによってその学生の殺害を企てたのかもしれない、など、その他、本当にいろいろな可能的な原因を指摘した仮説が考えられるわけです。原因に遡って考え仮説を形成するというこのホームズの言う逆方向の推理は、そんなわけで簡単ではない

わけで、それだからこそ、こうした推論に伴う諸々のルールを皆さんにも理解していただきたいのです。

(1) 原因という概念について

そもそも「原因」ということで私達は何を意味しているのでしょうか？　アリストテレスの時代、即ち、ギリシャ時代では、4原因と呼ばれる4つの原因が考えられていました[17]。

① 事物がそれから成るところの材質が素材因と呼ばれていました。
② その事物の本質がその事物の原因と考えられ形相因と呼ばれていました。
③ 事物の運動が最初に始められる原因が始動因と呼ばれていました。
④ 事物の目的が目的因と呼ばれていました。

近代科学の発展とともに、これらのうち、3番目の意味だけが生き残って現在に至っています。確かに現在では、事物が引き起こされるその元になるものが原因と考えられその意味で使用されているのですが、それでも「原因」という言葉の用法を分析してみますと、ギリシャ時代ほどの多彩な用法は失われこそすれ、それでも意味上の違いが見受けられます。そのことは、第3章でも調べたように、原因ということをどのレベルで捉えるかによって変わってくるのです。第3章で述べたことをここでは箇条書きにしておくにとどめましょう。

① 物理的なレベルの説明
② 行動学・心理学的なレベルの説明
③ 機能論的なレベルの説明

例えば、行動学・心理学的レベルでは、ある人物の行動を説明するのにその原因としてその人物の抱いている目的が問題にされる場合も出てくるのです。特に犯罪学では、犯人の行動の原因を分析して、「あの男は祖父母の遺産目当てで犯行をしたのだ」といったような説明がなされます。このように、どのレベルで原因ということを問題にするのかによって原因の意味合いがギリシャ時代の分析で言う目的因に近いものであったりする場合もあるのですから、ギリシ

ャ的な用法が全く失われてしまっているわけではないことが分かるでしょう。

　さて、「XがYの原因である」と私達が言う場合、これがどのような意味合いで言われているのかを別の視点から考えてみることができます。まず、「XがYの原因である」と言う場合、私達はそのように主張するためには、「XはYの必要条件である」と言えなくてはならないと解釈するかもしれません。ある事物の原因ということでその事物が引き起こされる必要条件を考えるわけなのです。必要条件とは何でしょうか？　「XはYの必要条件である」ということは、「Xが不在であれば、Yは起き得ない」ということです。例えば、「火事が起きる」ための必要条件として「酸素がある」ことを挙げることができます。酸素がなければ、そもそも燃焼ということがありえないのですから。同様に「結核になる」ことの必要条件として「結核菌が存在している」ことを挙げることができるでしょう。結核菌が存在しなければ、結核という病気が起きはしないのです。確かにこのような意味合いで「原因」について語る場合があるわけです。特に、私達の抱えている問題が結果として起きるだろうある事象の予防ということである場合は、私達は、その事象を引き起こす必要条件という意味合いでの原因を求め、その必要条件たる原因を除去しようとするでしょう。ですから、例えば、火事が生じたら、初期のうちなら燃えている対象物に毛布などを被せて、酸素に触れないようにしてしまうわけですし、同様に、結核患者が出れば、抗生物質などによって結核菌の根絶を企てるのです。このように、私達の興味が何かが起きるのを防ごうとか予防しようということにある場合、私達は、「必要条件」という意味合いの原因を除去しようとするのです。言い換えれば、何かが起きないようにするということに私達の関心がある場合、私達は必要条件という意味合いで原因という言葉を使っているのです。

　また、「XがYの原因である」と言う場合、私達は、「XはYの十分条件である」といった意味合いで原因を理解することがあります。「XはYの十分条件である」ということは、「もしXが起きれば、Yも起きねばならない」ということです。つまりそれがあれば十分結果を引き起こすことができるような要因を言うのです。ある事象が引き起こされるのに、いくつかの必要条件が必要な場合がありますが、そのような場合は、それらすべての必要条件の総和が十分

条件となるわけです。例えば、火を起こすには、十分な酸素と何らかの発火装置と発火という行為、それから可燃性の物質が揃っていることが十分条件として考えられます。そして今挙げた条件の1つ1つは、火を起こすための必要条件でもあるわけです。私達の興味が何かを引き起こそう、あるいは産出しよう、ということにある場合、私達は十分条件という意味合いでの原因を考えるのです。何かを引き起こそうというのであれば、私達はそのための十分条件を知らなければならないからです。ですから、何かを引き起こそうということに私達の関心がある場合、私達は、原因ということで十分条件を意味していると言っていいでしょう。まとめておきましょう。

　1）XがYの起きる必要条件である場合
　Xが存在すれば、Yは起きるかもしれないし起きないかもしれない。
　けれどもXが不在であるのならば、Yは絶対に起きない。

　2）XがYの起きる十分条件である場合
　Xが存在すれば、Yは絶対に引き起こされる。
　けれどもXが不在であるならば、Yは起きるかもしれないし起きないかもしれない。

そこで、最初のルールです。

① あなたの関心がある事象が起きることを防止することにあるのならば、原因ということでその事象の必要条件を探そう。またあなたの関心がある事象を引き起こし生み出すことにあるのならば、原因ということで十分条件の探究をしよう。

ここで、私達が、結果から原因を推論できる場合は、それが必要条件という意味合いで使われている時なのです。そして、原因から結果を推論できる場合は、それが十分条件という意味合いで使われている時なのです。結果から原因、

そして原因から結果という2方向の推論を許す場合は、ですから、必要十分条件という意味合いで解釈されている場合なのです。この場合、原因はまず十分条件という意味合いで解釈されており、その十分条件が必要条件を連言で結び合わせた総体という形になっているのです。

　私達が原因という言葉を使う時に、ある結果が生じるのに、実践的文脈を考慮して、重要な原因かどうかということを考える場合があります。例えば、火事が起きた原因を探っている警察官が上司に「酸素があったから、火が出ました」とは報告しないでしょう。同様に、いちいちすべての十分条件を列挙しようとはしないはずです。限られた予算をそのような馬鹿げた探究に費やしていたら、その警察官は間違いなく首になるでしょう。このような文脈で出火の原因が問題とされる時、それが過失によるものなのか故意に引き起こされたのかそれとも自然災害なのかという実践的な理由から探究の文脈を制約されるのです。このような場合、実践的理由から、「酸素がある」とか「燃えやすい物がある」などといった条件を原因としては考慮外に置くはずです。出火がどうも寝煙草による過失らしい、とかどうも放火の疑いがある、といった結論を導き出すのに決定的であるといった意味合いにおいて重要な原因が探究されていくわけです。

　以上、説明を試みたように、どのような実践でもそうなのですが、大切なことは、常に実践的文脈を考慮して、わざわざ言わなくてもいいような必要条件に触れたり、すべての必要条件を列挙したりするようなことはしないで、実践的文脈から重要だとみなされ得る原因のみに絞り込んでいく、ということです。第3章で探偵がいかに仮説を立て説明をしていくのかを検討した時見たように、実践的な文脈の中で無関係な原因を無視し、実践に関連性のある原因に注意を払う、といった「物の見方」を、人はその実践を共有する共同体の中で自然に身につけるわけです。帰納法の理論化が複雑になるのは、各実践ごとの「物の見方」を言語化しようとする時でしょう。実践的文脈の中で無関係な要因を無視し関係のある要因のみに集中する、といった作業を方法論化できればいいのですが、数多くある人間的実践をいちいち調べるといった煩雑な課題を背負うことはここではしません。実は、この各実践に伴う「物の見方」という

視点は、仮説を立てる際に重要になってくるのです。私達はこのことを、ルール3を説明する際に紹介するミルの方法を批判的に検討する際にもう一度確認することになるでしょう。

　以上、原因という言葉は多義的な使われ方をしているということを説明してきました。

(2) 相関関係、そして因果関係

　私達は、しばしば原因について論じることによって、なぜ何かが起きるのかということを説明しようと試みることがあります。出来事Xと出来事Yが一方が変化すれば他方も変化するような関係にある時、私達はそのような共に変化していく関係を相関関係と呼びます。因果関係を読み取ろうとする際、私達はそのような相関関係にある2つの出来事に注目するのです。その際、まず、何か相関関係にある観察可能な出来事を指摘し、一方が他方の原因ではないか、と見当をつけることはよく私達がすることです。つまり繰り返し生じ得る二つの出来事が相関関係にあるのではないか、と見当をつけ、そこに原因と結果のつながりがあるのでは、と考えるわけです。例えば、血液型は人間の性格を決定している原因ではないか、ということはよく騒がれているし、民間の間では広く信じられていることです。性格と血液型との間には何らかの相関関係がありそうだ、ということからこうした推論が始まるわけです。

　ですが、2つの出来事が相関関係にあるからといって、そのことだけから一方が他方の原因であるとは即断できないのです。詭弁について論じた章で見てきたように、相関関係にあるからといって、短絡的に「原因・結果の関係」を読み取ってしまうと、「False cause、即ち、間違った原因に関する詭弁」という詭弁に陥ってしまいがちなのでした。この詭弁は、ある人がXがYの原因であるという主張をする時、ただXがYより先に起こり、XがYに続いたという事実を指摘して、ただそのことだけから、XをYの原因であるとする場合起きるのでした。例えば、ある酋長が太鼓を叩いた時、雨が降ったとしましょう。そういうことが何回かあった後、その酋長が「わしが太鼓を叩くことが、雨降りの原因だ」と言ったとしたらどうでしょうか？　明らかに「酋長が太鼓を叩

くこと」が「雨降り」の原因ではありません。なぜならば、私達は、「酋長が特に太鼓を叩かなくても雨が降ること」を経験から知っておりますし、「酋長が太鼓を叩けば、雨が降る」といった仮説を反駁するために、こうした経験を反証として容易に提出できるからです。ですから、ただ単にXとYが相関関係にあるということから、一方が他方の原因であるとすぐさま結論するのは避けねばなりません。こうした詭弁に陥らぬためにも、原因を指摘して議論する際のルールもきちんと知っておく必要があるでしょう。ですから、次のルールは、

② 相関関係にあると考えられる事象は、必ずしも原因／結果の関連があるとは限らない。

たった今検討したように、世の中には、偶然のなせる術によって、ただたまたま相関関係を示す事象があります。先の「酋長が太鼓を叩く」ということと「雨が降る」ということも偶然のなせる業でした。このように、「たまたまそうなった」というだけの単なる偶然による相関関係ということがよくありますので、「原因・結果」の関係を割り出す時は、十分に気をつけなければなりません。
　このような事態を防ぐためには、2つの事象がどの程度相関しているのか統計的に調査をし、一方の事象の変化から他方を予測できなければなりません。この予測可能性が高ければ高いほど、相関の度合は強くなり、原因・結果の関係を読み取るお膳立てができあがるのです。2つの事象間の相関の度合が強い場合でさえも、単純に因果関係を取り出せない場合すら出てくるのですから、注意が必要なのです。のちほど、詳しく取り扱いますが、第3の要因が実は2つの事象を引き起こす原因としてあって、私達がただその第3の要因に気付かずに、2つの事象間に因果関係を読み取ってしまうことすら出てくるのです。ともかく、ここでは、単なる相関関係の観察は、原因／結果の関連性を決して確立しはしないのだ、ということを強調しておきましょう。

③ 議論の際に、いかに原因が結果に導かれるかが説明されているか？

私達がXがYの原因であると考える時、私達はXとYに相関関係があると信じているだけでなく、XがYの原因と考えればなるほどと思える点があり意味をなすからです。従って良い議論は、ただ単にXとYが相関関係にあるというだけではなく、なぜXがYの原因であると考えれば、意味をなすのかということを説明しなければならないのです。この作業は、目の前に与えられているある結果を見て、その原因に当たる事柄を推測し、言わば「仮説を形成する作業」なのです。そして、「もしこの仮説が正しいとするのなら、結果として与えられている具体的な事象がきちんと説明できる」という方向に議論をもっていくわけなのです。

　例えば、あなたの家で夕食後、食中毒が出て、お父さんとお兄さんが腹痛を起こしたとしましょう。その時、あなたはどのように原因を探るでしょうか？ここで役に立つ方法はジョン・スチュワート・ミルの提案している方法です。

> ①　恐らくあなたは、まず夕食に何を食べたのか考えるでしょう。あなたも妹もお婆ちゃんもお母さんもお父さんもお兄さんも同じものを取っているとしたら、全員が共通して食べたものは、食中毒の原因として除外することでしょう。ここであなたがしていることは、異常のない他の家族のメンバーと違う点を求めて考えているわけです［Method of Difference（差異法）］。つまり、不可能な原因を除外していく作業がこれなのです。
> ②　それと同時に、お父さんとお兄さんの2人のみが共通して食べたり飲んだりしたものは何なのか、考えてみることでしょう。その結果、ワインとキャビアをこの2人が取っており、そしてお母さんもワインを飲んでいたことから、お父さんとお兄さんの2人のみに共通するのはキャビアであることを発見したとしましょう。ここではあなたは、食中毒を起こした2人のみに共通なものを探しているわけです。つまり、ある現象が起きた時に、その現象が起きる前の状況の中で一致している点を考えているのです［Method of Agreement（一致法）］。

　この2つの方法を組み合わせることによって、あなたは、「キャビアが原因である」と推測していくだろう、と思います。そして「キャビアが食中毒の原因である」という仮説によって考えたら、納得がいくことを、この2つの方法による推論によって、説明していくことでしょう。つまりこの仮説から、「中毒は夕食の後、起きたゆえに、夕食で摂取したものを疑ってみるのが妥当であ

る。他の家族の構成員と違って、父親と兄の2人だけが共通して摂取したものはキャビアである。従って、キャビアが食中毒の原因であると考えれば、説明がつく」といった納得のいく説明が可能なのです。このように、良い議論は、「なぜキャビアが食中毒の原因と考えたら、納得がいくのか」をきちんと説明をしているような議論なのです。もう一度、一般化して強調しますと、私達は、ただ単にXとYが相関関係にあるということを示すだけではなく、なぜXがYの原因であると考えれば、意味をなすのかということを説明しなければならないのです。

　このことを具体的に説明するために、「原因を指摘する議論」のうち、悪い議論の例と良い議論の例を交互に見ていきましょう。

　あなたがクラス・メートを観察してみて、「開放的な性格の子」は「本をたくさん読んでいる読書好きの子」であることを発見する、としましょう。つまりあなたは「読書好き」と「開放的性格」の間に相関関係を見いだしたわけです。そこであなたは「読書好き」であることが「開放的性格」の原因であることを主張しようとして次のように議論しました。

> 私の友人で開放的な性格の子のほとんどがたいへんな読書家です。そして調査の結果、友人のうち、あまり開放的な性格でない子のほとんどが読書嫌いであることが分かったのです。ですから、読書好きであることは開放的性格になる原因と思われてならないのです。

さてこの議論を、同様の主張を弁護している次のものと比較してみて下さい。

> 私の友人で開放的な性格の子のほとんどがたいへんな読書家です。そして調査の結果、友人のうち、あまり開放的な性格でない子のほとんどが読書嫌いであることが分かったのです。あなたが本を読めば読むほど、あなたは新しい挑戦的な考え方にそれだけ一層多く触れる機会を持つわけです。あなたは、読書によって多角的に現実を見つめ直す視点を得ることができることでしょうし、現実を実際様々な視点で見つめている人々がいることに気付くようになるのです。そうしてあなたは自分と違った物の見方をする人々にも寛容な態度で接することができるようになるのです。違った物の見方に対する寛容さこそ、開放的な性格の条件なのではないでしょうか？　ですから、読書好きであることは開放的性格になる原因と思われてならないのです。

最初のものはただ相関関係を指摘しているのにとどまっておりますが、2番目のものは、原因と考えられる「読書好きであること」がいかに結果である「開放的な性格」であることと結びついて考えられるか、少なくとも理由を説明しようと努力しているのです。なぜ「読書好きであること」が「開放的な性格」の原因であると考えれば意味をなすのかが説明されている点で、2番目のものの方が数段優れた議論になっているのです。

　もう1つ例をとりましょう。これから読み上げる例では、「オウム真理教に理性的と思われるエリート大学生が幹部として参加してしまった原因」として、偏差値偏重教育を挙げています。どうして「エリートがオウム真理教の幹部をしてしまっていること」が「偏差値偏重教育が原因である」という仮説の下でなら納得がいくのか、きちんと説明されています。

> オウム真理教に、理性的と思われる若いエリートが幹部として参加した上、無批判的に犯罪に荷担してしまった原因として、やはりここ2、30年の教育の特徴である偏差値の偏重ということを考えざるをえない。その結果、ものを考える力より、ものを知ることを偏重するという弊害が強まった。問題があると、暗記用に用意されているに過ぎない解答が与えられる。解答にまで至るプロセスを考え抜く力がしっかりとつくられていないのである。自分でものを考える力が強くない時、批判力は育たず、それは単なる妄信に繋がりがちである。ただ与えられた解答を妄信すればいいのである。このような教育を経た者達は、批判力を欠き、妄信に陥りやすくなるのである。それゆえ、エリートと思われる若い人達が、妄信に陥り、幹部となっても不思議はないわけだ。

　まとめましょう。ただ単にXとYが相関関係にあるという指摘だけではなく、なぜXがYの原因であると考えれば、意味をなすのかということを仮説を形成することによって、十分説明しなければならないのだ、ということを念頭に置いておいて下さい。仮説が受け入れられるためには、当然ながら、まず①既知の現象がその仮説によってきちんと説明されねばなりませんし、さらには、②その仮説に基づいて、新しく起きるだろう現象をも予測できなければなりません。そのような予測を可能にしてくれるような仮説であれば、十分説得力を持つものとして認められることになるでしょう。

　今紹介したルールの説明の際にイギリスの哲学者ジョン・スチュワート・ミ

ルによって詳しく論じられた「原因を探究する5つの方法」をここでもう少し詳しくお話ししておくことにしましょう。

(3) J.S.ミルによる「原因を探究する5つの方法」[18]

ジョン・スチュワート・ミルは、ベンサムの後継者で功利主義の哲学の発展に尽力し、倫理、社会、政治、など多方面に渡る多彩な仕事を残しています。論理学の方面でも素晴しい仕事を残しており、その代表作の『論理学体系』では、演繹、帰納を含む論理学の体系化を目指し、特に帰納法による方法を集大成しています。現在、Mill's Methods of Inductive Inference（ミルの帰納的推論の方法）と呼ばれている有名な方法は、原因・結果の関係を確立する方法なのです。まず、ミルの5つの方法を列挙し、1つずつ、説明を加えていくことにしましょう。

1）Method of Agreement（一致法）
2）Method of Difference（差異法）
3）Joint Method of Agreement and Differnce（一致・差異法）
4）Method of Residues（剰余法）
5）Method of Concomitant Variation（共変法）

1）Method of Agreement（一致法）

ある結果Pの原因を探究する時、同じ結果が生じている別の事例に当たってみて、Pが結果する前の状況がどうであったのかを調べます。そして、それらの事例の中で共通の要因を原因と推測していくのが、一致法の採る戦略なのです。先ほど、食中毒の例を挙げて一致法の適用例をみていますので（食中毒を起こした人達が共通して食べた物を探る、といった例を思い出して下さい）、ここでは他の例を挙げておきましょう。例えば、広島市五日市駅周辺で火事が続いて起きたとしましょう。出火しやすい冬場ということもあり、いろいろと原因を調べたところ、どの現場からも発火装置に使われたと見られるある製造業者に独特な導火線が発見されたとしましょう。こうして出火の原因として人為的なものを疑うようになり、放火という線で捜査が絞られることになるでし

ょう。さてこの一致法をより一般化した図式で示せば以下の通りになります。

事例	結果の生じる前の状況	結果した現象
1	X Y Z L	P
2	X Y Z J K L	P
3	Y Z L	P
4	X J L	P
5	J L	P

事例の数は多い方がいいのですが、仮にPという現象が結果した事例を5つ調査したとして下さい。そこで現象Pが結果した状況を調べてみて、個々の事例ごとに要因を列挙し、最後にどの事例にも共通している要因を割り出していくのが一致法なのです。この場合、事例1から事例5まで、結果の生じた際の状況中、共通要因となっているものは要因Lなのです。そこでLをPの原因と考えるのが妥当だろうと推論していくわけです。ここでは、共通要因Lは、十分条件という意味合いの原因です。Lであれば、Pは起きなければならない、そんな原因を探る方法が一致法なのですから。

2）**Method of Difference**（差異法）

　差異法は、ある状況下で現象Pが起きた時、現象Pが起きなかった他の状況を調べ、その違いに着目し、違っている要因の中に原因を探ろうとする、といったやり方なのです。言い換えれば、それが不在であれば、問題となっている現象は結果しない、といった必要条件という意味での原因を探るのです。これも先ほど、例を見ましたが、もう一度、少し感じの違った例を挙げて説明しましょう。例えば、アメリカでは車を自己点検する人がいます。私も見様見真似で点検をしたことがありました。そこで、自己点検をした後、車が動かなくなったと仮定しましょう。そのような場合、皆さんも、恐らく、差異法によって推論していくだろうと思います。つまり、点検前の正常に動いていた車の状況と問題が起きてしまった現在の状況を比べてどこに違いがあるのかを考えることでしょう。そうして調べていくうちに、古くなった点火プラグを取り外したまま、新しいのを付け忘れていたことに気付いたりしたら、それこそが車が動

かなかった原因なのです。あるいは、夕食の後、息子と私が発熱し食中毒の症状を見せたとしましょう。その際に、例えば、妻だけが満腹していたのでデザートのプリンを食べなかったとしましょう。その場合、食中毒を起こさなかった妻と食中毒を起こした息子と私の摂取したもので唯一違っている要因はプリンですから、プリンが食中毒の原因である、と推論するでしょう。先ほどと同様に、簡単な図で示せば、

事例	結果の生じる前の状況	結果した現象
1	X Y Z J K L	P
2	X Y Z J K ―	―

上の図の横棒"―"は、不在を表すと考えて下さい。この図では、Pという現象が結果した事例1とPが結果しなかった事例2の違いを比較しているのです。ここで2つの事例の違いは要因Lがあるかないかということであり、要因Lがある場合に現象Pが結果していますので、私達は要因LがPの原因であろう、と推論していくのです。

　差異法によって推論していく際に、気を付けねばならないことは、結論に飛びつく前に、疑わしいと推論された要因が、唯一の適切な違いなのかを再考する慎重さが必要であるということです。

3）Joint Method of Agreement and Differnce（一致・差異法）
　一致・差異法とは、名前の通り一致法と差異法を併用していく方法なのです。つまり、原因と考えられる要因Xが、存在するような事例ではどれも問題となっている現象Pが引き起こされているということだけではなく、要因Xが不在であるような事例では、Pが起きていないことを立証していくのです。この2つを併用することによって、必要十分条件という意味合いでの原因が探り出されることになります。例えば、仮に「キシリトールが虫歯を予防する」ということを立証しようとしている科学者がいるとしましょう。彼らは、差異法を適用しやすいように、「キシリトールを使用するかそうでないか」という条件以外はなるべく均質にコントロールした「キシリトールを使うグループ」と「キ

シリトールを使わないグループ」を比較するでしょう。つまり、「キシリトールという要因」という条件のみが異なっているようにしておいて、今度は「キシリトールを使うグループ」に一致法を適用するのです。つまり、「キシリトール」という共通要因が原因で虫歯にかかる率が低くなったといったような結論を出すわけです。

　この一致・差異法を図で示せばこんな感じになるでしょう。矢印"→"を「引き起こす」と読んでみて下さい。

```
要因　　　結果
ABC  →   ab
ACD  →   ab
─────────────
BC   →   b
CD   →   b
```

ここでは、要因Aが結果aを引き起こすのに不可欠な原因であることを、一致・差異法によって立証する過程を図式化しています。棒線より下は差異法が適用され、どちらもaが結果していないことを立証しています。そして棒線より上は一致法が適用されており、共通要因であるAが結果aの原因であるということを推論させてくれています。

　4）Method of Residues（剰余法）
　以前の実験や観察の結果、既に確立している因果関係があるとしましょう。剰余法は、ある現象が引き起こされた時、そこから既知の因果関係を引き算していく方法なのです。まず、図式化したものを示すことにしましょう。

```
結果が現象する以前の状況　　　結果としての現象
    XYZ          →         xyz
  Yはyの原因として確立されている。
  Zはzの原因として確立されている。
─────────────────────────────
    従って、Xがxの原因と考えられる。
```

　かの有名なキュリー夫妻がラジウムを発見した際の方法は剰余法でした。製錬されたウラニウム鉱石の放射能は、実際に含有されているウラニウムの割合

に比例しています。にもかかわらず、製錬される以前のウラニウムの原石が発する放射能は製錬された鉱石の発する放射能の4倍もあったのでした。この、「原石の発する放射能が製錬されたウラニウムの発する放射能の4倍もある」、という事実が2人の注意を引いたのでした。そこで製錬の過程を経てウラニウムを取り出した残余を使った実験が始まったのでした。もちろん、2人は、その残余にウラニウムより強く放射能を発する原因となっている放射物質を発見しようとしたのです。忍耐を要する実験の末、2人はラジウムの抽出に成功したのでした。ここでRをラジウム、Uをウラニウム、uをウラニウムの放出する放射能、rをウラニウム原石からウラニウムを製錬した後の残余の発する放射能と考えて下さい。すると、2人の使った剰余法は以下のようになるでしょう。

R、U　　→　　r、u
Uはuの原因として確立されている。
────────────────────────
従って、Rがrの原因である。

5）Method of Concomitant Variation（共変法）

　一致法の場合は、共通しているものに注目し、共通しているもの以外の要因を度外視する、といった作業をします。差異法では、違っている点に着目し、他の要因を度外視するといった作業をしていきます。そして、剰余法では、今までに確立されて承認済みの因果関係を引き算していくといった作業があります。以上の方法に共通している点は、無関係な要因を度外視し、必要な因果関係を推論していくといった過程なのです。最終的には、無関係な要因を除去してしまって、推論の正しさを確証していくわけなのです。けれども、無関係要因を除去できないような場合が出てきます。そのような場合、役に立つのがこれからお話しする共変法なのです。

　例えば、潮の満ち引きと月の位置との関係にどうも因果関係がありそうだ、という思いつきを実証しようとしていると考えてみて下さい。月以外の要因を度外視しようと考えたとしても、月を残して天上に輝く無数の星を除去することは不可能です。このように、無関係要因の除去という手段に訴えることがで

きない場合、ミルが推薦する方法が共変法なのです。共変法は、1つの現象の変化に伴い他の1つの現象が規則的な割合で変化している場合、そこに因果関係を読み取るといった方法なのです。ある現象が変化しているということを表現する記号として増加を表す"＋"の記号と、減少を表す"－"の記号を導入して、この方法を図式化して表すと以下のようになるでしょう。

原因と考えられるある現象		因果関係にあると考えられる他の現象
X、Y、Z	→	x、y、z、
X^+、Y、Z	→	x^+、y、z、
X^-、Y、Z	→	x^-、y、z、

これは、要因Xの変化に伴って、現象xにも変化が規則的な割合で生じている、ということを表現しているのです。先ほどの潮の満ち引きと月の位置との関係の場合、月の位置が変化することに伴って、潮の満ち引きにも規則正しい変化が観測できればいいわけです。その際に変化している要因に伴って変化していく現象とそうでない現象を比較し、統計的な相関関係を確立していくわけです。そうすれば、満天に輝く夜空の星々を1つずつ水爆で破壊しようなどといった偏執狂的、誇大妄想的思考ともおさらばできるわけですね。けれども、統計的に相関関係を確立しても、第3の要因を見落としたりする場合がありますので、注意が必要です。例えば、冬場の焼き芋の売れ行きと火事の起きる率に統計的な相関関係が見つかったとしても、そのまま、一方が他方の原因であるとすることはできません。この場合は第3の要因、つまり冬は気温が低くなるし、空気も乾燥するということ、つまり冬の気候が関わっているのです。

(4) ミルの方法の批判的検討

　初心者向きの論理学講義で、アメリカ人の教授が紹介する、一致法にまつわる笑い話がありますが、一致法を鵜呑みにすることの警句と考えて下さい。

　　ある男が妻に言った。「俺は、バーボンのソーダ水割りを飲んだがひどい二日酔いに苦しんだよ。そう言えば、ジンのソーダ水割りの時も、ウイスキーのソーダ水割りの時も同じ苦しみを経験したな。ハハァ、ソーダ水がいけないんだ！　諸悪の根源のソーダ水を俺は今日から断つぞ！　これで二日酔いともおさらばさ！　ハハハッ！」

何がおかしいか一目瞭然だとは思いますが念のために言い添えますと、この男が二日酔いになった際に摂取したもののうち、共通要因はソーダ水だけではなく、見落とされてしまっている共通要因がある、ということです。言うまでもなく、本当に注目すべきはバーボン、ジン、ウイスキーに含まれているアルコールなのです。教訓は、共通要因を挙げたつもりでも、見落とされている共通要因があり得るということなのです。さらに言えば、結果が生じる以前の状況を調査して原因を探るための方法をミルは提供してくれているわけですが、結果が生じる以前の状況の何に注目し、何を分析すべきなのかということまでミルの方法は教えてくれません。今のお話で、私達は、本当に注目すべきはアルコールだということを簡単に指摘できましたが、それは私達がアルコールの大量の摂取が二日酔いの原因になり得るということを既に知っているからこそでした。それでは、本当に注目すべきものが何なのか前もって分からない場合はどうでしょうか？ 残念なことに、結果が生じる以前の状況を十分に分析したと言い得る条件までは、ミルの方法は与えてくれていないのです。それゆえ、今お話ししたような笑い話に類するようなことが起きてしまうのです。結果が生じる以前の状況をあらゆる側面から調べ尽くし分析する、ということは不可能ですし、実践的ではありません。私達はミルの方法のみを携えて現場に出かけ、原因を探り当てることはできないのです。それでは、ミルの方法を生かすためには何が必要なのでしょうか？

　ミルの5つの方法はどれも、実は仮説を伴って初めて適用可能となるのです。結果が生じる以前の状況をあらゆる側面から調べ尽くし分析する、ということが不可能であるのならば、結果が生じる以前の状況のうち、可能的な原因は何なのかについて予め仮説を立てておくことが必要になってくるのです。前にお話ししましたように、結果が生じる以前の状況のうち、何に注目すべきかは、その原因を探っている人物が従事している実践からも規定されてくるでしょう。繰り返しになりますが、火事の原因を調べている警察官は、「そこに酸素が存在していたからだ」ということは、報告書に記入しません。原因を探っている人物が従事している実践の性質によって、何を可能的原因と考えるかということに関する仮説の立て方が違ってくるでしょう。仮説が何を可能的原因と

考え、何に注目するかを教えてくれるわけですから、そもそも仮説が誤っていれば、ミルの方法をいかに巧みに操作しても結果は偽となるわけです。つまり、言い換えれば、仮説の段階で、つまり、ミルの方法を導入する以前の段階で、過ちを犯す可能性があるということなのです。

以下のような一致法による結果が得られた場合を考えましょう。

事例	結果の生じる前の状況	結果した現象
1	X Y Z　　　L	P
2	X Y Z J K L	P
3	Y Z　　　L	P
4	X　　　J　L	P
5	J　L	P

この場合、私達は予め、仮説として可能な原因を立てているのです。即ち、仮説として、「Pの可能な原因は、XあるいはYあるいはZあるいはJあるいはKあるいはLであろう」という形で結果の生じる以前の状況のうちから注目すべき要因に関して予想を立てているのです。この仮説が初めにあれば、後は演繹することが可能になります。例えば、この仮説と事例1より、JとKを可能的原因のリストから抹消できるでしょう。このように考えれば、ミルの方法は、仮説をテストするのに使われていると考えることができるのです。こうした意味合いにおいてミルの方法はまだ十分に応用価値があると言えるでしょう。

さてミルの方法はこれくらいにして4番目のルールを紹介しましょう。

④　結論は最も可能性の高い原因を提案しているか？

ほとんどの事象が多くの可能的な原因を持っていると考えられるのです。例えば、性格に関して言っても、その決定要因がひょっとしたら血液型かもしれないだけではなく、家庭環境とか、体質とか、幼児期に起きた大変ショッキングな事件とか、発育を妨げるような事故や身体的な損傷とかいろいろ可能的な原因が考えられるわけです。だとしたら、ただ1つ可能的な原因を指摘するだけでは十分ではありません。指摘された原因が最も可能性の強い原因であると

いうことが主張され説明されねばならないのです。もっともらしい原因の中で一番可能性の高い原因の候補を他の原因の候補を除いていくことによって考えていきましょう。

　それでは、原因がいくつか考えられる時、あなたの挙げた原因が最も可能性の強い原因であることを主張する際に、どのようなことに注意を払ったらよいのでしょうか？　どのような説明を私達は最もありそうなものとして受け入れるでしょうか？　まず言えることは、あなたの説明が「基礎のしっかり確立した他の学問」との間に矛盾をきたしていないことです。物理学などの自然科学のように、基礎のしっかり確立している学問領域で主張されてきていることや既に公認されている主張とあなたの説明が両立可能であることが大切です。「神様が竜巻を起こす」という主張より「急速な気流の流れが竜巻を起こす」という説明の方が私達に受け入れられやすいのも、後者の方が「基礎のしっかり確立した他の学問」と矛盾を起こす心配がないからなのです。もちろん、前者を主張しても一向に構わないのですが、前者を主張することは、「基礎のしっかり確立した他の学問」のすべてを書き換えてしまうような大事業を背負い込むことになることでしょう。そうした意味で、一般に受け入れられ難い説明となってしまうことは間違いありません。時と場合によっては、「基礎のしっかり確立した学問」がくつがえされるような発見がなされないとも限りませんが、そうした場合は、当然ながら大変慎重な研究態度が要請されるのです。

⑤　相関関係にあると見られる事象は、1つの共通の原因を別に持っているかもしれない。

相関関係にあると考えられる2つの事象が、原因／結果の関係にあるのではなく、別のもっと根本的な原因から帰結する2つの結果であるに過ぎない場合が考えられます。例えば、次の議論を見てみましょう。

　　最近はテレビが私達の社会道徳のあり方を決定しているように思える。アメリカにおいてもそうだが、テレビで放映される暴力や無感覚さが、私達の日常の道徳性を決定していることは否定できない。子ども向けのテレビ漫画にまで暴力が浸透し、それが

どのように子ども達に影響を与えているか、見るだけでも十分そのことが主張できると思う。実際に、家庭内暴力や校内暴力で見られる陰湿ないじめ、年々アメリカ並みになっていく殺人による死亡率の高さがそれを物語っているのだ。

この議論においては「テレビ番組における不道徳性」が「実生活上の不道徳性」と相関関係にあるとされ、前者が後者の原因であることが、子ども達への影響という観点から主張されている。でもここで皆さんに考えていただきたいことは、原因／結果の関係にあると主張されている「テレビ番組における不道徳性」と「実生活上の不道徳性」の両方ともが、もっと根本的な原因によって引き起こされている結果に過ぎないかもしれないという可能性なのです。ひょっとしたら、「伝統的な価値観の崩壊」が「テレビ番組における不道徳性」も「実生活上の不道徳性」も共に引き起こしているのかもしれません。原因／結果の関係を主張する時は、このような考慮も必要なのです。

⑥　相関関係にある事象のうち、どちらか一方が他の事象の原因になっている、ということを示さねばならない。

ＸとＹの２つの事象が相関関係にあるという観察からだけでは、たとえ原因／結果の関係が両者にあるとしても、ＸがＹを引き起こすのか、あるいはＹがＸを引き起こすのか、は確立されません。どちらが原因でどちらが結果なのかを説明せねばならないのです。先ほどの例を使いますと、「テレビ番組における不道徳性」と「実生活上の不道徳性」の相関関係に思い至ったとしても、先ほどの議論とは逆に「実生活上の不道徳性」の方が「テレビ番組における不道徳性」の方の原因かもしれないという可能性もあるわけです。相関関係にあるとされるＸとＹの、原因から結果への方向性を決定するためには、より進んだ研究が要求されることでしょう。心理学者や社会学者は、こうした方向性を決定するために、何らかの実験を考案し、代表的なサンプルを集め、実験を実施するわけです。こうした心理学者や社会学者の実験データを権威として引用していくのも１つの手でしょう。さらに私達は先のルール（3）に頼ることができます。ルール（3）によれば、良い議論は、ただ単にＸとＹが相関関係にある

というだけではなく、なぜXがYの原因であると考えれば、意味をなすのかということを説明しなければならない、のでした。

ですから、なぜXがYの原因であると考えれば、意味をなすのかということを説明すると共に、なぜYがXの原因ではないのか、ということも説明されねばならない場合があるのです。

⑦　原因は複雑であるかもしれない。

唯一絶対の原因だけが考えられるというのは、ごく稀なケースで実際は、複雑に色々な原因が絡み合うようになっている場合が多いわけです。原因／結果の連鎖が1つだけではなく、いくつもが集まった結果として何かが生じる、という場合の方が現実でしょう。実験室のように人工的環境では、原因／結果の連鎖を1つだけ取り出すことができるかもしれませんが、このことは常に念頭に置いておくようお願いします。

練習問題

「類比による議論」、「例による議論」、「権威による議論」、「原因を指摘する議論」を使って議論を作ってみよう。そして第3章で紹介したダイヤグラムによる分析をしてみよう。

[注]
1）B. ラッセル、『哲学入門』生松敬三訳、角川文庫、1965、p.75.
2）K. ランバート＆ G. ブリッタン、『科学の哲学』吉田謙二訳、晃洋書房、1982、pp.63-73. 参照。
3）K. ポパー、『よりよき世界を求めて』小河原誠他訳、未来社、1995、p.27.
4）I. ハッキング、『表現と介入』渡辺博訳、産業図書、1986、p.58.
5）湯川秀樹他編、『現代の科学I』世界の名著79、中央公論社、1979、p.362.
6）I. ハッキング、『表現と介入』渡辺博訳、産業図書、1986、pp.418-419. から引用したが、マックスウェルの記事全体を読みたい方は、湯川秀樹他編、前掲書、pp.367-368. も参照のこと。

7) アインシュタイン&インフェルト、『物理学はいかに創られたか（下）』石原純訳、1963、pp.29-36. 参照。
8) NHKスペシャル、『生命：40億年はるかな旅；ヒトがサルと別れた日』参照。
9) K. ポパー、『フレームワークの神話』ポパー哲学研究会訳、未来社、1998、p.14.
10) Weston, Anthony, A Rulebook for Arguments, Hackett Publishing Co., Indianapolis, 1987. による分類によって代表的な帰納法による議論を紹介している。ウエストンのルール・ブックには大きな影響を受けている。
11) Thomson, Juduth, J., "A Defense of the Abortion" in Moral Problems, 3rd edition, pp.130-150., Rachels, J. ed., HarperCollins, New York, 1979, p.132. 日本語訳は青木による。
12) Thomson, Judith,J., Ibid., pp.132-133. 日本語訳は青木による。
13) Thomson, Judith,J., Ibid., pp.133-135. 日本語訳は青木による。
14) Moore, Brooke M. & Paker, R.,Critical Thinking, Mayfield Publishing Co., California, 1986, pp.337-341. 参照。
15) 出典不明。
16) C. ドイル、『緋色の研究』延原謙訳、新潮文庫、1969、p.188.
17) アリストテレス、「自然学」in『アリストテレス；世界古典文学全集16』田中美知太郎編、筑摩書房、1996、194b20.
18) Mill, J. Stuart, A System of Logic, Book III, Ch.8. ミルの方法については、Copi, Irving M., Introduction to Logic 4th edition, Macmillan Publishing Co., New York, 1968, pp.376-396. に簡潔な解説がある。

第6章
小論文を書いてみよう

実際に小論文を書いてみよう

　私達は議論の展開の仕方を学んできました。そこで今度は、実際に小論文を書く際の手引きを作ってみることにしました。小論文の書き方について説明しますので、これまでに習った議論の展開の仕方をフルに活用してみて下さい。その際、第3章で紹介したダイヤグラムを作って、自分の議論の骨組みを確固たるものにしておきましょう。それでは、論文の構造ということからお話を始めましょう。

　論文は、問題を提起する「序論」とその問題を解決するための議論を展開する「本論」、そして提起された問題に解答を与える「結び」の3部構成で成り立っています。基本的には、「序」→「本」→「結」の形です。

1.「序論」について

　論文を書くためには、まず、取り扱うべき問題を具体的な問いの形で提起することから始めましょう。なぜならば、論文は問いに答えるために書かれるからです。序論とは、まさに、これから皆さんが取り扱う具体的な疑問文を提示

する場所なのです。お馴染みの「いつ」「どこで」「誰が」「何を」「なぜ」「どのように」といったような基本的な問いの形で問題を提起することが出発点です。例えば、「ダイオキシン問題を解決するためには、一市民として何ができるか？」、「国際平和はどのようにして維持されるか？」、「なぜ最近の子どもはすぐに切れるのか？」などといった形で、これから自分が論じていく問題を具体的な疑問文の形で表現するのです。自分が何について論じるのかを具体的な疑問文の形で提起できなければ何を論じていいのか分からないことになってしまいます。ですから、まずあなたは具体的な問いを提起しなければなりません。

　まとめましょう。「序論」では、あなたが扱う問いは何なのかを明確に具体的な疑問文の形で示すことが大切なのです。「序論」は、何が取り扱われるべき問いなのか、何が争点なのか、を読者に紹介する役目を担っているのです。

2．「本論」について

　いよいよ「本論」において議論を展開していくわけですが、「本論」については、パラグラフによる構成の仕方という項目で詳しく説明しましょう。

3．「結論」について

　「結論」では、本論で述べられた主要点を別の言葉で要約し、「序論」で述べられた問いについて答えを与えねばなりません。「序論」で述べられた問題に答えを提出するという重要な役割を持っている箇所が「結論」なのです。

　議論を組み立てる際に、最初にあなたは、具体的な問いの形で提起された問題に対して、自分が何を主張したいのか、ということを十分に考えておく必要があります。あなたのその主張が、あなたの議論のコンクルージョンになるからです。その際に、即刻念頭に浮かぶ意見を結論として採用してしまう前に、いろいろな見解を調べてみる必要があるでしょう。あなたは即刻念頭に浮かぶ意見を感想程度に述べるように言われているわけではありません。あなたの議論の結論として必要なものは、十分な情報によって、根拠付けられた意見なのです。あなたはあなたの主張したい結論を責任をもって引き受けるだけにふさ

わしい十分な情報を求めてリサーチをしなければならないでしょう。そのためには、特に議論というものに不慣れなあなたは草稿を作成してみる必要が出てくるでしょう。これから述べる7つのルールは皆さんが、論文を作成する際にいかにメモを作るか、ということに関するルールです。いくら小論文だからと言っていきなり書き始めるのは無謀です。分かりやすく、構成がしっかりした論文を書くためには、なぐり書きで十分ですので、「序」→「本」→「結」全体の構想を立てておくことが賢明なのです。

　さて草稿作成のための最初のルールとして、次に挙げるルールが重要になってくるでしょう。

(1) 草稿作成のための7つのルール

　1) あなたが取り上げたい問題を問いの形で提起し、十分に説明してみること。何故その問題が重要なのか、何故あなたはその問題に関心があるのか、何故その問題が現在問題となっているのか、何故他の人達もあなたの問題意識を共有すべきなのか、あなたの問題に解答を与えるためには、一体何が鍵となるのか、などを自問自答しメモを取ってみることが必要です。

　あなたに最初から何らかの問題意識がある場合でもこのルールに従って考えていくことは有益だと考えます。ある問題を与えられてレポートを書くような場合には、あなたは恐らくその問題について今まで考えたことがなかった、というようなことの方がほとんどでしょうから、その問題の重要性を十分に自分のために説明してみる、ということが必要になるでしょう。あなたが問題意識を最初から抱いている場合は、このルールはあなたが何を主張したく思っているのか、ということ、つまり、あなたの問題意識全体を明確にしてくれることでしょう。またあなたがいまだかつてそうした問題について考えたこともなかった場合は、与えられた問題とあなたとの関わりを改めて反省してみるきっかけとなることでしょうし、このような問題が生じている現代社会の中のあなたを見つめる良い機会にもなるでしょう。このようなステップを踏むことで、あなたの中に問題意識を芽生えさせることをしない限り、あなたがあなたの小論文の中でこれから展開していくだろう議論はあまり説得力のあるものとはなら

ないでしょう。

　何のアイディアもない場合、どうすればいいの？　という質問を受けることがあります。何もアイディアがなければ書くことができませんので、これはかなり深刻な症状です。こういう場合は考えれば考えるだけ、ますます泥沼状態になって身動き一つとれなくなってしまいます。そんな場合、ブレインストーミングを試してみて下さい。とてもやり方は簡単でいつでもどこでも紙と鉛筆があればできます。どのようにするかと言いますと、与えられたテーマに関連することを何でも連想ゲーム方式で思いつく限り書き連ねていくのです。決して考えの流れを反省したりして塞き止めないでただただ筆の動くのに任せて何でもいいから気のままに書きなぐりましょう。まさしく文字通り、脳を駆け抜ける嵐のように連想の嵐に逆らわずに身を任せ、風の吹くままどこへでも行ってしまって結構です。これは、考えることのウォーミングアップなのです。ですからそんな意味でも、思考の流れに身を任せ、決して思考の流れを止めてしまったり、思考の流れを意識的にどちらかの方向に導こうとしたりしてはだめなのです。連想ゲームの要領で、ゲーム感覚で気楽にやって下さい。あなたの遊び心が大切なのです。

　さて、こうしてできあがった結果のうち、類似しているものや関連していると思われるものを分類してみて下さい。分類は関連性があると思われるアイディアを蛸足式に線で結んでいくだけでオーケーです。この作業をしながら、自分が一体何に基づいて、それらのアイディアをまとめようとしているのかが分かってきます。こうなればこちらのものなのです。こうした関連付けの作業を通してあなたの考えをまとめていくのです。一体自分が何を中心に分類しているのかが分かれば、その中心となっているものをトピックセンテンス（段落の中心となる考え）にできないかどうかを考えてみましょう。

　さて次にあなたが考慮に入れなくてはならないことは、
　２）あなたの読者や聴衆はどのような人々であるのか、ということを考慮しよう。

ということです。あなたの問題意識を既に共有している人々のために書くことは比較的簡単に済むかもしれません。ですが読者や聴衆があなたの提出している問題に全く気付かない場合も多いわけです。あなたがやるべきことは、そうした人々に問題の重要性を気付かせるということです。おまけにそうした問題意識を既に持っている読者や聴衆に対しても、問題意識は持っているけれどもその問題の重要性を十分認識していないという場合が多いわけですから、そうした人々に問題の重要性を確認させるような問題提起を行わねばならないでしょう。レポートの「序論」の部分では、簡潔に自分の取り扱う問題を提起し、何故その問題が重要であり論じられるべきなのかを、分かりやすく説明しましょう。

3）問題をいろいろな角度から捉え、可能な見解全てについて、できるだけ調査しメモしていこう。

あなたが実際にレポートを書き始める前に、与えられた問題について調査し、結果をメモしておきましょう。あなた自身が採用し得る可能な見解はいくつかあるわけで、そうした見解を1つ1つ調査してみましょう。それぞれの見解を支える最も有力な議論を考えたり、引用したりしてメモを作っていきましょう。そうした諸々の見解の中にあなた自身が支持し得る見解があることでしょうが、そうした見解を実際に擁護してみましょう。この際に、自分の擁護している見解と異なる見解を擁護している議論を載せている本や記事を読んだり、自分と異なる見解を持っている友人などと討論したりしてメモを取っておきましょう。特にあなたが支持すると決めた見解を擁護する議論と、あなたの見解に反対する議論を並べてメモをしておくことは、あなたの議論を堅実に組み立てていく上で有益になるでしょう。そして、

4）あなたの支持する見解を擁護している議論に使われているプレミスの真偽をそれぞれ疑ってみよう。短所があるとしたらどこにあるのか、考えながら、そうした短所を擁護し得る議論を考え、それぞれのプレミスの説明を書いていこう。

つまりそれぞれのプレミスを支える議論を考えてみるわけです。プレミスの

中には比較的簡単に擁護され得るものもあります。定説になっていたり、社会常識として受け入れられていたりなどして、大袈裟な議論なしでも十分に理解され得るプレミスもあるのです。あなたの議論中のそれぞれのプレミスに対して、「このプレミスはしかじかの理由で擁護できるな」といった具合に説明を試みて下さい。

　ともかく「何故このプレミスは正しいのかな？」とあなたが少しでも疑問に感じるプレミスについては、特に慎重な検討が必要となってくるでしょう。特に、あなたの見解に反対する側が、特定のプレミスに反論を寄せている場合は、その反論を考慮に入れたより慎重な検討が必要となってくるでしょう。短所や反論にもかかわらずそれらのプレミスをあなたが擁護できると感じたとしたら、あなたの議論はかなり有望なものであるという見通しが立つわけです。レポートの場合は、スペースも時間も限られているゆえ、あなたが最も有力であると考える議論や、実際に論争の的になっている議論に焦点を絞って説明を加えるべきでしょう。少なくともあなたの読者に論議を呼びそうなプレミスには、証拠を提出したり、権威を引用したりなどして十分に説明を加えておきましょう。

5）あなたの見解に反対する立場の議論を考えたり調べたりして擁護してみよう。

　この作業によって、あなたは公正な態度を身に付ける練習ができるでしょう。相手の議論を批判的だが好意的に検討していくにあたって、あなたは相手の見解の中で擁護し切れないプレミスを見いだすかもしれません。そうしたプレミスこそ相手の議論の穴に当たるわけですから、この作業は、あなたのレポートの中で自分の見解に対立する相手の議論を紹介し、反駁し、自分の立場の優位を証明する際、非常に有効なステップとして働くことでしょう。メモの段階では調べられる限り可能な反論を調査していくことが必要ですが、スペースや時間の限られたレポートの場合は、あらゆる反論を紹介したりしている余裕はないわけです。それゆえ最も一般的になされている反論や最も強力であると思われる反論を紹介し、それらに答えるという風にしてもらいたく思います。また相手の反論がたとえもっともなものであるとあなたが判断した場合でも、すぐ

に自分の見解を放棄せずに、指摘された短所にもかかわらず、あなたの見解の長所がより一層重きをなしている、と言えるかどうかしばらく考えてみましょう。

6）あなたの提案している解決策が唯一のものかどうか考慮しよう。

与えられた問題の解決策として、あなたの見解が唯一のものと言えない場合があります。いくつか代案があるような場合が実際にあるわけで、そのような場合、あなたはそうした代案をも考慮しなくてはならないでしょう。代案があなたの見解と両立し得ないような場合さえあるわけで、そのような場合は、あなたは自分のよしとしている見解と代案を比較してみるという作業も必要となってくることでしょう。優劣を比較して十分にメモを取っておくことが必要です。メモの段階ではあなたはまだ草稿を書いているに過ぎないわけですから、最初にあなたがよしとした見解が、慎重な検討の結果、代案に比べて劣ると思われるような場合、躊躇することなしに最初の見解を捨ててしまってかまわないわけです。

さてこうしてメモを取りながら十分にいろいろな見解を考慮し終わり、最終的にあなたの立場が固まったら、いよいよ簡潔な形で議論を書いてみましょう。もう既に草稿の段階であなたには十分議論を書く基礎ができているわけですから、この作業はそれほど難しくないはずです。ただ次に述べるルールを常に心にとめておいて欲しいのです。

7）あなたの議論を十分に発展させること。

十分に発展された1つの議論の方が、スケッチ風に書かれたたくさんの議論よりもましである、ということをルールにしてもらいたく思います。本を書くような場合を除いては、あなたがスケッチの段階で考えたあらゆる議論を総動員するようなことはしないことです。解決策として最も効果的で擁護可能であるとあなたが判断した最善の議論を1つあるいは2つ十二分に説明し擁護し発展させていただきたいのです。

(2) Paragraph（パラグラフ）による「本論」の構成の仕方について

　論文の心臓部でもある「本論」をどのように構成していったらよいのでしょうか？　以下、パラグラフという考え方を鍵に「本論」の構成法について説明していこうと思います。

　英米で論文指導を受けると決まって、パラグラフ重視ということが言われます。自然な順番でアイディアを展開しようとする時に、必ず関連してくる話題がパラグラフなのです。そこでここでは、パラグラフとは何かということから説明を始め、その重要さを理解していただけるよう、解説をしていきたいと思います。

　まず、パラグラフとは何か説明しましょう。形式的には段落で区切られているその1段落分がパラグラフであるということになります。パラグラフはいくつかの文章で構成されていますが、単なる文章の羅列ではありません。パラグラフは、topic sentence（トピックセンテンス）と呼ばれている中心となる考えによってまとめられているのです。トピックセンテンスはそのパラグラフで論じられているアイディアを述べた中心的文章です。パラグラフ中の他の文章はすべて、このトピックセンテンスを説明したり、論証したりして、トピックセンテンスをサポートするといった関係を持っているのです。つまり、トピックセンテンスの論理的展開を担うのが、他のセンテンスの役割なのです。ですから、パラグラフはトピックセンテンスに表明されている1つのアイディアによって論理的にまとめられているいくつかの文章の集まりであると定義することができるでしょう。トピックセンテンスを中心にした論理的まとまりを、あなたが考慮しているのであるならば、パラグラフの長さも、トピックセンテンスを中心にした論理的構成を読者が把握できるような長さに自然とまとまっていくはずです。このようにパラグラフでは、1つの中心的アイディアを論理的なまとまりに構成していくという作業が要求されるのです。

　パラグラフを構成していく際に、皆さんの言いたいことを明確に表現するためには、トピックセンテンスをできるだけパラグラフの冒頭に持ってくるのがいいでしょう。そうすれば、このパラグラフであなたが言いたいことを読者が把握することができるのです。最初にトピックセンテンスを置いて、そのパラ

グラフで中心的な役割を担うアイディアを明確に読者に伝えることによって、あなたがそのパラグラフで何をしたいのか、あるいは何をしているのかを読者に伝えるのです。

　トピックセンテンスで述べられた考えを、パラグラフ中の残りの文章がサポートしていくわけです。残りのどの文章もトピックセンテンスと何らかの論理的関連を持ち、トピックセンテンスにおいて述べられている考えをサポートしていると言いましたが、どうしたら文章間の流れが論理的に自然なものになるでしょうか？　トピックセンテンスで述べられているアイディアを論理的に展開できなければ、ただ単なる文章の羅列に終わってしまいます。そこで論理的統一をはかるにはどのような方法があるのか考えてみましょう。

　パラグラフ中の文章間の関係を明確にするためには、接続詞を使うことが重要です。そうすることによって文章間の繋がりが明確になり、トピックセンテンスとの論理的関係も見通しやすくなるからです。以前に詳しくお話ししたpremiss indicatorsやconclusion indicators やその他諸々の接続詞を使ってトピックセンテンスを中心に論理的まとまりを意識してパラグラフを作るように心掛けましょう。

　パラグラフ中では、なるべく出だしでトピックセンテンスを示し、主要なアイディアを提示し、次にトピックセンテンスで述べられていることを、分かりやすく言い換えたり、演繹法による論証、例による議論（様々なデータ、事例、実験報告、世論調査、統計調査、例証、を提示する）、原因を指摘する議論（因果関係の指摘）、権威による議論（権威ある専門家の引用）、類比による議論（分かりやすいアナロジーの提示）、あるいは、主要概念の定義および分類などによって支えていくのです。そして最後にまとめをしてパラグラフを終えるのです。そこでパラグラフの構造ですが以下のようになります。

①　トピックセンテンスの提示：そのパラグラフで中心となるアイディアを述べる。
　↓
②　トピックセンテンスで述べられたアイディアを説明したり、論証する。

↓
③ 結論：読者のためにパラグラフを要約したり、トピックセンテンスが論証できていることを確認しておく。

ルール1．1つのアイディアにつき1つのパラグラフ：1つのパラグラフに2つ以上のアイディアを述べた主張があってはなりません。2つ以上ある場合は、段落分けをし、2つ以上のパラグラフにすべきです。

ルール2．パラグラフの冒頭にトピックセンテンス（そのパラグラフの中心となる主張）を持ってきて、読者にこのパラグラフでは何について述べられているのかが分かるよう配慮しましょう。トピックセンテンスで述べられているアイディアを説明したり、論証したりすることによって、パラグラフ全体の統一をはかるのです。

ルール3．接続詞を使って、トピックセンテンスとその他の文章との繋がりを意識しながら論理的な統一感を持ったパラグラフに仕立てること。

ルール4．十分にトピックセンテンスで述べられている中心的アイディアをサポートできているかどうか考えること。

(3) まとめ：パラグラフの書き方と議論の最終的チェック

　1) パラグラフでは、段落の中で中心的な役割を果たすアイディアを明確に述べること。1つのパラグラフにつき1つの中心的アイディアという構図を守って下さい。別のアイディアを述べる時は、また別のパラグラフを考えましょう。

　2) そしてそのアイディアは、トピックセンテンスの中で述べるようにすること。なるべくトピックセンテンスは段落の初めに置き、読者に分かりやすくすること。

　3) パラグラフでは、トピックセンテンスで述べられたアイディアを分かりやすく言い換えたり説明したり、サポートするための論証をしたりするの

です。

4）パラグラフの最後に結論を置いて読者の便宜を図ろう。結論を出したり、要約を試みたり、前のパラグラフや次のパラグラフとの関連を述べたり、扱っているテーマによっては解決策を提出したり、予測を試みたり、問題を提起したりできるでしょう。

5）パラグラフを極端に長くしたり、複雑にしないように、トピックセンテンスを中心に置いた、読みやすいまとまりということを読者の身になって考えよう。

6）前後のパラグラフとの関係を考慮しよう。全体の流れの中で、自分の書いているパラグラフはどういう役割を担っていることになるのか考えよう。パラグラフ間の繋がりを考慮するためには、各トピックセンテンス間の関係を把握している必要があります。なぜならば、トピックセンテンスに各パラグラフの中心的なアイディアが語られているからです。それらのアイディアが全体的に見て、どのような関係に置かれ、どのような論理的発展をたどっているのかを草稿の段階でしっかりと構成しておきましょう。

さてパラグラフが書き上がったら、そのパラグラフで採用されている議論を以下の5つのルールによってチェックしておきましょう。

1）プレミスとコンクルージョンを区別する。
　あなたの主張したい論点がコンクルージョンに置かれ、その論点をサポートする証拠や理由がプレミスに置かれるわけです。議論を展開していく上で重要な役割を担うPremiss indicatorsやConclusion indicatorsに当たる言葉を多用して議論の骨組みが見通しやすくなるよう工夫をしましょう。議論の中にsubproofとして議論が存在し得ることを前にお話ししましたが、議論の構造が複雑であればこそ、あなたは一体何を最終的に主張したいのか、ということについて明確な考えがなければなりません。

2）自然な順番であなたのアイディアを提示せよ。

　常に読み手の立場に立ってあなたの議論を読み返し、論理的に自然であるかどうかを検討して下さい。例えば、トピックセンテンスをサポートしている残りの文章を、時間的順序を考慮したり、一般から特殊への演繹的順序によって配置したり、特殊から一般への帰納的順序によって配置したり、言い換えや説明を加えていくといった手法によって配置したり、といった工夫が可能です。こうした工夫をすることによって、自然な順序であなたのアイディアを展開しサポートしていくことが可能となるでしょう。

3）頼りになれるプレミスから出発せよ。

　プレミスが結論を支えるのに十分な理由や証拠を提供しているかどうか、常に自問することが大切です。よく知られている事実を参照したり、その道の権威として名高い人物の言っていることを引き合いに出したりして、信頼のできるプレミスから出発することは、可能なのです。ですが、いつもこのように信頼のできるプレミスが手元にあるとは限りません。そうした場合は、あなたが反省してあまりプレミスの信頼性に確信が持てない場合は、あなたは何らかのリサーチをしなければいけません。そうしてそのプレミスを支えるための議論を説明として提供しなければならないのです。

　例えば、「今日、世界中の誰もが真に幸福ではない。従って、人間は幸福というものを享受するようには造られていない哀れな動物だと考える」とあなたが議論した場合、「今日、世界中の誰もが真に幸福ではない」というプレミスは、本当に信頼のできるものなのかどうか、考えてみなければいけません。このプレミスは「世界中に1人でも幸せな人が存在すれば」簡単に反駁できるからです。それでもこのプレミスが正しいと主張したい場合は、このプレミスがなぜ真実だと、あなたが考えるか、理由を説明しなければならないのです。あなたが使ったすべてのプレミスに対して、あなたはそれぞれのプレミスが信頼できるかどうか自問自答し、それぞれを説明し弁護していかねばなりません。特にあなたに注意していただきたい点は、

① 証拠や理由によるサポートなしに、ただ独断的に提出されている主張はないかどうか。
② 論理の飛躍と思われる箇所はないかどうか。

ということです。

　4）的確で明確そして具体的な言葉を使え。
　言語のエクスプレッシヴ・ファンクションを利用して、相手の諸々の感情に訴えるようなことを差し控え、言語のインフォーマティヴ・ファンクションを主に使用し、議論すること。しかもインフォーマティヴ・ファンクションにのみ頼った場合でも、ファラシー・オブ・アンビギュイティーに陥らないように細心の注意を払うことが必要です。使っている言葉が曖昧な意味を持っていたり、定義もされぬまま放って置かれていないか、よく考えねばなりません。それと抽象的な言葉を避けることが大切です。常に素人の読者を念頭に置いて書くつもりで、あなたの用語法を見直しましょう。
　まとめますと、感情に訴えたり、曖昧な言語を使用することは、避けねばならない、ということになります。また意味が同じだから、といっていろいろな単語を使用することは避けねばなりません。1つの議論を通じて言葉の使用には一貫性がなければならないのです。あなたの注意すべき点は、

① 言語のエクスプレッシヴ・ファンクションを多用しない。
② 曖昧な表現はないかどうか。
③ 抽象語を乱用することによって主張が具体性に欠けるということはないかどうか。
④ 一般に馴染みのない用語を使用する際に、定義をしているかどうか。
⑤ 用語法の一貫性を考慮しているか。つまり、同義語を多用することによって、言葉の使用の一貫性を損なっていないか。

5）公正に論ぜよ。

　決して、相手の議論を論駁しやすいようにわざと歪めて紹介したりしないこと。相手の議論が紹介されている文献から引用することによって、相手の議論を公正に提示することが必要です。引用文献を読者にも紹介することによって、読者の側も、あなたが正当な手段によって議論しているかどうかをチェックすることができるわけです。このように、読者にあなたの議論のチェック機能を与えれば、あなたは当然公正に議論をするよう心掛けるでしょう。関連している注意事項として、伝え聞きや噂話は決して使用しない、ということを挙げておきましょう。伝え聞きや噂話の類は、読者がチェックできません。公正に議論するためには、伝え聞きや噂話を、あたかも権威あるものとして扱うようなまねはしないようにお願いします。

　さて、以上のガイドやルールを活用して、皆さんも考える習慣をつけてみて下さい。

練習問題

　身の回りで起きている社会問題をテーマに小論文を書いてみよう。

あとがき

　私は「表現技術」というタイトルで、勤務先の女子大で学生を相手に議論の仕方を講義している。議論の骨組みにあたる論理的なものを理解させようと記号論理学を持ち出すと、彼女達はほとんど例外なく抵抗を示す。どうしてか理由を尋ねると、それが数学的だからだと言う。そしてここで決まり文句が必ず飛び出すのだ。「先生、女の子は数学が苦手なんじゃけ〜」。(おいおい、これは女性について言われる典型的なステレオタイプだぞ。それを君等女性が率先して受け入れてしまっていていいのかよォ、本当にまったくゥ)と、ジト目の名探偵コナン風の表情をして、心の中でつぶやく。私は女性にまつわるこの手のステレオタイプが全くの嘘であることを示す生き証人であるような力強い女性達をアメリカの哲学会でつぶさに見てきた。だから一方ではこの手のステレオタイプを打ち崩す努力をしつつ、もう一方では多少妥協して、形式論理学を持ち出さないで論理的なものを伝授する方法を考えてきた。その成果として、第3章で説明しているダイヤグラムの方法(これはアメリカ留学時代に学んだ方法)と試行錯誤の末たどり着いた第4章で紹介している「真理の水路」の方法(今春、ニュージーランド留学中に午後9時になってもなかなか暮れぬ美しい夏の日々を使ってほぼ体系的にまとめあげることができた)をこの本の中で紹介できることはこの上ない喜びである。

　6年前、「表現技術」の前身である「言葉と表現」の講義を最初に勧めて下さった秘書科学科長の川瀬啓子教授、そして生活科学科へも「表現技術」の講義を開講できるよう尽力して下さった生活科学科学科長の楠幹江教授、それに木村達志先生、そして熱心に講義に耳を傾けてくれている学生諸君(彼女達のフィードバックがなければ本書を完成できなかっただろう)には特にこの場を

借りてお礼申し上げたい。それから友情の記念として、本書の中の例文中に名前を使わせていただいた諸先生方、いつもありがとうございます。「真理の水路」のアイディアを聞いて下さった千葉保男教授、「真理の水路」のコンピューターグラフィックを制作して欲しいとお願いしてはその都度煩わせている山下明博教授にもお礼を申し上げたい。

　なお、本書の出版のために、安田女子大学からの研究助成費をいただいている。それゆえこの機に感謝の意を込めて、安田女子大学および短期大学の安田実理事長先生および河野眞学長先生には心からお礼を申し上げたい。出版に向けて大変お世話になった大学教育出版の佐藤守さん、偉大な2人の師、ガース・ギラン博士、マーク・ジョンソン博士、最初に哲学に導いてくれたブルース・パタノスター博士、そしてもちろん父母、義父母に、そして愛する妻順子にも……。

　息子の智愛君や甥の幸広君の漫画や義父の推理小説を借り例題や練習問題作りを楽しんだ美しい夏の日々に……。

1999年12月21日

　　　　　　　　　　　　　　　　　　　　　　　　　　　　　青木　克仁

■著者略歴

青木　克仁（あおき　かつひと）
1957年9月静岡県清水市に生まれる。
アメリカ合衆国、Southern Illinois University の大学院哲学科にて、社会哲学をガース・ギラン、認知意味論を創始者の一人、マーク・ジョンソンの下で学ぶ。
平成4年、同大学院哲学科より、Ph.D. 取得（論文はハイデガーの言語論）。
専門は言語哲学（認知意味論）、社会哲学。
認知意味論を応用した言語哲学や認知意味論を社会的、倫理的問題に応用することに関心をもっている。
現在は広島市安田女子短期大学助教授。
著書：『ポストモダンの倫理学』（渓水社）
e-mail: aoki-k@nt.yasuda-u.ac.jp

対話のための論理学（コミュニケーション）
――情報社会を生きるためのクリティカル・シンキング――

2000年4月20日　初版第1刷発行

■著　者────青木　克仁
■発行者────佐藤　正男
■発行所────株式会社 大学教育出版
　　　　　　〒700-0801　岡山市田中124-101
　　　　　　電話 (086) 244-1268　FAX (086) 246-0294
■印刷所────互恵印刷（株）
■製本所────日宝綜合製本（株）
■装　丁────ティー・ボーンデザイン事務所

© Katsuhito Aoki 2000 Printed in Japan
検印省略　　落丁・乱丁本はお取り替えいたします。
無断で本書の一部または全部を複写・複製することは禁じられています。

ISBN4-88730-375-0